올라 에스파냐

올라 에스파냐

스페인의 자연과 사람들

Hola España!

안영옥

고려대학교출판부
KOREA UNIVERSITY PRESS

책머리에

직접 작업 현장에 적용될 수 있는, 소위 실용학문이라는 것을 하는 사람들과 대화를 나누다 보면 나는 가끔 내 자신에게 이런 질문을 던지게 된다. 내가 평생을 두고 하는 이 학문은 남에게 어떤 도움이 될까? 현실에 밝은 사람이나 시장 논리를 좇는 사람들에게는 다른 나라의 문화연구라는 것이 손에 잡히는 게 없는 학문이 될 수도, 돈이 안 되는 양반 놀음으로 비칠 수도 있을 것이다. 또는 자기 것도 잘 모르면서 다른 나라의 문화의 다양성을 추구해서 무얼 하겠다는 거냐고 생각할지도 모른다.

사실 다른 나라의 문화에 대한 연구는 즉각적인 수치나 경제 논리로 이해될 수 있는 가치는 아니다. 문화연구는 언뜻 보기에 우리가 가장 가치 있게 평가하는 물질적인 호사나 속세의 영광은 주지 않을지도 모른다. 그렇지만 문화 획일화의 진원지인 미국의 경제학자 마이클 포터는 다음과 같은 말을 했던 것으로 기억한다. "글로벌 경제에서 장기적 경쟁 우위는 원거리 사람들이 획득하기 어려운 지역적 특성에 달려 있다." 철학자인 리처드 번스타인은 또 이런 말을 했다. "타자와, 타자성과의 조우를 통해서만 '우리'가 속한 전통에 관한 정보를 더 많이 얻게 되고 더 잘 이해하게 된다." 가속화되는 세계화의 추세 속에서 자국의 독창적인 문화만큼 최상의 상품성을 가지는 것은 없고, 타문화에 대한 이해는 자기 것에 대한 비판과 발전의 토대가 될 수 있다는 사실을 알리는 대목이다. 굳이 외국 학자들의 말을 빌리지 않아도, 외국으로 여행을 하거나 국내에서라도 다른 국가들의 정보를 얻을 때면 그 나라만의 특징을 살피면서 그와 동시에 자기 나라를 돌이켜 보게 되는 경험은 누구나 가지고 있을 것이다.

우리나라 국민을 정신적, 물질적으로 벼랑 끝으로 내몰았던 1997년의 IMF 외환위기 당시 나는 연구년을 맞아 1년간 스페인에 있었다. 외국에서 우리나라에 대한 이야기들을 거의 하루도 빠짐없이 TV 뉴스나 지면으로 접하면서 내 나라 생각에 참으로 마음이 아팠다. 그리고 그런 상황에서 신용카드를 꺼내기조차 불안했던 그 서러움에 대한 기억이 아직도 내 머릿속에 선홍빛처럼 생생하다. 그 위기를 겪기 바로 1년 전, 우리 대통령은 머지않아 우리나라가 G-7의 캐나다를 앞지르고 세계 7대 경제국가가 될 것이라고 호언장담했었다. 우물안 개구리가 따로 없었다.

우리나라에서 월드컵이 열리기 1년 전인 2001년에 축구의 나라 스페인을 다시 찾은 나는 스페인 TV나 라디오에서 연신 반복되는 "재팬 월드컵"이라는 소리를 듣고 스페인 주재 한국 대사관 문화 담당자를 만나 월드컵 공식 명칭인 '코리아-재팬 월드컵'으로 전파를 타게끔 해 달라고 부탁을 했다. 이후 그 담당자는 그렇게 조치했노라고 내게 답을 주었다. 그럼에도 불구하고 2002년 월드컵이 열렸던 그해에 스페인에서 나는 계속 "재팬 월드컵" 소리만 들어야 했다. 우리가 명분을 위하여 결승전 시합 장소를 일본에 양보하고 얻은 대가인 '코리아-재팬 월드컵'이라는 공식 명칭이 스페인에서 '재팬 월드컵'으로만 불렸던 이유는 과연 무엇이었을까?

2005년 이 책을 집필하면서 자료 수집을 위해 스페인을 또다시 찾았다. 그 해 12월 21일, 수요일로 기억한다. 스페인에서 가장 많은 부수가 팔리는 정론지 《엘 파이스》에 각국의 국민 총생산액과 일인당 국민 소득 통계가 실린 것을 볼 수 있었다. 이것은 중국이 곧 미국, 일본, 독일에 이어 세계 4대 경제 대국이 된다는 기사를 설명하기 위한 것이었다. 그러나 이미 다른 경제 신문에서는 중국을 4위로, 그리고 인도를 10위로 간주하면서 우리나라에 대한 언급은 없었다. 그러던 것이 한 달이 채 지나지 않은 2006년에 들어서며 모든 신문은 중국을 경제 4대 강국의 하나로 발표하였고, 중국이 이란의 핵문제에 이르기까지 세계 문제 해결에 동참하기로 했다는 기사가 적지 않은 지면을 차지하고 있었다. 2006년 9월, 우리나라는 스페인 신문이 예상한 대로 세계 12위 국가로 내려앉고 말았다. 중국과 인도가 부상하는 만큼 상대적으로 우리나라가 너무나 밀려나는 것 아닌가 하는 안타까움과 함께 스페인이 우리나라를 보는 눈이 우리 자신보다 더 빠르고 정확한 이유가 궁금했다.

우리와 여러 가지로 조건이 비슷한 스페인은 1980년대 후반에 선진국으로 들어서는 문을 두드리기 시작했다. 1990년에 2만 달러 시대로 들어선 후 2008년에는 1인당 3만 달러가 넘는 국민 소득을 올리며 경제적·정치적인 면에서 캐나다를 앞지르고 있다. 이에 우리나라의 많은 대기업 간부들과 기자들이 우리 한국이 이루고자 했던 선진국으로의 꿈을 우리보다 앞서 현실로 만든 스페인의 원동력을 알고자 이미 2004년과 2005년에 스페인을 방문했다고 한다. 이에 대해 다음과 같이 묻는 사람들도 있을 것이다. "스페인 사람들은 기분파에 약속도 잘 지키지 않고 놀고먹기만 한다던데? 공무원들은 성실성이라고는 전혀 없는 데다가 관료적인 사고에 젖어 나태하기 그지없다구. 그리고 내놓을 만한 대기업도 하나 없는 스페인 경제에서 도대체 배울 게 뭐가 있다는 거야?" 라고. 정말 그럴까?

스페인은 민족성과 지형 및 역사에서 우리나라와 참 많이 닮았다. 그리고 우리와 경제력 면에서도 많은 차이가 나지 않는, 세계 8위의 경제 국가이다. 그런데 스페인 사람들은 스페인의 최고 자랑거리로 '다양성'을 든다. 지역마다 독특한 색채를 가지고 있고, 개인마다 강렬한 개성을 유지하면서도 전통적인 생활 방식을 가치 있게 평가하고, 그것을 토대로 놀라울 정도로 더불어 살 줄을 안다. 과거 유럽에 당시 최고의 문명이었던 아랍 동양 문화를 소개했던 나라이면서 영국 이전에 '해가 지지 않는 나라'로 불릴 만큼 영광을 누렸던 대제국이었고 지금은 예전 자신들과 피와 언어와 종교를 함께 나누었던 중남미 19개 국가와 돈독한 형제애를 자랑하고 있다. 노후를 보내기 가장 좋은 곳이자 다시 한 번 찾고 싶은 제1위의 나라라는 설문 조사 결과도 있었다. 유럽 국가들 중에서 독일, 영국, 프랑스, 이탈리아 다음으로 경제력을 가진 나라이지만 이들 나라의 사람들보다 삶을 즐길 줄 알고 여유로우며 더 풍족하게 사는 이들이 스페인 사람들이다. 그래서 3년간의 내전과 36년 동안의 독재라는 암울한 역사를 갖고 있으면서도 정이 많고 다혈질이라는 국민 기질 면에 있어서도 우리와 매우 유사한 스페인의 과거와 현재를 보면서 우리가 잊고 살아 온 것은 무엇인지, 우리가 놓친 것은 또 무엇인지를 꼭 알아야 할 필요가 있을 것 같다.

스페인이라는 나라는 어떠하기에 우리나라를 제대로 보지 못하는 것일까? 우리는 그들에게서 배울 게 무엇이며 왜 우리는 그들의 것을 공부해야 하는 것일까? 이러한 질문에 답하기 위하여 이 책을 준비하였다. 21세기 세계 3대 산업 중의 하나가 바로 관광산업이다. 스페인은 세계 제2의 관광대국으로 자국 무역 적자의 65%를 해결해 주는 효자 종목이 관광인 나라다. 지역의 다양성을 크나큰 관광상품으로 개발하여 도시마다 경쟁력을 키운 스페인인지라 1부에서는 스페인 관광 진흥 정책과 스페인 17개 자치지역의 풍광과 유적과 역사와 음식을 소개했다. 스페인이 현재 17개의 자치지역으로 나뉘게 된 이유를 알 수 있고 모범적인 지방자치제의 표본을 볼 수 있으며 동시에 스페인 전역에 있는 명물과 문화 공간을 돌아볼 수 있을 것이다. 2부는 현재의 스페인이 있기까지 스페인을 영광의 정점에 올려놓았던, 또는 쇠락의 바닥을 기게 만들었던 스페인 역사 속의 인물들과 정책들을 정리해 보았다. 스페인의 지성 오르테가 이 가세트는 지식인이 갖추어야 할 필수 요건은 역사에 대한 올바른 인식이라고 했다. 역사는 인간에게 또 다른 실수를 저지르지 않도록 과거의 일들을 내보이며 미래를 개척하게 하는 것이라서 그렇단다. 그는 '훌륭한'이라는 칭호를 붙여 주고 싶은 정치가는 역사가 망각되고 왜곡되면서 무효화되고 난도질당하는 것을 보고 미쳐 버리려고 하는 자라고 자신의 《대중의 반란》에 적고 있다.

마지막 3부에서는 늘 우리나라의 삶의 질을 돌이켜 보게 만드는 스페인의 사회 제도와 경제, 정치, 유럽연합 내의 스페인 등을 밝혀내 보았다. 따라서 이 이야기는 이 책을 필요로 하는 이들에게 유익한 정보가 될 뿐만 아니라 또 다른 삶의 세계에 대한 이해를 공유하면서 우리의 것을 살찌우는 계기가 될 것이라고 생각한다.

끝으로 이 책을 준비하는 데 도움을 준 스페인 외무성과 국제 관계 담당자 로페스 킨텔라, 그리고 스페인에 머무는 동안 다양한 스페인 관련 정보를 제공해 준 스페인 친구들과 스페인 현지 여행 전문가이자 유학 친구인 김성환 씨에게 감사의 마음을 전한다.

2012년 봄

차례

제2부 페르소나 – 역사 속 인물들

제3부 라 비다—일상의 생활

스페인(2011년 3월 기준)

공식 이름 : 스페인 왕국

면적 : 504,750㎢

인구 : 47,190,493명. 인구밀도 93.51/㎢

수도 : 마드리드

1인당 국민 소득 : 29,500달러

공식 언어 : 스페인어

자치 지역 공식 언어 : 가예고, 바스크, 카탈란

화폐 : 유로

제 1 부

아틀라스 - 스페인을 거닐다

낙천적이고 유머감각이 많으며 허풍이 심한 안달루시아인은 '기도를 하고',
명예에 집착하며 일을 경시하는 카스티야인은 '꿈을 꾸며',
거칠고 부지런하고 근면한 바스크인은 '일을 하고',
경제관념과 이익에 밝아 구두쇠라는 별명이 있는 카탈루냐인은 '저축을 한다.'

올라 에스파냐

MAR CANTÁBRICO
Asturias
Gijón
Santander
S. Sebastián
Lugo
Oviedo
Cantabria
Bilbao
País Vasco
Pamplona
Santiago
León
Vitoria
Navarra
Burgos
Logroño
La Rioja
Huesca
Gerona
Palencia
Castilla-León
Zaragoza
Lérida
Cataluña
Barcelona
Valladolid
Zamora
Segovia
Aragón
Tarragona
Salamanca
Avila
Madrid
Guadalajara
Madrid
Teruel
Valencia
Cáceres
Toledo
Cuenca
Valencia
Castilla-La Mancha
Extremadura
Ciudad Real
Albacete
Badajoz
Alicante
Córdoba
Murcia
Murcia
Andalucía
Sevilla
Granada
Málaga
Almería

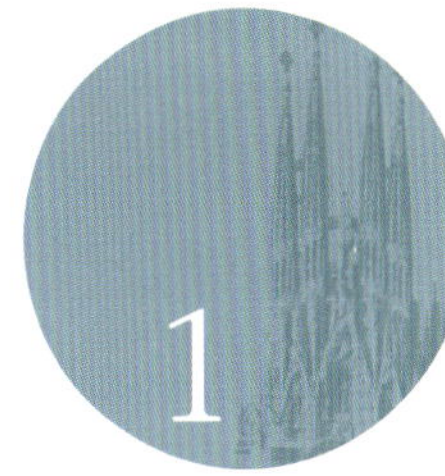

1

스페인의 빛을 보다

'무척추 스페인'

한 나라의 기후는 그 나라만의 독특한 지형적 특성을 낳고 이는 그곳에 거주하는 사람들의 영혼을 지배한다고 한다. 프랑스로부터 스페인을 가르는 피레네 산맥을 넘으면, 북유럽에서 프랑스까지 내려오면서 보던 것과는 판이해 특이할 만큼 낯선 스페인만의 색깔에 일단 놀라게 된다. 두 개의 대륙, 두 개의 문화인 유럽과 아프리카의 교차점에 놓여 있는 나라다운 풍광이다.

서유럽 국가들 중 프랑스 다음으로 넓으며 한반도의 2.3배가 되는 스페인 땅을 돌아다니다 보면 지형적으로 두 가지 점에서 강한 인상을 받는다. 하나는 끝이 없는 거대한 평원이다. 건조한 잿빛과 갈색이 뒤섞인 흙에 억민 그루의 올리브나무가 짐짐으로 박혀 있다. 그 평원으로 정의와 자유를 내리기 위하여 돈키호테는 로시난테를 타고 달렸다. 말이 일으킨 흙먼지는 드문드문 보이는 길가 흙집과 돌로 된 식당들의 지붕을 아직도 덮고 있는 듯하다. 그리 현대적이지 않고 세련되지 않아서 정이 가는 황량함과 자연과 인간이 하나로 녹아들 수 있게 하는 고적함이 평원의 운치를 더해 준다. 또 다른 하나의 인상은 강이 너무 없다는 것이다. 사실 큰 강은 8개밖에 되지 않고 지류들은 수량이 풍부하지 않다. 여행 도중 만나게 되는 시내 이름들은 그저 풀숲에 박혀 있는 푯말일 뿐인 경우가 대다수다. 물이 흐른 흔적은 고사하고 잡풀만이 무성하게 자라고 있는데 '무슨' 시내라는 이름을 써놓은 걸 보니 스페인 사람들의 기질이 떠올라 웃음이 난다. 그런데 스페인 풍

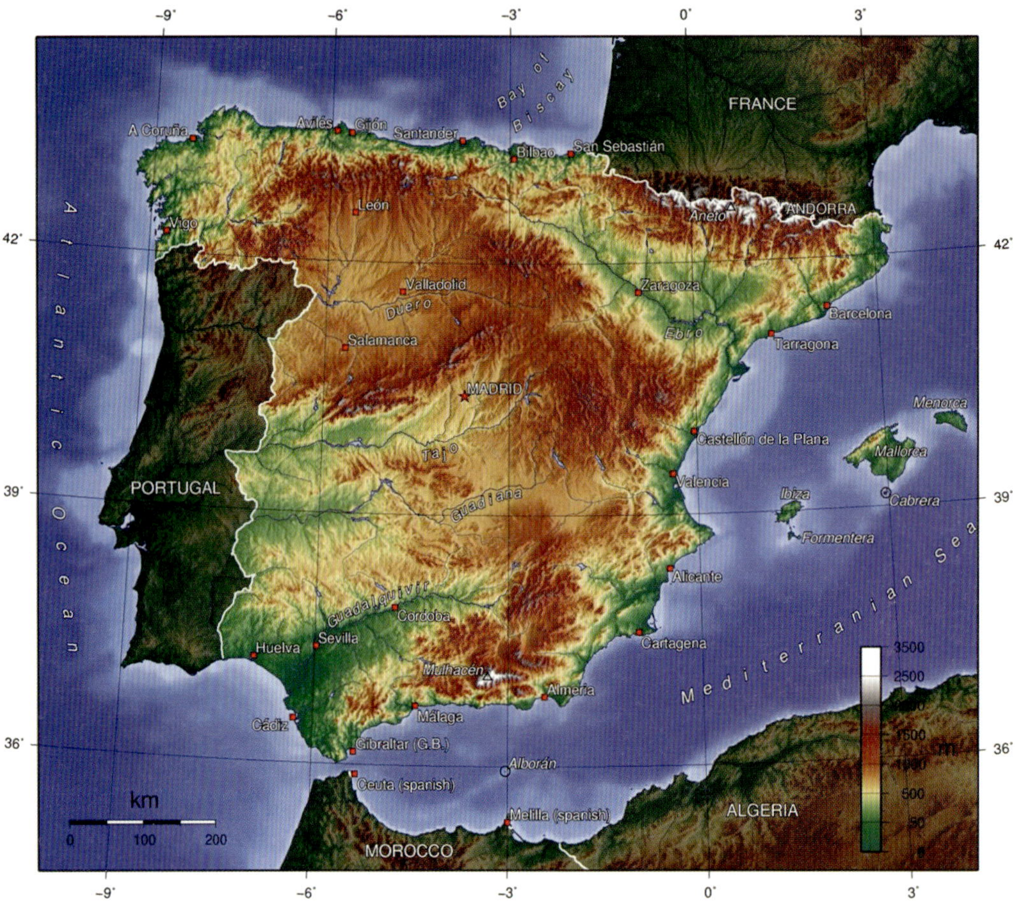

스페인

경을 이루는 것 중에 여행자의 눈에 쉽게 모습을 드러내지 않지만 주요한 한 가지가 더 있다. 바로 산이다. 20세기 스페인의 지성 오르테가 이 가세트는 스페인을 '무척추 스페인'이라고 했는데, 이는 나라의 중심을 이루는, 척추마냥 남북으로 이어지는 산맥이 없는 지형적인 특징을 그 당시 사회적 상황에 빗대어 한 말이다. 그러나 동서로 뻗은 산계들과 거기서 흘러나온 줄기들은 제법 많다. 유럽에서 스위스 다음으로 산이 많지만 평균 해발 6백 미터의 고분지 지형이다 보니 그렇게 눈에 띄지 않는 게 당연한지 모른다. 하지만 유럽으로 들어가려면 꼭 넘어야 하는 피레네 산맥은 유럽대륙과 스페인을 평균 1,500 미터 높이로 가르고 있다. 스페인을 북에서 태양의 남으로, 지중해의 동에서 대서양의 서쪽으로 질주하다 보면 우리가 알던 정열의, 축제의, 기쁨의 스페인도 있지만 거대하고 고독한 스페인을 먼저 느끼게 될지도 모른다. 어느 것이든 그 맛은 일품이다.

스페인은 이베리아 반도 내에 있는 15개의 자치 지역과 대서양의 카나리아스 군도 자치 지역, 지중해의 발레아레스 군도 자치 지역, 그리고 아프리카 모로코에 있는 두 개의 자치 도시 세우타와 멜리야로 이루어진 나라다. 총 17개의 자치 지역들은 기후에 따라 네 개의 그룹으로 묶을 수 있다.

첫 번째 그룹은 수도 마드리드를 중심으로 하여 스페인의 중심부를 이루는 분지 지역인 마드리드 자치 지역과 돈키호테의 고향 카스티야 라 만차 자치 지역, 마드리드 북쪽으로, 8-11세기 때 지어진 성들과 그 당시 만들어진 도시들이 풍물을 이루는 카스티야 이 레온 자치 지역, 그리고 건조하고 기복이 심한 능선들로 이루어져 투우용 소들을 키우는 사육장이 있으며 도시들은 아직도 중세 때의 모습을 그대로 간직하고 있는 마드리드 남서쪽의 엑스트라마두라 자치 지역이다. 이곳들은 건물이나 땅이 모두 잿빛과 붉은 흙색으로 뒤덮인 건조한 지역이다.

두 번째 그룹은 스페인 남부의 안달루시아 자치 지역이다. 전설의 땅이자 외국인들에게 스페인의 정수를 알린 태양의 땅으로 무어인들의 건축물과 플라멩코의 정열이 살아 있는 곳이다. 세비야와 코르도바와 그라나다라는 세 개의 큰 별 이외에도 조그마한 하얀 마을들이 밤하늘의 별처럼 흩뿌려져 있고, 카디스, 말라가, 알메리아, 하엔 등의 도시가 눈부시게 푸른 하늘 아래 역사를 자랑하며 서 있다. 대서양 쪽으로 아프리카와 같은 위도상에 있는 카나리아스 군도의 풍광은 해양성 아프리카 기후대의 바로 그것으로 해마다 많은 외국 관광객들이 찾는 곳이다.

세 번째 그룹은 스페인 동쪽으로 지중해를 따라 위아래로 뻗어 있는 지역으로 온화한 기후에 수량이 풍부한 강들이 많아 스페인에서 가장 비옥한 곳이다. 아랍인들의 관개 기술 덕분에 농업에서 으뜸을 차지하는 발렌시아 자치 지역과 무르시아 자치 지역, 그리고 쇼팽이 즐겨 찾았던 지중해 중간에 있는 매혹의 발레아레스 군도가 있다. 발렌시아 북쪽으로는 금빛의 모래 해변과 험준한 암벽 해안이 번갈아 펼쳐지는 장관을 맛볼 수 있다. 이 두 해안 사이로 카탈루냐 자치 지역의 주도인 바르셀로나가 있다. 관광객이 두 번째로 많이 찾는 카탈루냐는 바다와 강에서의 낚시와 피레네 산맥에서의 등산과 스키로 관광객들을 매혹시킨다.

아라곤 우에스카에 있는 산 후안 데 라 페냐 수도원

마지막 그룹으로는 로마식 교회 건축물을 보는 즐거움, 스페인 와인을 맛보는 즐거움, 그리고 필라르와 산 페르민 축제에서 몸으로 느끼는 즐거움을 누릴 수 있는 나바라, 리오하, 아라곤 자치 지역이 있는 스페인 북쪽이다. 문화적, 지형적으로 또 주민들의 성격으로 보나 남쪽과 확연히 다른 이곳에는 스페인 무장 독립주의자들의 조직인 '에타'의 본거지 엘 파이스 바스코(이하 바스크) 자치 지역도 있다. 테러의 본거지라는 이미지로 알려진 이곳은 실은 고즈넉한 해안에다 비가 많아 녹음이 울창한 언덕들이 물결치는 계곡이 있는가 하면 스페인 미식가들의 낙원으로도 알려져 있다. 왼쪽으로 칸타브리아와 아스투리아스 자치 지역이 있는 대서양 쪽 해안도 절경이지만 서쪽, 지구의 땅 끝이 있는 '성지 순례'의 종착지 갈리시아 자치 지역 또한 자연의 수려함과 역사의 유구함에서 뒤처지지 않는다.

이러한 기후는 스페인의 역사와 더불어 지역민의 기질 형성에 상당한 영향을 미쳤다. 스페인 사람들이 지역민의 특성을 함축적으로 표현하는 말이 있다. "낙천적이고 유머감각이 많으며 허풍이 심한 안달루시아인은 '기도를 하고', 명예에 집착하며 일을 경시하는 카스티야인은 '꿈을 꾸며', 거칠고 부지런하고 근면한 바스크인은 '일을 하고', 경제관념과 이익에 밝아 구두쇠라는 별명이 있는 카탈루냐인은 '저축을 한다.'"

스페인 관광

사실 스페인 땅은 보고 싶은 것을 다 볼 수 없을 만큼 많은 구경거리를 갖고 있고, 예기치 않게 발견되는 훌륭한 관광거리가 무수하다. 원하는 만큼 다 볼 시간도, 선택도 불가능한 땅이다. 그래서 제조업이 약한 스페인이 우리나라보다 1.5배의 일인당 국민 소득을 올리는 건, 우리나라를 찾은 외국인 관광객 수가 연간 6백만 명으로 역사상 최고를 기록할 때 스페인은 매년 약 5,300만 명의 관광객이 찾아와 돈을 뿌리고 가기 때문일 것이다. 이미 우리나라의 독자들 귀에도 익숙한 장소는 물론이고 관광 책자에 소개조차 되어 있지 않은 아름다운 거리와 시골 마을이나 수수한 자연과의 만남은 하늘이 여행객에게 베푸는 우연한 행운이다. 거기에 지역마다 베푸는 푸짐한 전통 음식과 지역민들의 친절함, 그리고 문화재 보호 정책과 관광 진흥 정책은 스페인을 관광 대국으로 만드는 데 부족함이 없어 보인다.

스페인은 스페인이 갖고 있는 자랑할 만한 것들을 다양한 관광 프로그램이나 테마 기획물로 묶어 선물하기도 한다. (1) 문화 유적지인 성이나 성당, 박물관 등을 전문 가이드 안내로 구경하는 문화 테마 관광, (2) 발렌시아의 불꽃 축제인 '라스 파야스', 팜플로나의 소몰이 축제인 '산 페르민 축제', 세비야의 '4월 카니발'과 '성주간' 행사 등 축제만을 구경하러 다니는 축제 테마 관광, (3) 중세 시대 성과 궁정 및 수도원 등을 개조하여 만든, 스페인 전역 87개의 '파라도르'를 돌아다니는 호화 호텔 테마 관광, (4) 스페인 전통 음식과 현대 음식을 맛보는 요리 테마 관광, (5) 농촌 생활을 경험하고 자연과 전통 음식을 즐기면서 시골의 경치 속을 걷거나 말을 타거나 사전거로 감상하는 시골 생태 테마 관광, (6) 모험과 스릴을 즐기는 젊은이들을 위한, 땅과 눈과 강과 바다에서 즐기는 스포츠 테마 관광, (7) 역사 · 종교 · 문학에 등장한 장소들을 도시, 지역으로 묶어 여행하는 여정 테마 관광 등이다.

스페인을 방문하는 외국인들 중 85%가 관광을 목적으로 하고 있다는데 나라별로 선호하는 목적지가 각각이다. 스페인을 가장 많이 찾는 영국인은 안달루시아, 발레아레스 군도, 카탈루냐와 발렌시아를, 다음으로 높은 비율을 차지하는 독일인은 대서양에 있는 아프리카 기후대의 카나리아스를 무척 좋아한다. 프랑스인과 이탈리아인은 카탈루냐를 찾고, 미국인과 포르투갈인은 안달루시아의 매력에 푹 빠진다. 북유럽 국가 사람들은 대부분 스페인의 태양과 자연 공원과 밤 문화의 열정을 맛보기 위해 지중해와 그 연안과 대서양의 섬으로 몰려든다. 국적에 관계없이 보편적으로 많이 방문하는 곳은 지중해 섬과 그 연안, 대서양의 섬과 수도 마드리드다.

관광객들의 숙소는 아주 다양하다. 가장 비싼 '파라도르'에서부터 별 하나에서 다섯 개에 이르는 호텔과 그 아래 단계인 호스텔, 여관, 민박, 관광객용 호텔 아파트, 방갈로, 캠핑을 할 수 있는 야영지 등이 있다. 경험상 어느 곳에 묵느냐에 따라 여행의 맛이 참으로 다르다. 출발하기 전 숙소 예약을 하면 성수기 때는 숙소 때문에 고생할 일이 없고, 체인으로 운영되는 호텔 아파트의 경우는 방문지에 따라 실제 가격보다 싼 값에 묵을 수 있다는 장점도 있다. 스페인이 관광대국이 된 데는 조상의 덕도 크지만, 유럽을 여행하다 보면 훌륭한 조상을 둔 나라가 스페인만은 아님을 알 수 있을 것이다. 그러고 보면 후손들의 노력이 더 큰 것 같다. 매년 스페인을 방문할 때마다 문화재 복원과 관리에 열과 성을 다하는 그들을 보게 된다. 그리고 스페인을 알면 알수록 더욱 빠져들 수밖에 없는 매력은 스페인 사람들이 결코 돈만을 목적으로 삶을 살지 않는 데 있는 것 같다.

스페인 관광 진흥 정책

스페인이 매년 그 많은 관광객을 불러들이는, 그렇듯 사람들을 유혹하는 매력이 어디에 있느냐고 묻는다면 북유럽 사람들은 주저 않고 태양과 밤 문화라고 할 것이다. 하지만 모든 면에서 과거의 것이 부정되고 있는 나라에 살고 있는 나는, 시적 환상의 과거 속으로의 여행이 가능하고 그런 분위기에서 현재를 맞이할 수 있다는 점이라고 엄청 떠벌려 댈 것 같다. 유네스코가 지정한 인류 문화 유산을 가장 많이 갖고 있는 나라답게 이들의 관광 진흥 및 문화재 보호 정책은 가위 놀라운 수준이며 그 정성도 대단하다. 식민지 시대와 전쟁을 거치며 망가진 문화재들을 흉물스럽게 보수해 놓은 우리와 달리 스페인은 매년 여름이면 예전 모습 그대로 문화재를 되돌려 놓는 작업을 벌여 관광하기가 힘든 경우도 있다. 기원전 시대의 건물부터 기원후 1, 2세기의 건축물까지 원형 그대로, 그 재질 그대로 재현해 놓는 것을 보면 스페인인들의 보수 기술도 놀랍지만 문화재에 대한 그들의 사랑이 먼저 느껴진다.

스페인이 국가의 엄청난 수입원으로서 관광에 눈 뜨게 된 세월은 그리 오래지 않다.

17세기까지 스페인은 철저한 쇄국 정책으로 외국의 영향을 완강히 배제했다. 18세기에 프랑스 부르봉 왕조가 들어서면서 기존의 합스부르크 왕가가 남겨 놓은 기념비적인 유적들은 프랑스 취향에 맞게 바꾸어 갔지만 아랍 세계가 800년 동안 남긴, 그리고 스페인인들이 자신의 것으로 꾸준히 지켜 온 것들은 그대로 살아남아 19세기 유럽의 낭만주의 예술가들의 영혼이 되어 주었다. 단적인 예로 쇼팽의 〈볼레로〉나 리스트의 〈스페인 노래에 의한 론도〉, 글린카, 림스키코르사코프의 〈스페인 카프리치오〉 등의 음악을 들어 보면 이들의 국적과 관계없이 스페인의 영혼과 색채가 절로 녹아 있음을 느끼게 된다. 20세기에는 3년간 내전을 겪은 뒤 주변 나라들로부터 철저하게 버려진 덕분에 역설적으로 스페인은 어느 나라보다 자신들만의 색깔을 발견하고 유지할 수 있었다. 그래서 스페인적인 것을 개발하고 지켜 온 독재자 프랑코의 지배 시절인 1960년대에 들면서 스페인적인 것이 나라의 큰 자본이자 국가의 주요 수입원이 될 수 있다는 사실을 간파하게 된다. 그러나 그 당시의 관광 자원은 무엇보다 있는 것 그 자체, 즉 태양과 해변 그리고 조상들이 남겨 놓은 건축물과 플라멩코와 투우가 전부였다 해도 과언이 아니다. 여기에 덤으로 붙은 게, 유럽 공동체 바깥에서 유럽의 어느 나라보다도 물가가 저렴했다. 이와 함께 독재 체제 덕분에 외국인들은 범죄가 전혀 없는 세상에서 마음껏 스페인의 밤낮을 즐길 수 있었다. 민주주의가 정착하고 1977년 자치법이 시행된 후부터 각 자치 지역들은 자신들만의 특성을 살리면서 관광에 힘쓴 결과 지금은 지역마다의 다양성을 부각시키면서 지역 예산의 5분의 1을 충당하는 효자 종목으로 관광산업이 부상하게 되었다. 그러면서도 스페인은 매년 관광 진흥 계획안을 수립하여 중앙 정부와 지자체와의 공조를 통하여 실행에 옮기고 있다.

세계 관광기구의 'Tourism 2020 Vision'의 장기 전망을 보면 앞으로 국제 관광객 수는 2010년에는 10억 명, 2020년에는 15억 6천만 명으로 늘어난다고 한다. 2010년이 되면 세계 GDP의 11.6%, 세계 총 고용의 9%를 관광 관련 산업이 만들어 낼 것으로 전망하고 있다. 그런데 스페인은 2005년 관광산업이 스페인 GDP의 12%를 이루고 11%의 고용창출을 했다. 2005년 스페인을 찾은 외국인 관광객 수는 5,300만 명으로 전해에 비해 5.3%가 늘어난 규모다. 이러한 증가 추세를 계속 이어 나가기 위하여 스페인은 매년 관광산업 육성 방안을 수립 실천하고 있다. 향후 관광 진흥 정책을 보면 다음과 같다.

알람브라 궁전의 벽 문양

기존 17개 자치 지역별 관광지는 기본으로 하고, 지역과 관련된 역사적인 인물(예로 콜럼버스, 카를로스 5세, 엘 시드, 성자 야고보, 성자 프란시스코 데 하비에르 등)이나 문학 속 인물(예로 돈키호테)과 관련된 장소들을 도시 간, 지역 간 여정으로 묶기도 하고 유명한 샘들을 방문하거나 아랍 유적물을 따라가는 관광을 하나의 여정으로 묶는 상품들을 개발했다. '도보여행' 이라는 상품도 개발하여 스페인에 널려 있는 천연 그대로의 자연을 자전거나 도보로 여행하게 하고 있다. 스페인만이 갖고 있는 식물이나 동물 등을 가까이서 보며 즐기고 맑은 공기를 마시는 여행은, 건강과 관광을 함께 생각한 프로그램으로 많은 인기를 얻을 것으로 전망하고 있다. 노령화 사회에 발맞추어 노령자 휴양촌 건설 같은 노령자 관광 프로그램도 실시하고 있다. 모험과 스릴을 즐기는 젊은이들을 위한 관광 프로그램도 개발하여, 보는 것 위주의 관광이었던, 스페인이 갖고 있던 '태양과 해변' 관광 이미지가 약간은 바래간다는 인상을 준다. 스페인의 피레네 산맥과 같은 많은 산맥에서 이루어지는 등산 및 암벽타기 등의 산악 운동이나 계곡의 물살을 가르며 달리는 카누 등을 비롯해 바다 스포츠까지 개발돼 관광객들을 유혹하고 있다. 겨울에는 초보자와 숙련자들을 구분하는 스키장들이 산줄기마다 들어서고, 땅 끝이 보이지 않는 평원에서는 골프 마니아들을 부르고 있다. 스페인에서 생산되는 20여 종류의 와인 양조장을 돌며 시음하는 관광도 애주가들에게는 더없이 좋은 상품일 것이다. 여기에 세계 인형극 페스티벌이라든가 현대 무용 안무 국제 콩쿠르나 창작 음악 세계 축제, 국제회의와 학술대회 등과 같은 국제적 차원의 행사들이 번갈아가며 열려 세계 각 나라들의 문화를 소개하는 장도 마련하고 있다. 참고로 2006년에는 '일본 주간'이 마련되었다. 물론 호텔에서 제공하는 서비스와 질의 고급화, 다양화도 모색하고 있다. 예로 세계적으로 유명한 스페인 요리사를 초청해 그의 요리로 메뉴를 준비한다거나 세계적으로 유명한 골퍼와 같이 라운딩을 하게 한다는 식이다. 최신식으로 건설하는 호텔 건물들도 눈부시지만 스페인은 16, 17세기의 거주지들을 리모델링하여 스페인의 역사를 함께 느끼게도 하고 있다. 물론 스페인 최고의 건축가 중의 하나인 루이스 도메네크 이 몬타네르와 같은 예술가들이 지은 건축물도 호텔로 사용되고 있다. 여행자들이 점점 더 특별하고 개성 있는 숙소를 찾는다는 점을 인식하여 세계적인 영업망을 지닌 유명 호텔들과 함께 이러한 호텔들을 적극적으로 홍보하고 있다. 또한 세계적 명성의 스페인 예술가들의 창작품 또한 박물관에만 두지 않는다. 캔버스에서 나와 설치예술물로 백화점 통로나 길이나 공원을 장식하고 있어 집 밖으로 나서기만 하면 스페인 예술을 만끽하게끔 하고 있다. 물론 호텔 내에는 최신식 정보망과 설비들을 준비하여 관광객들의 요구에 부응하고 있다. 예로 호텔에 등록할 때 고객의 여권을 호텔이 보관하는 대신 스캔으로 뜬 여권을 보관한다거나, 관광지 정보나 연결망 검색, 다음 여행지 숙소 예약을 인터넷을 통하여 할 수 있게 하는 것 등이다. 이 모든 일들이 패키지로 저렴하게 제공된다는 것도 스페인 관광의 매력이고 지역마다 저렴하면서도 풍부하고 다양한 음식들과 그곳 주민들의 인심이 가세하여 어김없이 다시금 스페인을 방문하게 만든다는 것이 또 다른 주요한 스페인 관광 진흥 정책의 하나다. 홍보 전략으로는 인터넷망을 이용한 것 이외에도 스페인의 대도시인 수도 마드리드나 바르셀로나 등과 접경을 이루고 있는 자치 지역들은 자신들의 지역 관광 진흥청 지부를 스페인 대도시에 설치하여 관광객들에게 자신들의 지역을 방문하게끔 홍보하고 있다. 자국 내에서뿐만 아니라 중국이나 일본 등 유럽 이외의 국가들에 스페인 관광 사무소를 개설하여 홍보하는 사업도 진행 중이다.

코르도바 야경

그런데 이러한 모든 관광상품 개발 정책은 철저하게 두 가지 원칙하에 이루어지고 있다. 하나는 21세기 세계 3대 산업 중의 하나인 환경산업의 중요성에 대한 인식 증대로 자연과 문화 자원을 보존하는 환경보존정책 차원의 관광개발이고 또 다른 하나는 농촌이나 어촌의 인구 이탈을 막기 위한 시골의 경제적, 사회적 이윤 창출을 주안점으로 하는 관광개발이다.

조상들이 물려 준 문화유산이 스페인을 관광 대국으로 만드는 데 큰 몫을 차지하지만 이렇게 매력적인 문화행사 유치와 수준 높은 공공 서비스와 다양한 레저 산업 등에서 매년 새로운 정책을 마련하면서 관광 진흥을 위해 노력하는 스페인 중앙정부와 지자체들의 협력이 있었기에 2005년 스페인은 1999년 이후 6.2%라는 성장세를 보였다. 이러한 추세를 이어가기 위하여 매년 1월 25일 전후 5일간 '세계관광축제'를 마드리드에서 열어 스페인이 갖고 있는 관광 자원과 정책 등을 세계 모든 나라에 홍보하고 호텔과 항공사 및 관광업체 간의 계약을 수립하는 등의 노력도 꾸준히 해 오고 있다.

관광은 자연을 훼손하거나 공기를 오염시키지 않는 깨끗한 산업이면서 한 나라의 경제에 막대한 영향력을 미치는 산업이다. 따라서 스페인을 비롯한 세계 각 나라와 지자체는 지역성장과 고용창출을 위하여 관광산업을 21세기 국가 전략 산업으로 육성하고자 관광 진흥 정책을 추진하고 있다. 특히 우리의 이웃 국가인 중국은 경제의 급성장과 소비의 고급화, WTO 가입에 따른 개방정책 확대로 해외 관광객 수가 급증하고 있고 세계대회 등을 기회로 중국인의 해외여행 전면자유화가 예상되고 있어 스페인은 특히 중국인 관광객 유치정책을 대폭 강화하고 있다. 현재 우리나라는 중국인 해외 관광객 수의 4%만을 확보하고 있다.

스페인은 유네스코 지정 인류 문화 유산을 가장 많이 갖고 있는 나라로, 바르셀로나의 구엘 공원과 궁정, 카사 밀라가 1984년에 처음으로 인류문화유산으로 지정된 후 2011년까지 지정 순서대로 정리하면 다음과 같다. 엘 에스코리알 수도원, 부르고스 성당, 그라나다의 알람브라, 헤네랄리페와 알바이신, 코르도바의 구시가지, 오비에도의 기념물과 아스투리아스의 왕국, 알타미라 동굴, 세고비아의 구도시와 수로, 산티아고 데 콤포스텔라의 구시가지, 아빌라의 구시가지와 성채 밖 교회들, 아라곤의 무데하르 건축물, 카나리아스 군도에 있는 가라호나이 국립 공원, 카세레스의 구시가지, 톨레도의 구시가지, 세비야의 성당과 중남미 원주민들에 관한 고문서, 살라망카의 구시가지, 타라고나에 있는 포블렛 수도원, 메리다의 유적물, 과달루페의 산타 마리아 왕실 수도원, 산티아고 데 콤포스텔라의 순례의 길, 안달루시아의 도냐나 국립 공원, 쿠엔카의 요새도시, 발렌시아의 라 롱하 데 라 세다, 바르셀로나의 카탈루냐 음악당과 상 파우 병원, 라스 메둘라스, 유소와 수소의 성 밀란 수도원, 이베리아 반도의 지중해 지역 동굴미술, 알칼라 데 에나레스의 대학과 역사지, 이비사, 산 크리스토발 데 라 라구나, 아타푸에르카의 고고학 유적지, 엘체의 야자나무 밭, 버이 계곡의 카탈루냐 로마 시대 교회, 루고의 로마 성벽, 타라고나의 고고학적 유물, 아랑후에스의 풍광, 우베다와 바에사의 문예부흥기 기념물과 2007년 우리나라 제주도와 함께 지정된 테이데 국립공원과 2009년 헤라클레스 탑과 2010년 시에가 베르데 계곡 절벽에 새겨져 있는 645개에 이르는 구석기 그림들과 2011년에 지정된 트라문타나 산맥 풍광 등이다.

2

마드리드

스페인 수도 마드리드

벤타스 투우장

19세기 말부터 1920년대까지 유럽 문화의 중심은 파리였다. '벨 에포크'(아름다운 시절)로 불리며 모든 것이 가능해 보였던 파리 시대가 지나자 런던이 그 중심에 섰다. 그러나 20세기 말이 되면서 그 자리를 물려 받은 도시가 바로 마드리드다. 마드리드는 1561년 펠리페 2세가 궁정을 마드리드로 옮기면서 스페인 수도가 되었다. 이슬람교도들이 점령한 스페인 본토를 기독교도들이 되찾기 위해 벌인 '국토회복전쟁'에서 1083년 무어인들로부터 이곳을 탈환한 후 기독교인들은 무어인들과 함께 평화롭게 살았다. 다른 분쟁 지역들과는 달리 정쟁에 휘말리지 않으면서 구아다라마 산맥의 품에 안겨 농업으로 생계를 유지하던 참으로 조용한 곳이었다. 마드리드라는 이름은 '큰 다리' 또는 마드리드를 흐르는 강인 '만사나레스 강가'라는 뜻의 '마게리트'에서 나왔다고 한다. 해발 6백 미터에 숲으로 둘러싸여 수량이 풍부하고 공기가 맑았었는데 수도로 정해지자 수도원과 집들이 우후죽순으로 들어서면서 마구 나무를 베어 내 물이 부족해지고 온도가 올라가 마드리드의 기후는 영원히 바뀌고 말았다. 하지만 지금도 마드리드 국제공항 바라하스에 내리면 온몸을 휘감는 그곳 특유의 냄새가 있다. 피곤한 몸을 이끌고 공항청사 문을 나설 때 따갑지만 건조하여 불쾌하지 않은 기운과 함께 따라붙는 그 냄새는 마드리드의 풀과 나무와 물이 어울려 만든 종합선물세트 같다. 아침 창문을 열 때, 대도심을 거닐 때, 건물 안에 들어와 있을 때에도 코에서 떠나지 않는 그 냄새는 도심의 꽃과 많은 나무와 분수들이 해맑은 햇빛에 녹아들어 만들어 내는 그 도시만의 색깔이다.

마드리드가 지금의 모습이 된 데는 프랑스 부르봉 왕가의 업적이 크다. 1700년 스페인의 왕이 되고자 마드리드로 온 프랑스의 펠리페 5세는 마드리드의 모습에 경악했다고 한다. 코르도바라고 하는 유럽에서 가장 문명화된 도시를 갖고 있었던 스페인의 수도가 쓰레기와 오물로 넘쳐나고 있었기 때문이었다. 17세기 시인 케베도의 기록에 따르면 당시 스페인에는 하수도가 없어서 오물 버리는 시간을 정해 행인이 물벼락을 피할 수 있도록 "물 가요"라고 외치며 같은 시간대에 모두 집 밖으로 물을 버렸다고 한다. 낡은 벽돌

알칼라 문

바다의 신 분수

외관의 초라한 교회 건물과 쓰러질 것 같은 몇 안 되는 주거지 등은 화려했던 스페인의 무상함을 대변해 주는 상징물만 같았다. 그 펠리페 5세가 지금의 왕궁인 '오리엔테 궁전'을 지었고 이어 카를로스 3세는 '알칼라 문'과 '프라도 미술관'을 건립했다. 외국의 왕들이 불결함과 불편함 때문에 스페인의 전통적인 것을 고치려 든다는 사실에 스페인 사람들은 자존심이 상했다. 가로등이 시원찮아 컴컴한 거리에서는 챙 넓은 모자를 쓰고 긴 망토 안에 칼을 감춘 자들의 범죄가 끊이지 않았다. 그래서 왕은 이탈리아 태생 재상 에스킬라체를 시켜 시민들에게 짧은 망토와 챙이 없는 모자를 착용하도록 했다. 그러자 이에 분격한 시민들의 폭동이 일어났다. 이것이 에스킬라체 난이다. 스페인인들의 불같은 성격 때문에 피비린내 나는 싸움이 벌이지기도 했지만, 낮잠 자는 시간을 칼같이 지키는 스페인 사람들의 습관 때문에 이 내란은 싱겁게 끝나고 말았다. 이어 나폴레옹의 형 조세프 보나파르트 1세는 마드리드 조경 사업에 착수해 나무를 심고 공원을 건설했다. 이 또한 스페인 국민들의 눈에는 곱게 보이지 않아 '쪼그마한 광장이나 고집하는 왕'이라는 별칭을 그에게 붙였다.

20세기가 되면서 마드리드의 중심 거리인 '그란 비아'는 도로 양쪽으로 웅장한 은행 건물들을 거느리며 위용을 갖춰 나가기 시작했다. 경제적으로 나아지고 있음을 보여 주는 것이다. 넓은 가로수 길과 그리스 신화에 나오는 신들의 특징을 살린 기념비적인 분수들은 마드리드에 아름다움을 더해 주었다. 철마다 각양각색 다르게 피어올라 거리를 향기와 화려한 빛깔로 채우는 꽃들, 노천 카페의 여유로움, 지나치게 문명화되지 않아 편안함을 느끼게 해 주는 것, 이것이 마드리드만의 매력인 듯싶다. 하늘은 늘 금속성 소리가 날 듯 청명하며, 가끔 구름이 있더라도 오후 두세 시가 되면 언제 그랬냐는 듯 말끔하게 갠다.

마드리드 삶의 중심은 '태양의 문'이라는 뜻의 '푸에르타 델 솔'이다. 크림색 돌로 지어진 18세기 건물들이 둘러싸고 있는 타원형 광장인데, 스페인의 모든 거리가 여기서부터 측정되는 지적측량 원점이다. 버스와 전철노선 대부분의 중심지이며, 마드리드 상징인 곰 상도 여기에 있다. 12월 31일 자정에 울리는 제야의 종소리에 맞춰 열두 알의 포도를 먹으며 묵은 한 해를 보내는 아쉬움과 새해에 대한 설렘을 키스로 푸는 곳이기도 하다.

또한 과거 19세기 초 나폴레옹의 침입 때는 프랑스 용병이었던 이집트 군대와의 피비린내 나는 싸움의 현장이기도 했고, 1931년에는 제2공화정이 이곳에서 선포되었으며, 1980년대에는 표현의 자유를 외쳤던 집회의 현장이자 나토 가입에 반대하는 시위 장소였으며 바스크 독립주의자들에게 희생당한 사람들을 추모하거나 정의 구현을 외치는 각종 집회의 중심지이기도 하다.

이 광장 북쪽으로는 '프레시아도 거리'가 있고, 그 거리에는 스페인 최대의 백화점인 '엘 코르테 잉글레스'가 있다. 여기서 북동쪽 알칼라 거리에 있는 '산 페르난도 예술원'에는 고야의 유명한 〈정어리의 매장〉을 포함한 스페인 화가들의 작품들이 보관되어 있다. 이 거리는, 시벨레스 분수와 우체국 치고는 너무나 아름다운 하얀색의 중앙우체국이 있는 시벨레스 광장을 중심으로 '파세오 델 프라도' 거리와 교차한다. 알칼라 거리 뒷골목 '플라사 델 레이' 광장에는 주황빛이 도는 돌과 벽돌로 16세기 중엽에 지은 '일곱 개 굴뚝이 있는 집'이 있다. 이곳은 중남미 식민지 관료들의 거처였다고 하는데 밤이면 하얀 옷을 입은 여인이 횃불을 들고 나타나 집 안을 서성댄다는 이야기도 떠돌았다. 그 이야기가 있은 얼마 후 그 집 지하실을 파내던 인부들이 여인의 해골과 엄청난 양의 펠리페 2세 당시의 동전을 발견했다고 한다. 본당 뒤에 증축한 건물은 스페인 문화부가 자리한 곳으로 그리스 도리아 양식 기둥 네 개가 입구를 장식하고 있다. 알칼라 거리 위쪽으로는 카를로스 3세가 마드리드 입성을 기념하기 위해 만든 '알칼라 문'이 있다.

마드리드에는 많은 박물관이 있는데 그중 '프라도 미술관'은 연평균 250만 명이 방문하는 곳이다. 이 미술관 터는 원래 자연사 박물관을 건립하려고 했던 곳이었는데, 1785

프라도 미술관

년 건축가 후안 데 비야누에바가 카를로스 3세의 명을 받아 현재의 미술관을 세웠다. 건립 초기에는 국민들의 정서를 고려하여 티치아노의 〈비너스〉나 루벤스의 〈미의 세 여신〉과 같은 작품들은 전시를 금지했다고 한다. 초기에는 왕가에서 보관하고 있던 그림들을 전시하는 것으로 시작되었으나 지금은 6천 점 이상의 작품들을 소장하고 있다.

프라도 미술관을 관람하려면 2층에서부터 시작하는 것이 좋을 듯싶다. 16세기에서 18세기까지의 스페인 화가들의 작품을 감상한 후 아래층으로 내려오면 고야실이 나온다. 더 욕심이 나면 플랑드르와 이탈리아의 그림들을 만나보면 된다. 대표적인 작품인 후안네스 데 후안의 〈최후의 만찬〉과 벨라스케스의 〈궁녀들〉과 〈브레다의 항복〉, 엘 그레코의 〈가슴에 손을 얹은 사나이〉와 〈목자들의 경배〉, 리베라의 〈야곱의 꿈〉, 무리요의 〈새의 성가족〉, 고야의 〈마하〉와 〈5월 3일의 총살〉을 감상하다 보면 스페인 회화의 힘과 깊이가 어디에서 연유하는지를 깨닫게 될 것이다.

또 다른 마드리드의 명소로 한 해 평균 150만 명이 찾는, 방문객 수에서 두 번째인 '소피아 왕비 미술관'이 있다. 현재 왕비의 이름을 따서 1992년에 세운 이곳에는 피카소의 〈게르니카〉와 스페인 및 유럽 현대 화가들의 그림이 전시되어 있어 현대 예술사 측면에서 세계적으로 가장 중요한 미술관 중 하나로 꼽힌다. 이외 티센 남작 부부의 비

푸에르타 델 솔

야르 에르모사 궁전에는 자신이 소장한 19, 20세기 예술품들을 전시한 '티센 미술관'이 있는데, 한 해 평균 54만 명이 찾고 있다. 끝으로 연평균 33만 명이 방문하는 '밀랍 박물관'이 있다. 역사적인 인물을 실제 크기의 밀랍으로 만들어 전시한 곳으로 눈에 소뿔이 박혀 죽은 스페인 투우사도 있고 이를 보고 놀라는 엘리자베스 테일러도 있다.

관광객들의 눈에는 잘 띄지 않지만 마드리드의 매력이자 마드리드 시민들의 휴식처로 사랑받는 세 개의 큰 공원이 있다. 17세기 스페인 귀족들의 휴식처였던 '레티로 공원'은 특히 축제를 즐겼고 예술을 사랑했던 펠리페 4세 때 그 진가를 발휘했다. 공원의 호수에는 그리스풍의 복장을 한 악사들을 실은 배들이 나무와 꽃들 사이로 쉬지 않고 노닐었다고 한다. 꽃무늬 쇠창살로 장식된 건물들에서는 연극과 가면무도회가 번갈아 열렸다. 하지만 이 아름답던 곳도 1808년 스페인이 프랑스로부터 독립하고자 치른 독립전쟁 때 많이 훼손되었는데, 이후 페르난도 7세가 예전의 모습으로 복원하여 시민들에게 개방했다. 지금도 왕실 정원으로서의 옛 정취가 물씬 풍기는 유리 궁전과 분수, 카를로스 3세의 작품인 식물원 등은 한가한 산책이나 축제를 기품 있게 만들어 주고 있다. '마드리드 심장부에 있는 평화의 오아시스'라는 표현에 전혀 부족함이 없어 보인다.

19세기 말 스페인의 문인 바예 잉클란이 좋아했던 몽클로아에 있는 '오에스테 공원'은 건물 하나 없는, 오직 새와 나무들이 주인인 곳이다. 사시사철 공원을 관통하며 흐르고 있는 맑은 시냇물과 잔디로 뒤덮인 구릉지와 전나무 숲, 가을이면 상념에 젖기에 너무나 좋은, 발이 푹푹 빠질 정도로 낙엽이 쌓이는 산책로는 그야말로 자연의 선물이다. 누구라도 발길만 돌리면 아무런 방해도 없이 들어올 수 있는 울타리도 없는 공원, 말을 탄 경찰들이 여유롭고 평화롭게 보이는 그런 공원이다.

나머지 한 곳인 '카사 데 캄포 공원'은 차를 타고 돌아야 할 정도의 규모로 호수와 화려한 레스토랑과 카페, 축구장 및 야외 바비큐 행사를 위한 공간과 동물원 등이 들어서 있다. 유학 시절 잣을 줍고 냉이와 달래를 보며 신기해 했던 야생의 넓은 들밭과 참나무와 소나무 숲은 지금도 예전 그대로이지만 공원 입구에서 오른쪽으로 50미터 정도 떨어진 곳은 마약거래와 매춘으로 낮에도 눈을 감고 지나가야 할 곳이 되어 버렸다. 이 세 곳 공원의 입장료는 모두 무료이다.

마드리드 마요르 광장의 빵집

마드리드 시민들의 휴식 공간으로 17세기에 세워진 '마요르 광장'도 빼놓을 수 없는 매혹의 장소다. 사각의 베이지색 건물로 둘러싸인 이러한 광장은 스페인 주요 도시마다 어김없이 있는 명물이다. 과거 이곳에서는 연극이 상연되었고 종교재판과 화형식이나 대관식 및 투우가 행해졌었는데, 지금은 차량 통제하에 포석이 깔린 드넓은 노천 카페에서 차를 마시며 오가는 행인들을 구경할 수 있는 여유로운 공간으로 변했다. 더불어 겨울에는 크리스마스 장식품을 판매하는 축제 분위기의 장터로 변하기도 한다. 이 광장 서쪽으로는 19세기 말에 지어진, 나뭇잎과 줄기 모양의 쇠창살로 장식된 아름다운 건물 '산 미겔 시장'이 있다. 과일이나 야채뿐 아니라 신선한 생선까지 언제든 구할 수 있다. 마드리드를 스페인의 가장 훌륭한 항구라거나 과수원, 혹은 밭이라고 부르는 까닭을 이곳에서 이해할 수 있을 것이다. 마요르 거리에서 라 비야 광장에 이르는 보행로는 마치 15세기에서 17세기까지의 스페인 건축물을 담고 있는 진열창 같다.

가톨릭 신자라면 필수 코스로 찾는 성당과 수도원들도 마드리드의 자랑이다. 이들은 대부분 마요르 광장 근처에 자리 잡고 있는데, '성 프란시스코 엘 그란데 대성당'이 그중 으뜸이다. 13세기 초 성 프란시스코가 스페인 순례 도중 수도원이 있던 곳에 신고전주의 양식의 성당을 처음 세웠었고, 1784년에 프란시스코 카베사스 수도사의 설계로 현재의 원형 성당 모습으로 재탄생하였다. 고야 초창기 시절의 프레스코화도 이 건물 안에 있다. 북쪽으로 몇 구획 올라가면 16세기의 '주교 예배당'과 마드리드 바로크 건축의 걸작에 속하는 '산 이시드로 예배당'이 있다. 마드리드 수호성녀인 알무데나 성녀의 이름을 딴 '알무데나 성모 성당'은 19세기(1879년)에 공사가 시작되었으나 톨레도 수사의 질시 어린 방해로 공사를 마치지 못하고 있다가 펠리페 왕세자의 2004년 결혼식을 앞두고 1993년에 완공되었고, 그곳에서 식이 거행되었다. 이 성당 옆문 건너편에는 아랍인들의 주거지가 유적으로 남아 있다. 왕궁 근처에는 '엔카르나시온 수도원'이 있는데 왕궁과 연결된 통로가 있어서 유사시 왕실의 여자들의 은둔처 역할을 했다고 전해진다.

마드리드에 있는 왕궁의 이름은 '오리엔테'다. 오스트리아 왕가의 왕궁이었던 건물이 1734년 크리스마스 전야에 화재로 전소되자 펠리페 5세가 프랑스 부르봉 왕가의 위용에 어울리는 궁정을 건축하도록 했다. 검소한 오스트리아 왕가와 반대로 부르봉 왕가는 태피스트리와 카펫, 가구, 샹들리에, 시계, 거울, 초상화들로 왕궁을 화려하게 꾸몄다. 알폰소 13세가 마지막으로 거처한 후 지금은 공식 행사에만 사용되고 있다. 궁정 옆에 있는 '모로 정원'은 1977년에 현재의 국왕인 후안 카를로스가 시민들에게 개방하였다. 그 밖의 궁정으로 프린세사 거리에 있는 '리리아 궁정'은 18세기에 건축된 것으로 알바 공작 후손들이 대대로 거주해 온 곳이다. 샤갈의 그림까지 소장되어 있는 궁정 내의 화랑은 미리 예약을 하고 방문해야 한다. 알바 공작 가문의 가예타나 여공작과 고야와의 사랑이야기 진위는 확실하지 않지만 고야의 '마하' 시리즈가 탄생된 배경으로 인정되고 있으며, 이 이야기는 영화로도 만들어졌다. 역사적으로 알바 공작 가문의 사람들이 스페인 예술을 후원해 왔기 때문에 스페인 예술을 말할 때면 빠지지 않고 등장하게 된다.

오리엔테 궁전

마드리드 북서쪽 마드리드 국립대학교가 자리 잡고 있는 '대학도시'로 들어가는 입구에서는 '공군성(省)' 건물이 눈길을 끈다. 이 건물은 스페인 제2공화정 때 지어졌으나 스페인 내전 당시 파괴되자 프랑코가 자신의 승전

알무데나 성모 성당

을 기릴 상징물로 다시 세운 것이다. 스페인 바로크 양식과 펠리페 2세가 건축한 엘 에스코리알 궁전 양식을 절충한 건축물로 스페인의 옛 영광과 새로이 정권을 장악한 프랑코의 정치이념과의 관계를 상징적으로 보여 주고 있다.

대학도시 안에는 여행객들이 모르고 지나치기 쉬운 '의상 박물관'이 있다. 이곳에는 고대 의상부터 현대 스페인의 유명 디자이너들의 작품들이 전시되어 있다. 매년 연말이면 이벤트성 의상 전시회가 열리는데 '웃음을 주는 가운' 패션쇼도 있었다. 병원에 입원하고 있는 어린아이들에게 웃음을 선물하기 위해 스페인의 유명 디자이너들이 광대 분장을 하고 자신들이 디자인한 의사 가운을 입고 병실을 찾을 때의 사진들도 함께 전시되어 있었다. 보통 박물관들은 월요일에 휴관한다. 박물관 성격에 따라 학생이나 선생, 어린아이, 노인 및 단체 관람객들에게 할인 요금이 적용된다.

숙소에서 산책하러 나왔다가 우연히 발견한 산 마테오 거리에 있는 '낭만주의 박물관'에는 스페인 낭만주의 작가인 마리아노 호세 데 라라가 남긴 결투용 총 두 자루가 전시돼 있다. 사랑하던 여인이 아버지의 연인이라는 사실을 확인한 라라가 현실에 깊은 환멸을 느끼고 자살할 때 사용했다는 총이다. 페르난도 7세의 소유였던 우단으로 씌운 좌식 변기도 소장되어 있다. 이곳에서 얼마 떨어져 있지 않은 곳에는 입구가 웅장한 시 박물관이 있는데, 이곳 주민들의 거주지 모두가 고색창연하다 보니 고풍스러운 박물관이나 기념관들이 있어도 모르고 지나치게 된다.

'콜론 광장' 또는 '신대륙 발견 광장'으로 일컫는 광장에는 포석 위에 콜럼버스 동상이 세워져 있으며, 광장 서쪽에는 마드리드 문화 센터로 들어가는 입구를 감추는 듯한 분수 물줄기가 폭포처럼 떨어지고 있다. 이 광장 옆에는 헬레니즘 양식으로 지은 국립도서관과 고고학 박물관이 있다. 국립도서관은 신대륙 발견 400주년을 기념하기 위하여 1892년에 건립한 것으로 10세기의 희귀본도 보관되어 있다고 한다. 고고학 박물관에는 스페인 선사 시대의 유물과 이베리아 반도의 보물인 다마 데 엘체상과 로마 시대의 모자이크와 진주가 박힌 게르만족 왕관 등이 소장되어 있다. 정원에는 알타미라

국립도서관

콜론 광장

동굴을 재현한 동굴이 관람객들의 눈길을 끈다.

관광객들이 쇼핑하기에 좋은 곳으로 '엘 코르테 잉글레스' 백화점 이외에 스페인 귀족들이 도심의 소음을 피해 정착했다고 하는 살라망카 지역의 세라노 거리, 고야 거리 그리고 오르테가 이 가세트 거리에는 로에베, 아돌포 도밍게스, 발렌시아가 등의 스페인 유명 디자이너들의 작품들과 이탈리아와 프랑스의 유명 상품들을 파는 가게들이 도열해 있다.

마드리드의 시내 중심부를 가로지르면서 북쪽으로 차마르틴 역과 남쪽으로 아토차 역을 잇는 파세오 데 카스테야노 대로는 이사벨 2세 때 정비된 것으로 그 당시에는 길 양옆으로 19세기의 크고 작은 궁들이 즐비하게 서 있었단다. 지금은 은행으로 기능을 바꾼 궁도 있고 궁을 완전히 허물고 현대식 건물을 올린 곳도 있다. 마드리드 중심부에서 가장 큰 길인 만큼 교통량 또한 상당하다. 그럼에도 불구하고 대로 중앙과 양편으로 노천 카페를 거느리고 있어 스페인의 여유로움을 유감없이 느낄 수 있는 곳이기도 하다. 이곳은 봄이면 고서 전시회가 열리는 공간이고 여름과 가을이면 우아한 가로등 조명 아래에서 재즈연주회나 시인들의 시 낭송회가 열리는 낭만의 장소이며, 겨울이면 스페인 수공예품 전시를 비롯해 다양한 볼거리가 펼쳐지는 문화의 거리이다. 이 대로 북쪽 오른편에는 1984년 월드컵 경기장이자 스페인을 대표하는 축구구단 레알 마드리드의 전용구장인 산티아고 데 베르나베우 구장이 웅장하게 놓여 있다.

마드리드는 신시가지를 제외하면 걸어다녀도 무리가 되지 않을 만큼 그다지 넓은 편

카스티야 광장의 유럽탑

마드리드 전골 요리

마드리드 소 위장 요리

이 아니다. 차로 다니면 보이지 않을 유물들이 발품을 팔면 하나씩 눈에 들어온다. 건물을 장식하고 있는 조각물들 또한 놓치면 후회할 예술품이다.

마드리드에 있는 바와 식당과 메손은 스페인 지역의 대표 음식들을 모두 갖추고 있다. 그중에서도 마드리드만의 음식으로 꼽히는 소 위장으로 요리한 것, 전골 그리고 마드리드식 돼지 갈비 요리는 별미다.

마드리드 근교

마드리드에서 북서쪽으로 50킬로미터 떨어진 구아다라마 산악 지대에는 내전(1936-39년) 당시 전사한 프랑코파와 공화당파 사상자들 절반씩, 총 5만 명이 "신과 조국을 위하여"라는 묘비명하에 안치돼 있으며, 이들의 영혼을 기리는 '전몰자들의 계곡'이 있다. 멀리서도 눈에 쉽게 띄도록, 거대한 암벽 위에 높이 152미터, 가로 40미터로 세워진 세계 최대의 십자가는 이곳의 역사적 교훈을 잘 대변하고 있다. 탑 밑의 초대형 터널 속에는 천정 높이 22-42미터에 앞뒤 길이 230미터가 되는 교회가 들어앉아 있다.

'아랑후에스 궁전'은 시각장애인 음악가인 호아킨 로드리고의 〈아랑후에스 협주곡〉으로 더 많이 알려진 곳이다. 15세기 스페인 아라곤 왕국의 페르난도 2세와 카스티야의 이사벨 1세 여왕 부부는 '가톨릭 왕들'이란 칭호로 불렸는데, 아랑후에스 궁전은 그들이 사용했던 별궁으로 도자기 방과 거울 방이 매력이다.

마드리드 남동쪽 약 45킬로미터 지점에 있는 친촌은 조용하고 아름다운 시골 마을이다. 이곳은 관광명소는 아니지만 자그마한 집들이 옹기종기 모여 있는 게 화려하지 않으면서 고풍스럽고 목가적인 분위기가 나는 마을이다. 말라리아 치료제인 키니네의 발견에 공헌한 친촌 여백작의 이름을 따 마을 이름을 친촌이라 지었다고 한다. 이곳에는 스페인 시골 어느 마을에서나 볼 수 있는 성당과 마요르 광장과 귀족의 성이었던 것을 개조해서 만든 파라도르와 옛 담과 탑이 있다. 그러나 무엇보다 이곳의 명물은 남유럽이 원산지인 미나리과 식물 아니스로 만든 술이다. 아니스 주는 독하지만 혀끝에 감도는 단맛에 끌리다 보면 쉽게 정신을 잃을 수도 있다. 가르시아 로르카의 시 〈피의 혼례〉에 보면 결혼 당일 신랑을 버리고 운명이 점지한 남자 레오나르도와 도망을 치던 신부가 시어머니 앞에서 외치는 말이 있다. 남편이 약간의 물이었다면 그 남자는 아니스 술이었다고.

마드리드 시내에서 자동차로 40분 거리에 있는 알칼라 데 에나레스는 《돈키호테》의 저자 세르반테스의 고향이다. 이곳에 있는 알칼라 데 에나레스 대학교는 인문학의 보고다.

이러한 명소와 휴식 공간을 갖고 있는 마드리드와 마드리드 자치 지역은 스페인의 네 번째 관광지로 연평균 1,700만 명의 관광객들이 찾는다. 이들이 남기고 간 돈은 하루 평균 165,412원(136유로)으로 일인당 평균 1,202,396원(988유로)을 지출했으며 총합 4조 2,736억 7천만 원(35억 1천만 유로)에 이른다. 이 금액은 마드리드와 마드리드 자치 지역

친촌

친촌

알칼라 데 에나레스 대학

알칼라 데 에나레스 세르반테스 광장

에서만 발생한 것이며, 스페인 총 관광수입의 10%에 해당된다. 좀더 많은 관광객을 유치하고, 특히 경제 대국으로 부상하는 중국을 겨냥하여 마드리드 자치 지역은 2005년 3,300만 유로의 관광 진흥 자금을, 2006년에는 5배에 달하는 1억 5천만 유로로 예산을 늘려 편성했다.

SEGOVIA
LA GRANJA
AVILA
Puerto de Navacerrada
Embalse de Santillana
VALLE DE LOS CAIDOS
EL ESCORIAL
Circuito del Jarama
Aeropuerto de Barajas
ALCALA DE HENARES
Puerta del Sol Km 0
MADRID
Embalse de San Juan
ARANJUEZ
TOLEDO

마드리드와 근교

3

카스티야 라 만차

카스티야 라 만차 자치 지역

사막 같은 황무지에 건조한 대륙성 기후대인 카스티야 라 만차는 여름에는 건조하고 햇볕이 따가우며 겨울에는 춥다. 1977년 스페인 자치법에 따라 카스티야 라 만차라는 이름의 자치 지역으로 탄생한 이곳은 《돈키호테》 작품 속에서도 묘사된 웅대한 자연과 캄포 데 크립타나와 모타 델 쿠에르보에서 만나게 되는 풍차, 둘시네아 공주의 마을 엘 토보소가 자리하고 있다. 또한 이 곳 명물인 양젖으로 만든 만차 치즈와 발데페냐스의 포도주 그리고 콘수에그라의 사프란과 양버섯과 마늘 수프는 이 고장의 특산품이다. 이 자치 지역은 다섯 개의 주로 이루어져 있다. 칼 제조업으로 정평이 나 있는 그림 같은 마을 친치야의 알바세테 주, 마드리드로부터 60킬로미터 떨어진 곳에 고딕-르네상스 양식 건축물인 '왕자 궁'이 있는 구아달라하라 주, 시우다드 레알 주, 물과 바람이 만들어 낸 매혹의 석회암 형상인 '마법의 도시'와 '추상예술품 박물관'과 '매달려 있는 집'으로 유명한 쿠엔카 주 그리고 톨레도가 주도(州都)인 톨레도 주이다.

톨레도 전경

과거의 망령을 보는 환상적인 도시 톨레도

마드리드 남쪽 72킬로미터 떨어진 곳에 로마 시대 때 만든 알칸타라 다리가 있는 타호 강과 거대한 담으로 둘러싸인 도시가 톨레도다. 이 담에는 9개의 문이 있는데 그중 비사그라 문으로 들어서면 톨레도 구시가지가 눈 앞에 펼쳐지고 그 순간 우리는 중세로 들어온 것 같은 착각에 빠지게 된다. 톨레도는 게르만족이 스페인을 지배할 때 그들의 수도였고, 무어인들이 711년에 정복하였다가 1085년 알폰소 6세가 기독교인들의 땅으로 되찾은 후 유대인들의 보금자리가 되었다. 성당과 유대 교회와 회교 사원이 오늘날까지 그 모습을 간직하고 있는, 세 문화가 공존하면서 자신들의 흔적을 곳곳에 남겨 놓은 박물관 같은 곳이다. 톨레도에 아랍 지배하 스페인에 살았던 기독교도들이 교회를 남겼다면 기독교 지배하 스페인에 살았던 아랍인들은 벽돌로 지은 무데하르 건축물을 남겼다. 또한 이 도시는 〈오르가스 백작의 매장〉의 화가 엘 그레코가 1576년부터 생을 마감할 때까지 자신의 위대한 작품들을 남긴 곳이기도 하다. 톨레도 알카사르, 즉 톨레도 요새의 역사는 10세기까지 거슬러 올라갈 정도로 유서 깊다. 엘 그레코의 그림 〈톨레도 전경〉에서도 느낄 수 있듯이 환상과 신비감이 느껴지는 이곳은 수공업 제품인 다마스키아, 즉 아랍인들이 전해 준 기술로 검은 쇠에 금실을 박아 문양을 새긴 장식품과 칼이 유명하다.

톨레도 대성당

신을 위한 궁정과 왕을 위한 초막 엘 에스코리알

펠리페 2세의 지시에 따라 미켈란젤로의 제자인 후안 바우티스타 데 톨레도가 1563년에 건축을 시작하여 후안 데 에레라가 1584년에 완성을 본 이 수도원에는 왕궁과 도서관과 종묘가 함께 있다. 직선과 화강암만을 사용하여 건축한 이 건물은 펠리페 왕의 종교적 열의와 합스부르크 가의 엄격함과 검소한 면이 강조되어 있어 보는 이들을 왠지 긴장시키는 묘한 매력을 갖고 있는 '세계 8대 불가사의' 중 하나이다. 마드리드에서 차로 한 시간 거리에 있는 이 수도원은 구아다라마 산맥 줄기에 가로 208미터, 세로 162미터의 회색 대리석판 위에 직사각형으로 자리 잡고 있다. 병약하고 내성적이며 우울했던 펠리페 2세는 이 건물을 성 로렌소에게 바치는 수도원으로 지었지만, 세상에서 가장 막강한 제국의 왕으로서의 임무를 다하고 물러난 뒤 몸을 쉴 수 있는 자신의 처소로 사용하고 싶어 했다. 궁의 신하들보다 수사들에 둘러싸여 노년을 보내고 싶었기 때문일 것이다. 그래서 이 건물에는 15개의 회랑과 16개의 뜰, 13개의 기도소와 300개의 승방, 86개의 계단과 9개의 탑, 9개의 오르간, 2,673개의 창문과 1,200개의 문, 그리고 1,600점 이상의 그림이 있다. 이 수도원의 모습은 어떻게 보면 고기 굽는 석쇠를 거꾸로 세워 놓은 것 같은데, 이를 두고 사람들은 258년에 산 채로 화형에 처해진 순교자 성 로렌소를 상기시키기 위한 것이라고도 한다. 수도원 북쪽과 서쪽에는 거대한 규모의 정원이 있고 남쪽과 동쪽으로는 초원과 관목으로 이루어진 숲이 있어 멀리서 바라보면 그대로 정갈한 한 폭의 그림이 따로 없다.

1700년 펠리페 5세와 함께 스페인에 프랑스 부르봉 왕가가 들어서면서 합스부르크 가의 검소한 건축물들은 프랑스풍으로 바뀌어 나갔는데 이 수도원도 예외가 아니었다. 이 수도원 내 '부르봉 왕가의 궁'에서 볼 수 있는 프랑스적 취향은 무엇보다 카를로스 3세 왕이 공식 행사 장소로 사용했던 홀에 걸려 있는 어마어마한 크기의 태피스트리다. 산타 바르바라 왕실 태피스트리 공장에서 2백 년 이상 걸려 짰다는 이 벽포는 지금까지도 색이 변하지 않고 살아 있어

엘 에스코리알 수도원

복원할 필요가 전혀 없다고 한다. 유리로 된 전등도 있고 카를로스 3세 때 만들어진 청동 시계 36개도 정확하게 시간을 가리키며 지금도 살아 있다.

이 궁에서 나와 '합스부르크 가문실'로 들어가면 모든 게 달라진다. 일단 대리석 바닥이 나무와 돌로 바뀐다. '전투의 홀'에 들어가면 스페인이 승리했던 역대 전투들을 묘사한 프레스코화가 걸려 있다. 벽을 따라 스페인 합스부르크 가계 그림이 걸려 있는 좁은 돌계단을 내려가면 왕가의 방들이 나온다. 첫 번째 방은 펠리페 2세의 병 수발을 하며 그의 마지막을 지켰던, 왕이 가장 사랑했던 딸 이사벨 클라라 에우헤니아가 거처했던 곳이다. 이 방에 들어서면 이곳이 과연 궁인지를 의심하지 않을 수 없다. 벽에 걸려 있는 몇 점의 그림과 스페인 탈라베라 지역에서 생산되는 토속 도자기 몇 점만이 장식의 전부이다. 펠리페 2세가 진정으로 하느님을 위한 궁정과 왕을 위한 초막을 짓고자 했던 마음을 이곳에서 확인할 수 있다. 펠리페 왕과 공주의 방은 교회 대제단 양쪽에 각각 위치해 있는데 이는 왕이 누워서도 미사를 들을 수 있게 한 조치였다고 한다. 왕의 통풍이 좀 잠잠해지면 교회와 연결된 자신의 방의 작은 문을 통해 예배당으로 갔다고 한다. 펠리페 2세는 이 방에서 1598년 71세의 나이로 숨을 거두었다.

복도를 따라가면 '대사들의 홀'과 '왕좌의 홀', '초상화의 홀'과 마드리드에서 왕에게 가져온 물건들을 보관하고 있다는 '손수레 홀'이 나온다.

펠리페 2세가 엘 에스코리알을 건축하게 된 이유에는 부왕 카를로스 1세의 유해를 모시고자 한 것도

엘 에스코리알 수도원 도서관

엘 에스코리알 수도원 정원

있다. 그래서 그는 아버지의 유해를 1586년에 이곳으로 옮겨 왔다. 대제단 바로 아래 청동과 푸른 빛이 도는 고운 벽옥으로 만든 묘지가 1617년에 완성되어 카를로스 1세 이후 스페인의 모든 왕들의 유해가 이곳에 안치되어 왔다. 단 이곳의 엄격한 분위기를 싫어했던 펠리페 5세는 세고비아에 묻혀 있고 페르난도 6세는 마드리드에 잠들어 있다.

알렉상드르 뒤마가 "영원으로 들어가는 입구"라고 묘사한 이곳 예배당을 완벽한 위대함이라고 찬사하는 사람도 있지만 억압적인 분위기와 인간을 압도하는 규모가 싫다고 하는 사람도 있다. 천장과 43개의 제단에 그려져 있는 프레스코화는 스페인과 이탈리아 화가들이 그렸고, 대제단은 건축가 후안 데 에레라의 작품이다. 대리석과 흑옥으로 된 기둥 사이에는 예수와 성모와 성자들의 삶의 모습을 담은 그림이 있다. 대제단 양 옆으로는 카를로스 1세와 펠리페 2세와 그의 가족들이 기도하는 모습을 조각해 놓았다.

이 수도원 내의 도서관은 바티칸 도서관 다음으로 중요하다고 한다. 아우구스티누스와 스페인 현왕 알폰소와 산타 테레사의 글을 수장하고 있고 세상에서 가장 많은 종류의 아랍 필사본과 성가집, 중세 지도와 해도 및 자연에 대해 기술해 놓은 원고들이 있다. 양피지 훼손을 막기 위해 세계에서 유일하게 책을 거꾸로 꽂는 도서관이기도 하다. 천장은 그 당시 9개 학문을 상징하는 그림으로 장식되어 있는데 문법, 수사학, 변증론, 산술, 기하학, 천문학과 음악은 중앙에, 그 당시 가장 중요한 학문으로 여겼던 철학과 신학은 천장 양 끝에 자리 잡고 있다. 교황 그레고리우스 13세는 이곳 소장품을 훔치는 자는 파문으로 벌했다고 한다.

쿠엔카 전경

쿠엔카 근교 '마법의 도시'

성들의 대지 카스티야

카스티야 지역은 카스티요, 즉 무수한 성들의 천국이다. 스페인에는 모두 만 개 정도의 성이 있는데 그 대부분이 이곳에 있다. 8세기에 걸친 국토회복전쟁 동안 이슬람교도와 기독교도는 자신들의 영역을 방어하기 위하여 성을 쌓았다. 처음에는 나무로 축성되어 있었지만 정복자들이 성을 탈환한 후 돌로 다시 쌓아 올렸다. 성으로 들어가려면 개폐교식 다리를 통과하여야 하며, 침입을 막기 위해 창마다 쇠창살이 붙어 있다. 성 안에는 병사와 마구간, 창고가 있으며 계단으로 연결된 전망 좋은 꼭대기에는 성주가 살았다. 대표적인 무데하르 건축 양식을 보여 주는 것은 소리아에 있는 '고르마스 성'으로 10세기 때 기독교도 지배하의 아랍인들이 세운 방어용 성이다. 세고비아 근처에 있는 '코카 성'과 바야돌릿 근교의 '메디나 델 캄포 성' 또한 보존 상태가 아주 양호한, 벽돌로 지은 아름다운 무데하르 건축예술의 대표작이다. 금방이라도 공주가 왕자를 반기면서 뛰어나올 것 같은 '세고비아의 성'은 얼마전까지만 해도 군사적 목적으로 사용되었다. 그 밖의 성들은 현재 '파라도르'라 하여, 국가에서 운영하는 고급 호텔이나 학교로 이용되는 곳이 상당수 있다.

마늘 수프

4

카스티야 이 레온

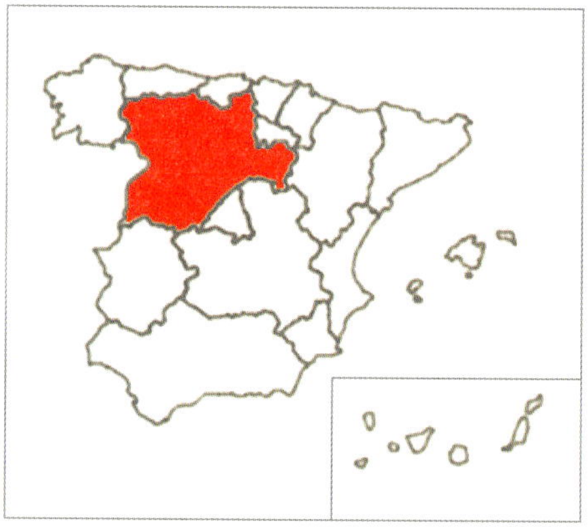

카스티야 이 레온 자치 지역

옛날부터 카스티야는 지형적으로나 정신적으로나 스페인의 심장부였고 지금도 그 역할을 충실히 수행하고 있다. 역사적으로 스페인의 위대했던 사상의 대부분이 카스티야에서 싹이 텄으며 뿌리를 내렸다. 카스티야는 이베리아 반도에 흩어져 있던 소왕국들을 하나의 국가로 통일한 곳이자 국토회복전쟁의 중심지였으며, 신대륙 발견과 개척을 주도한 곳이다. 그런 배경을 염두에 둔 펠리페 2세는 16세기 당시 제국을 다스릴 중심부로 카스티야를 택했던 것 같다. 하지만 후일 카스티야 정부의 근시안적인 안목과 잘못된 행정으로 제국은 다시 분리되었다. 이를 두고 스페인의 유명한 철학자 오르테가 이 가세트는 1921년에 "카스티야가 스페인을 만들었고 카스티야가 스페인을 부수었다"라고 한탄했다. 이후 1939년부터 독재자 프랑코가 통치할 때 카스티야에서 사용케 했던 '카스테야노'를 유일한 '스페인 언어'로 정한다는 법안을 공포하고 중앙집권을 강화했다. 하지만 프랑코 사후 일어난 일들을 보면 한데 결속한 스페인의 여타 지역 사람들은 이러한 카스티야를 그동안 우러러보던 한편으로 폭압정치의 온상으로 여겼던 듯하다. 이후 민주정부하의 스페인은 각 지역의 역사와 특성을 인정한 1977년의 자치법에 따라 지금의 17개 자치 지역으로 나누어졌다.

20세기 스페인 소설가 미겔 델리베스는 이 지역을 "무미건조한 불모의 땅이며 아무것도 없어서 큰 구경거리가 되는 땅"이라고 적고 있다. 쓸쓸한 아름다움을 즐겨 노래했던 시인 안토니오 마차도는 이 황량한 카스티야를 "카인의 그림자가 방랑하는 곳"이라고 노래했다. 이 땅에 대한 절망과 애정을 이 한 줄로 대변하는 듯하다.

모든 것은 상대적이다. 더 추운 곳에서 살아 본 우리나라 사람들은 카스티야 주민들이 말하는 만큼 춥지 않다고 하며, 우리가 느끼는 여름의 따갑고 건조한 햇살은 오히려 자신들의 몸을 가볍고 맑게 해 준다고 한다. 가을이면 투박한 산세와 바람에 씻긴 평야와 빛나는 햇살이 만들어 내는 순수한 아름다움은 아무 데서나 구경할 수 있는 것은 아닌 듯싶다.

카스티야는 스페인에서 가장 큰 지역으로 아빌라 주, 부르고스 주, 채색창 성당으로 유명하고 10세기 때 스페인의 수도였으며 국토회복전쟁 당시의 중심이었던 레온 주, "숨겨진 아름다움"이라고 알려진 성당과 궁정의 보물과 조형물이 넘쳐나는 팔렌시아 주, 살라망카 주, 세고비아 주, 소리아 주, 바야돌릿 주 그리고 사모라 주로 이루어져 있다. 예전의 황무지는 밀밭과 산업 지대로 변해 자취 없지만, 웅장한 성당과 중세 때의 모습을 고스란히 간직하고 있는 성곽들은 과거의 영광과 비극을 전하려는 듯 그대로다. 갈리시아 자치 지역과 맞닿은 레온의 산악 지대에는 '라스 메둘라스'라는 광산 지역이 있다. 고대와 로마 시대로부터 대대로 그곳에 거주하며 광물을 캤을 사람들의 흔적과 주변 풍광이 함께 역사로 기록된 곳이다.

성녀 산타 테레사 데 헤수스의 고향 아빌라

길이 2,572미터, 높이 12미터, 폭 3미터의 성벽, 그리고 88개의 탑과 9개의 성문으로 둘러싸인 도시. 그리고 성벽을 따라 산책로가 있고, 성벽의 일부가 아빌라 성당 일부를 이루는 모습을 볼 수 있는 도시 아빌라는 마드리드 북서쪽 111킬로미터 지점에 자리 잡고 있다. 스페인에서 가장 높은 해발 1,128미터에 세워져 공기가 맑은 탓에 제비들의 좋은 서식처가 되기도 한다. 헤라클레스가 세웠다는 전설이 전해질 만큼 무구한 역사가 이 도시의 자랑이다. 바위에 이베리아 원주민들의 거주 흔적이 남아 있다. 또한 고딕 양식의 성당과 카르멘 교단의 창시자인 산타 테레사 데 헤수스의 수녀원이 인상적이다. 성녀가 태

아빌라

아빌라의 산타 테레사 데 헤수스

어난 집터 위에 세운 산타 테레사 수녀원에는 그녀가 신비 체험을 할 때까지의 고행 시절 생활상이 그대로 보존되어 있고, 그녀가 30년 동안 머물렀던 엔카르나시온 수도원은 굳게 문을 닫은 채 외부인의 출입을 막고 있다. 이 수녀원의 규정에 의하면 투표할 때와 병이 들었을 때만 외출이 허용된다.

시와 예술의 도시 살라망카

스페인어를 전공하는 한국 학생들이 언어 연수를 위해 가장 많이 찾는 이곳은 유서 깊은 대학 도시다. 물론 1218년에 살라망카 대학이 세워지기 2천 년 전부터 이곳은 중요한 도시였다. 한니발과 로마인과 무어인들이 정복했다가 1085년에 기독교인들이 재정복했던 과거와 현재가 함께 숨 쉬고 있는 곳이다. 로마인들이 점령했을 때는 전략적으로나 상업적으로 중요한 도시였다. 로마인들이 만든 '은의 길', 즉 스페인에서 채굴한 광물을 로마로 가져가기 위해 만든 수송로 중심부에 이 도시가 위치하고 있었기 때문이다.

도시 이름과 같은 살라망카 대학은 1218년 알폰소 9세의 칙령에 따라 설립되었다. 이 대학은 유럽 역사와 지식의 전당으로 아주 중요한 곳이며, 특히 플라테레스크(은세공) 양식으로 건축된 대학 정면

살라망카 대학 정면의 '가톨릭 왕들' 조각

은 건축학사에서도 기념비적 의미를 갖는다. 대학 입구 문 바로 위에는 '가톨릭 왕들'이 아라베스크 양식으로 절묘하게 새겨져 있다. 또한 18세기로 거슬러 올라가는 역사를 지닌 이 대학 도서관에는 초기 인쇄술로 만든 서적과 육필 원고가 상당수 보전되어 있다고 한다.

살라망카 대학 정면

살라망카의 또 다른 볼거리는 두 개의 대성당이다. 하나는 알폰소 6세가 무어인들로부터 이 도시를 되찾은 것을 기념하기 위해 1150년에 건축하기 시작한 '구대성당'이다. 외관상 엄숙하고 검소해 보이는 로마 양식 건축물인데 건물의 기둥에서는 간간이 고딕 양식의 흔적이 보인다. 내부에는 다수의 석관과 무덤이 있다. 특히 고딕 양식으로 지은 대제단이 볼 만하다. 신약 성서에 나오는 이야기들을 53개의 판에다 고딕 양식으로 그려 놓은 그림들 때문인데, 제작연도는 1445년이다. 이 대제단 위에는 프레스코기법으로 그려진 〈최후의 만찬〉도 있다. 16세기에 들어서면서 콜럼버스와 세르반테스, 테레사 데 헤수스 성녀와 에르난 코르테스가 호흡했던 살라망카의 문화적 · 역사적 명성에 어울리는 새로운 성당 건립이 요구됐다. 그래서 문예부흥기가 완연하던 1512년에 새로운 성당이 지어지기 시작했으나 옛 성당과 조화를 이루고자 시대에 뒤진 고딕 양식으로 건축했다. 원형 지붕을 얹고 있는 탑에는 크고 널찍한 창 네 개가 있는데, 그곳으로 들어온 빛이 성당 내부의 아름다움과 웅장미를 한껏 돋보이게 한다. 1733년까지 건축이 계속되다 보니 후기 고딕 양식과 바로크 양식까지 가미되어 오히려 성당이 우아해졌다. 성당의 지붕은 바로크 양식이고, 정면과 '출생의 문'은 후기 고딕 양식, 조각상들과 유리창과 성가대석과 파이프 오르간은 추리게라 양식(바로크 양식의 한 분파로 과도한 장식이 특징)을 기본으로 하되 바로크 양식이 가미되었다. 이렇게 모든 양식이 혼재하고 있지만 서로 완벽하게 조화를 이루고 있어서 이 건물을 은은하게 반사하고 있는 토르메스 강물의 운치를 더한다. 이 강 위로는 로마교가 걸려 있다. 살라망카 대학보다 규모가 작아 '소학교'라 부르는 학교 건물과 1500

년대에 플라테레스크 양식으로 세운 산 에스테반 도미니크 수도원도 볼 만하다. 특히 마요르 광장에서 멀지 않은 곳에 있는 '조개 껍데기의 집'은 돌로 된 365개의 조개 껍데기가 벽에 붙어 있는 아름다운 고딕 양식 건물이다. 이 집 안으로 들어가면 아랍풍의 화려한 뜰이 나온다.

스페인 낭만주의 시인 에스프론세다에 의해 환생된 제2의 돈 후안이 주인공으로 나오는 작품 《살라망카의 학생》이 보여 주듯 살라망카 도시의 거리에는 시와 예술이 있고, "성자 루카스 전야에 창녀들이 살라망카로 간다"라는 중세 노래가 있을 정도로 살라망카는 대학생들의 천국이다. 길을 걷다 보면 중세 복장의 대학생들을 심심찮게 만날 수 있는데 그들이 부르는 노래는 기타 선율과 함께 거리를 생기와 즐거움으로 넘쳐나게 한다. 포석이 깔린 좁은 골목길을 걷다 우연히 듣게 된 바이올린 소리에 자신도 모르게 끌려가다 보면 사랑하는 여인의 집 창가에서 음악을 연주하고 있는 또 다른 돈 후안을 만

살라망카 마요르 광장

살라망카 구대성당

살라망카 신대성당

나게 된다. 그 소리에 취해 푸르다 못해 검게 보였던 하늘을 붉게 물들이는 노을과 나뭇가지에 걸린 초승달 아래 망토로 몸을 가린 돈 후안이 걸어오는 것을 본 것 같은 착각에 빠졌던 사람은 나만은 아니었을 것이다.

국토회복전쟁의 영웅 '엘 시드'의 요람 부르고스

부르고스는 884년 무어인들의 침략을 막기 위해 카스티야 분지 중앙에 세운 요새로 오랜 세월 양모 수출로 경제적 호황을 누렸던 곳이기도 하다. 산티아고 데 콤포스텔라 성지로 가는 도정에 있으며, 바야돌릿 이전의 카스티야 이 레온 왕국의 주노였다. 스페인의 다른 도시들에 비해 연륜이 짧은 축에 속하는 이곳은 무엇보다 11세기 스페인 국토회복전쟁 당시의 영웅 엘 시드의 고향으로 유명하다. 이 영웅이 무훈을 노래한 스페인 중세 최초의 서사시 《엘 시드의 노래》에 보면 이곳에서 엘시드는 알폰소 6세에게 전 재산을 몰수당한 뒤 추방당한 것으로 기록되어 있다. 엘 시드는 이 마을을 떠나기 전에 부인 히메나와 두 딸, 엘비라와 솔을 이곳 수도원에 맡겼다. 스페인은 도시마다 '관광안내소'가 있는데 부르고스의 안내소가 있는 광장 맞은편에 이 수도원이 있다. 수도원 입구 오른쪽 벽에 "엘 시드가 추방당하여 이 마을을 떠날 때 자신의 가족을 맡겼던 곳"이라고 적혀 있다. 지금도 엘 시드는 비록 동상으로나마 '산 파블로 다리' 위에서 이곳 거리와 모

부르고스 성당

퉁이들을 굽어보고 서 있다. 알폰소 6세가 왕위에 오를 때 형 산초 왕의 죽음에 간여하지 않았음을 엘 시드가 알폰소 6세에게 선서케 한 장소였던 '산타 가데아 교회'가 있고, 귀족 가문의 여식들만을 수녀로 받아들였고, 수녀원장은 여왕 이외에는 누구에게도 길을 양보하지 않았다고 하는 12세기의 '우엘가스 레알레스 수녀원'도 있다. 이 수녀원에는 카스티야 초기 왕들의 무덤이 있고, 박물관에는 금실과 은실로 수를 놓은 옷감과 보석들이 전시되어 있다. 부르고스 동쪽으로는 15세기에 지은 '카르투하 데 미라플로레스' 수도원이 있다. 이 수도원에는 두 개의 무덤이 있는데, 하나에는 이사벨 여왕의 부모인 카스티야의 후안 2세와 포르투갈의 이사벨 왕비가 묻혀 있고, 다른 하나에는 이사벨 여왕의 오빠로 왕권을 계승하기 전 어린 나이로 세상을 떠난 알폰소 왕자가 묻혀 있다. 두 무덤은 자신의 가문에 어울리게 만들고자 한 이사벨 여왕의 명령으로 화려하게 장식되어 있다.

무엇보다 부르고스의 명물은 1221년에 건축하기 시작한 부르고스 성당이다. 이 성당은 엘 시드의 무덤으로 알려져 있다. 고딕 양식의 가는 첨탑들로 둘러싸인 이 성당을 펠리페 2세는 "천사들의 작품"이라고 경탄해 마지않았다고 한다. 성당 내 많은 예배당 중 엘 시드와 그의 부인 도냐 히메나를 대리석으로 조각하여 눕혀 놓은 무덤이 있는 '엘 시드 예배당'은 놀라움을 금할 수 없다. 부르고스 성당의 천장과 르네상스 양식의 회랑과 황금 계단도 예술적이다. 특히 실제 머리카락을 머리에 얹고 물소 가죽으로 옷을 입힌 실물 크기의 예수상은 보는 이의 호기심을 자극한다.

이곳에서 서쪽으로 얼마 떨어지지 않은 곳에 아타푸에르카의 고고학적 유적지가 있다. 이 산악 지대에는 1백만 년 전 인간의 모습이 보존되어 있다. 이곳에서 발굴되는 사람의 해골 등으로 짐작하건대 인류가 처음으로 나타난 지역이 이베리아 반도라는 가설이 틀리지 않아 보인다.

광활한 스페인 분지 지역의 겨울 음식은 프랑스 군인들도 즐겼을 만큼 이곳의 또 다른 매혹이다. 콩과 스페인식 순대를 넣고 끓인 수프와 새끼 양고기 구이는 일부러 여정을 바꿔서라도 맛보고 갈 만한 이 지역 전통음식이다.

시인 안토니오 마차도의 도시 소리아

20세기 스페인의 시인 안토니오 마차도가 즐겨 산책했던 엘 에스피노 언덕에 서면 도시가 한눈에 들어온다. 어둡고 좁은 구불구불한 골목과 희미한 불빛 그리고 갖가지 색깔로 옷을 입은 자연 경관은 하늘에서 내려온 쓸쓸한 명화 바로 그것이다. 시인이 그토록 자신의 시 속에서 읊었던 고즈넉한 저녁 나절 노니는 황새와, 주인 잃은 빈 둥지만 외로이 얹혀 있는 종탑과 계곡을 빠져나와 나무 사이를 헤집고 다니며 우는 바람 소리와, 저녁 종소리에 내려앉는 황혼의 노을이 시집으로부터 도망 나와 그곳에 있다. 이 모든 문장들이 갈색의 흙과 회색빛 성당과 느릅나무 가지 속으로 잠길 때면 눈물 나도록 아름다운 소리아에서 자신이 사랑했던 여인 레오노르와 함께 있지 못함을 아파했던 시인의 마음이 그대로 전달되어 온다.

이곳에서 8킬로미터 떨어진 곳에는 로마 지배에 항거하다 끝내 마을 주민 모두가 목숨을 끊었던 누만시아가 유적지로 남아 있다. 가슴을 아프게 하는 아름다움이 무엇인지를 느껴보기를 원하는 사람이라면 소리아와 이 근교를 방문해 보라.

백설 공주의 성 세고비아

마드리드에서 75킬로미터 떨어져 있는 이곳은 기원전 1세기 로마인들이 돌로 지은, 29미터 높이의 아치 165개가 있는 수로와 요정이 나올 것 같은 성과 새끼 돼지 요리인 '코치니요'로 유명하다. 이곳에서는 매년 5월이면 2주 동안 세계적으로 가장 유명한 인형극단들의 공연이 열린다. 세고비아의 거리와 광장과 극장마다 세계 각지에서 몰려온 40여 개의 극단들이 수천 명의 관광객들에게 환상과 꿈을 선사하고 있다. 수로에서 18킬로미터 떨어진 곳에는 프랑스 부르봉 왕가가 프랑스 양식으로 지은 여름궁전 '라 그랑하'가 있다. 검소했던 합스부르크 가 왕들의 은신처로 사용되었던 건물이 원인 모를 화재로 전소되자 부르봉 왕가의 펠리페 5세가 그곳을 사들여 18세기 계몽전제군주에 어울리는 궁을 짓게 했다. 프랑스와 이탈리아 건축가들이 베르사유 궁전을 모방하여 작은 베르사유로 설계했는데, 궁 안에는 베르사유 궁전에 버금가는 그림과 가구 및 샹들리에, 도자기, 카펫, 태피스트리 등이 있고 스페인만의 색깔인 성자들의 뼈와 이로 가득한 예배당이 있다. 무엇보다 베르사유 궁전의 것을 능가하는 볼거리는 정원과 분수다. 정원의 맑은 물에 비친 노란 느릅나무 잎들과 보리수 잎의 떨림은 가을이 여행객에게 주는 이곳만의 매력이다.

여름궁전 라 그랑하

세고비아 수로

5

엑스트라마두라

엑스트라마두라 땅으로 들어서면 백리향과 로즈마리 향기가 난다. 드넓은 벌판에는 소와 양이 한가롭게 노닐고 떡갈나무와 코르크나무 숲에서는 돼지들이 뛰놀고 있다. 이곳 주민들은 이 땅을 "정복자들의 땅이자 신들의 대지"라며 찬사를 아끼지 않는다. 오랜 역사를 간직한 땅이라 구석기 시대 벽화가 남아 있고, 온화한 기후에 비교적 비옥한 토양을 갖추고 있어 옛 로마인들의 호화 은신처로 애용되었다. 그 때문에 기원전 25년에 세워진 메리다 시는 로마 유적지의 보고로 평가된다. 고고학자들의 소원이 이곳을 무너뜨려 그 아래를 파 보는 것이라고 할 정도로 유물이 상당하다고 알려져 있다. 서고트족이 스페인 땅을 다녀간 뒤 무어인과 기독교인 간에 일어난 국토회복전쟁 때는 이 둘 어느 쪽에도 속하지 않았던 땅이었다. 결국 13세기에 기독교도들이 승리하자 이곳은 전쟁에 가담했던 군인들의 몫으로 돌아가면서 마을이 형성되어 갔다. 고적하고 광활한 이 땅의 기운으로 인해 정복자들의 성격이 대담해졌다고 하는데 틀린 말은 아닌 듯싶다. 아메리카 개척과 정복에 나섰던 스페인 사람들 중 3분의 1이 엑스트라마두라 출신이기 때문이다. 정복에서 살아남은 자들은 돌아

엑스트라마두라 자치 지역

메리다의 로마 시대 극장

와 자신들의 멋들어진 궁을 이 땅에 세웠다. 널찍한 구릉 위에 담도 울타리도 없이 군데군데 서 있는 성 중에는 아직 그들의 후손이 살고 있는 곳도 있다. 그렇지 않은 경우 호텔이나 관공서로 기능을 달리했거나 황새들의 둥지로 버려져 있기도 하다.

저녁 나절 이곳 중세 마을을 거닐다 보면 자신이 현대를 사는 인간이 아닌 듯한 착각에 빠질지도 모른다. 탑에 걸려 있는 아메리카 정복자들이 가져온 금으로 만든 시계가 시간을 알리고, 17세기 스페인 은세공업자들이 개발한 플라테레스크 양식으로 꾸며진 뜰에서는 마늘 냄새를 실은 연기가 모락모락 피어오른다. 인공으로 만든 것이 아니라 역사가 만들어 놓은 대지와 유적물이 삶의 여유를 만끽하게 해 준다.

메리다에서 서쪽으로 60킬로미터 떨어진 바다호스에는 무어인들이 세운 요새와 성곽과 종탑들이 있고, 야자나무와 관목들이 빼곡한 아랍 양식 정원은 관광객들의 걸음을 멈추게 한다. 이곳에서 생산되는 햄은 도토리와 밤나무 숲에서 이 나무들의 열매만을 먹으며 자연 방사로 키운 돼지로 만들었기 때문에 어떤 햄과도 비교가 되지 않을 정도로 고소하고 육질감이 좋다. 물론 초리소, 모르시야, 살라미 등의 소시지류도 이곳 명물이다.

기사소설에서 도망쳐 나온 것 같은 카세레스 시는 올리비아 핫세가 줄리엣 역을 맡았던 영화 〈로미오와 줄리엣〉의 촬영지이자 1492년에 발간된 스페인 극소설 《라 셀레스티나》를 영화로 만들 때 무대가 되었던 곳이다. 중세에 있었던 전쟁이나 스페인 내전의 폭격에서조차 피해를 입지 않은 덕분에 중세의 모습을 고스란히 간직하고 있는 구시가지

카세레스 유스테 수도원

과달루페 성모 수도원

는 신도시와 담 하나로 나뉘어져 있다. 중세 당시 3백여 명의 기사들이 이 마을에 자신들의 요새를 만들어 잦은 싸움을 벌이자 평화 유지를 위해 '가톨릭 왕들'이 측근의 요새만 남기고 모두 파괴하였다고 한다. 그중 산 마테오 광장에 남아 있는 '황새의 탑'이 볼 만하다. 고색창연한 석조건물들 사이로 난 포석이 깔린 길을 걷다 보면 시간으로부터의 일탈이 무엇인지를 실감하게 될 것이다.

카세레스 시에서 47킬로미터 떨어진 지점의 목초지로 둘러싸인 트루히요는 동산 같은 마을이지만 기념비적인 유적지다. 이 마을 안으로 걸음을 내디딜 때마다 과거로 빠져 들어간다는 느낌이 든다. 로마 황제 카이사르가 이곳을 세웠고, 이곳 출신 프란시스코 피사로가 페루를 정복했다. 이곳 마요르 광장에는 피사로의 기마상이 있고, 그가 가져온 잉카의 보물로 지어진 궁정들이 여러 개 있다. 아메리카 정복자들의 상당수는 피사로처럼 귀족 가문의 서자들이었다고 한다. 스페인 본토에서는 미래가 없었기 때문에 부와 명예를 찾아 아메리카 식민지 개척에 나섰다고 알려져 있다.

마드리드에서 214킬로미터 떨어져 있는 과달루페 시는 13세기 말 한 목동이 흑인 성모 마리아상을 발견한 이래 유명한 성지 순례 장소가 되었다. 알폰소 11세가 이 성모의 은총으로 1340년 살라도 전투에서 승리했다 하여 이곳에 성모에게 바치는 수도원을 짓게 하였고, 그 안에 성모상을 모시게 했다. 콜럼버스가 아메리카 인디오들을 데리고 와 처음으로 세례를 받게 한 곳이기도 하다. 특히 프랑스 군인들까지 엑스트라마두라의 전통 음식에 매료되었을 정도로 요리가 유명한데 양고기 튀김이나 엑스트라마두라식 전골 요리, 근대에 마늘과 감자를 넣은 요리 및 돼지고기를 넣고 튀긴 빵 등이 별미다.

이곳에서 마드리드로 돌아오는 길에 소나무와 밤나무가 울창한 산 속에 숨겨져 있는 에르바스 마을을 들러 본다면 스페인에서 가장 보존 상태가 양호한 유대인 지역을 구경하게 될 것이다. 에르바스 마을은 대도시에서 쫓겨난 유대인들이 숨어들어 갔던 곳으로, 1492년 스페인에서 유대인들이 모두 내쫓길 때 그들이 남긴 물건들은 베하르 공작이 차지했지만 장소는 그대로 보존되어 왔다.

엑스트라마두라식
전골 요리

카세레스 마요르 광장

6

안달루시아

안달루시아 자치 지역

헤레스 지방의 포도주인 셰리주와 훌륭한 종마와 용감한 투우용 소와 집시들의 플라멩코, 그리고 온갖 종류의 생선 튀김 요리와 여름용 시원한 수프 가스파초. 지중해와 대서양을 아래에 두고 1년에 3천 시간의 햇빛과 단지 30세제곱센티미터의 강수량을 기록하는 태양의 대지, 이 자연조건이 만들어 낸 환상적인 풍광. 바로 안달루시아에 대한 수식이다. 페니키아인으로부터 아랍인에 이르기까지 여러 민족이 거쳐갔지만 풍요롭고도 감각적인 문화유산을 남긴 민족은, 1492년 기독교의 '가톨릭 왕들'에 의해 그라나다가 정복될 때까지 머물렀던 아랍인이었다. 때문에 유럽에서 만날 수 있는 가장 이국적인 곳이자 외국인들에게 스페인 특유의 색깔을 가진 곳으로 알려진 이 자치주는 코르도바 주, 세비야 주, 말라가 주, 그라나다 주, 우엘바 주, 카디스 주, 알메리아 주, 그리고 하엔 주로 나누어져 있다. 하엔 주는 9세기에 아랍 지배하에 있다가 13세기 국토회복전쟁에서 기독교인들의 땅이 되었는데 우베다 시와 바에사 시가 특히 유명하다. 이곳에 있는 건축물들은 이탈리아 영향을 받은 스페인 초기 르네상스 양식을 보이는 것으로 중남미 건축 예술에 상당한 영향을 끼쳤다.

스페인 국민들은 국가주의는 약하지만 지역주의는 강하다. 자기가 거주하고 있는 곳에 대한 애착이 유별나다. 그러나 거주지를 옮길 경우 가장 가고 싶어 하는 곳은 다름 아닌 안달루시아라고 한다. 그 이유를 물으니 이곳은 아무것도 하지 않으면서, 그리고 아무것도 가진 게 없으면서도 잘살 수 있는 곳이기 때문이란다. 가난해도 그것이 전혀 불행이 될 수 없으며, 원하는 것이 적다 보니 모두가 부자로 살 수 있는, 다시 말해 명예나 권력이나 금력이라는 장식품 없이 인간이 말 그대로 가장 인간답게 살 수 있는 곳이 안달루시아라는 것이다. 그렇게 살 수 있는 이유의 반은 기후 때문이요 나머지 반은 그곳 사람들의 기질 때문이라고 한다. 이 기질을 형성하는 요인을 이 땅이 낳은 시인 가르시아 로르카는 안달루시아 대지의 정수라고 했다. 그래서 안달루시아 사람들은 자신의 대지를 떠나면 안달루시아 사람이 아니게 된다고 한다. 기후와 땅의 신비와 그곳의 귀신 두엔데가 만들어 낸 대지의 영혼이 없어지기 때문이란다. 이들은 대지에 뿌리를 내려 그 땅의 기운을 먹고 마시고 자라는 식물처럼 이성보다 감각이 앞서는 삶을 살고 있다. 신비스러운 대지와 자신들의 존재를 동일시하고 그곳을 낙원으로 느끼며 안달루시아인들은 살고 있다.

바람둥이 돈 후안의 고향 세비야

"세비야를 보지 않고서는 세계의 경이로움을 보았다고 하지 말라"라는 스페인 옛 속담이 있다. 세비야는 겨울의 세우 속에서도 아름다웠다. 그러니 태양이 찬란할 때의 자태는 얼마나 눈부시겠는가. 희대의 바람둥이 돈 후안의 출생지이자 비제의 〈카르멘〉과 로시니의 〈세비야의 이발사〉의 무대다. 스페인의 낭만파 시인 구스티포 이돌프 베케르와 화가 벨라스케스와 무리요의 고향이기도 하다. 성녀 테레사 수녀는 "만일 누군가가 이곳에서 죄를 범하지 않는다면 그는 위대한 일을 하고도 남을 사람이다"라고 했을 정도로 세비야의 매력은 성인들의 마음까지도 흔들어 놓는다.

세비야 축제

헤라클레스가 세비야를 건설했고, 카이사르가 담과 높은 탑으로 세비야를 둘렀

으며, 성왕 페르난도가 세비야를 다시 찾았다라고 이 도시의 역사는 적고 있다. 16세기 네덜란드와 영국과 스페인이 해상권을 다투며 식민지 확장에 열중할 때 세계에서 가장 부유한 도시가 세비야였다.

세비야의 명물로 '세비야 성당'이 있다. 높이가 116미터, 폭이 76미터인 이 성당은 로마의 성베드로 대성당과 런던의 성바울 대성당에 이어 크기에서 세계 세 번째다. 1402년에 시작해 1506년에 완성된 이 성당은 회교 사원이 있던 자리에 고딕 양식으로 세운 것으로, 인간으로서는 할 수 없는 대역사라 하여 "미친 자들의 작품"이라고 불리기도 한다. 이곳에는 스페인 화가 무리요, 수르발란, 고야의 그림들과 콜럼버스가 처음으로 신대륙에서 가져온 금으로 만든 십자가와 콜럼버스의 유해가 보존되어 있다. 세비야를 관광하는 사람들의 주 출발지가 이곳 성당 앞이다. 먼저 세비야를 한 바퀴 돌아보고 싶다면 성당 앞에 줄지어 기다리고 있는 마차를 이용해 보라. 이 마차들은 고고학 박물관이 있는 '마리아 루이사 공원'을 오른편에 두고 돈다.

이 성당 옆으로 회교 사원의 일부를 이루었던 오렌지 정원이 있는데 이슬람 종교의식에 사용하던 분수와 오렌지 나무가 주는 그늘은 영락없는 오아시스다. 이곳을 나오면 높이 93미터의 직사각형 탑이 솟아 있는 것을 볼 수 있는데, 이것이 '히랄다 탑'이다. 1184년부터 12년에 걸쳐 지어진 회교 사원의 탑으로 1세기 뒤 회교 사원이 파괴된 후 2세기 동안 외로이 자리를 지키고 있었다.

군부와 정부의 사무실로 사용되고 있고 신대륙 관련 자료들이 보관되어 있는 반원형의 '스페인 광장' 건물 벽에는 스페인 17개 자치 지역의 특징이 타일로 새겨져 있다. 이 광장에는 벤치에 앉아 수채화나 스케치로 광장의 아름다움을 재현하는 화가 지망생들도 있고, 자신의 그림이나 음악을 파는 예술가들도 있으며, 이들의 어깨에 내려앉거나 여행자들의 발을 피해 다니는 수많은 하얀 비둘기들도 있다. 이 광장 둘레로는 배를 띄울 수 있는 수로가 있어 연인들의 데이트 장소로도 멋진 곳이다.

세비야 히랄다 탑

세비야 황금의 탑

스페인에는 강이 많지 않다. 하지만 세비야를 관통하고 흐르는 구아달키비르 강은 세비야가 바다와 113킬로미터나 떨어져 있음에도 불구하고 항구의 역할을 하게 할 정도로 수량이 풍부하다. 여기로 신대륙에서 가져온 금을 실은 배가 들어왔고 지금도 강가에 서 있는 '황금의 탑'에 그 금을 저장했다고 한다.

4월 18일에서 23일까지 일주일 동안 세비야의 축제가 열린다. 18일 정오 12시가 되면 승마복을 차려입은 기수들이 플라멩코 전통 의상을 입은 아가씨들을 말 뒤에 태우고 행진을 한다. 낮 시간에는 투우가 있고, 밤이 되면 길에 늘어서 있는 축제용 작은 집인 '카세타'에서 현지인이든 관광객이든 관계없이 모두가 어울려 마시고 먹으며 세비야의 플라멩코인 세비야나스를 추며 새벽까지 즐긴다.

알 안달루스의 꽃 코르도바

세계사에서 식민지란 인적·물적 자원을 착취하고 이용하기 위한 종속 국가로서의 개념이 강하다. 그러나 스페인의 무어 왕족은 당시 원주민 여성들과 혼인을 하고 자신들의 문화를 퍼뜨리면서 자기들의 나라로 만들어 갔다. 이 당시 무어인들의 문명은 스페인뿐만 아니라 유럽의 황금세기를 만드는 원동력이 되었는데, 그 중심이 코르도바였다. 지금의 코르도바는 담 하나를 사이에 두고 10세기와 21세기가 공존하고 있다. 10세기의 좁고도 구불구불한 구도시 길을 걷다 보면 마차를 끌고 가는 말들도 심심찮게 눈에 띈다. '내

코르도바 회교 사원 문

코르도바 회교 사원 구내

길인데 네가 왜 다니냐' 는 듯 말들은 따가운 눈총을 쏘아 댄다.

아프리카 베르베르족의 수장 타릭이 이베리아 반도 내의 게르만족의 분열을 간파하고 이베리아 반도를 공략하여 점령한 후, 8세기 초 그들이 속해 있던 아랍의 다마스커스의 왕에게 이 땅을 바친 뒤로 다마스커스의 부왕들이 이곳에 거처했지만 스페인에 무어인 제국인 알 안달루스를 세운 왕은 아브드 알 라흐만 1세(Abd ar-Rahman Ⅰ)였다. 그 뒤를 이어 아브드 알 라흐만 3세(Abd ar-Rahman Ⅲ)와 알 하캄 2세(Al-Hakam Ⅱ)가 서유럽에서 가장 크고 부유하며 문명화된 코르도바를 만들었는데 그때가 10세기 중반이었다. 50만 명이 넘는 인구와 7백 개 이상의 회교 사원, 그리고 유럽의 다른 나라에서는 하나도 갖추기 어려웠던 공중목욕탕이 9백 개나 되었다. 안달루시아는 건조한 지역이기 때문에 물이 많지 않다. 그래서 그들은 근처 산맥에 있는 눈 녹은 물을 끌어 와 사용했다. 관개 기술이나 수로 건설 및 상하수도 개발에 특별한 재능이 없고서는 불가능한 일이었다. 코르도바의 왕들은 문화 생활을 적극적으로 장려하기 위하여 도서관을 설치해 25만 권이 넘는 장서를 들여놓았고, 그리스 철학서는 아랍 철학자들 덕분에 처음으로 유럽에 소개되었다. 이븐 시나(아비세나), 이븐 루슈드(아베로에스) 같은 아랍 철학자들 덕분에 아리스토텔레스와 플라톤이 유럽에 알려졌다. 훗날 토마스 아퀴나스의 《신학대전》은 이븐 루슈드 덕분에 전파가 가능했다. 알 만수르(Al-Mansur)는 전쟁에 나갈 때마다 삼사십 명의 시인들을 데려갔고 정치에서도 시인들의 역할은 컸으며 그들은 존경도 받았다. 그들은 지금의 문화 비평, 시사 토론, 신문 집필과 같은 일을 했다. 은유가 풍부한 그들의 시 중에는 특히 스페인 최초의 문학 형식인 하르차가 있다. 사랑하는 연인에 대한 애틋한 감정이 아랍의 에로틱한 분위기와 소녀의 수줍음 사이에서 봉긋이 피어나는 시다. 그리고 아랍 기원의 4천 단어 이상이 지금 현대 스페인어에 사용되고 있다. 설탕, 가지, 오렌지와 수박도 아랍인들이 스페인에 전파했다. 로마 숫자보다 훨씬 간단한 아랍 숫자가

회교 사원 내 성당 대제단

코르도바 유대인 지역의 정원

스페인에 들어옴으로써 수학에서의 발전 또한 눈부셨다. 대수학과 삼각도형은 아랍인들의 발명품이다. 천문학자와 점성술사도 빼놓을 수 없다. 코르도바의 태피스트리와 직물은 무어인들의 뛰어난 직조 기술 덕분에 유럽 전역에 그 명성을 떨쳤다. 유리와 도자기 공장을 건설해서 무겁고 무식해 보이던 쇠로 된 용기들을 식탁에서 사라지게 했으며, 가죽 무두질 기술이나 금은 세공술도 스페인과 유럽 사람들에겐 찬탄의 대상이었다. 17세기 스페인 사회를 경악시켰던, 가문의 명예를 지키기 위해 아버지, 오빠가 아내와 딸을 살해한 '명예 살인'도 어쩌면 무어인의 영향 탓인지도 모른다.

어느 누구도 부인할 수 없고, 지울 수 없는 스페인 내 무어인들의 흔적은 건축에서 두드러진다. 무겁고 음침하던 로마식 교회 건축물은 가볍고 우아하며 색감이 뛰어난 무어인들의 건축물에 기가 꺾이고 말았다. 무어인들의 건축물에는 원형지붕도 있고 도벨레스크 무늬로 치장한 말굽 모양의 아치와 아주 가는 기둥도 있다. 이 모든 것은 코르도바의 회교 사원에서 볼 수 있다. 4미터 높이의 기둥이 850개가 들어가 있는 이 회교 사원의 보물로는 도열한 기둥도 있지만 미르합, 즉 기도소를 들 수 있다. 모자이크 장식과 대리석 기둥에서 시작하여 서로 교차하는 아치와 조개 모양의 지붕으로 덮인 팔각형 천장이 일품이다. 코르도바가 기독교인들의 수중에 들어온 후 이 회교 사원의 일부를 허물고 그 자리에 안순시온 성모 성당을 지었다. 회교 사원에 들어가 내부의 조명에 눈이 익을 때쯤이면 그때까지의 건축술과는 완전히 다른 르네상스 양식으로 지은 건물이 55미터 정도 늘어서 있는 것을 발견하게 될 것이다. 화려하고도 웅장한 대제단과 성가대석이 볼 만하다.

사원 바깥쪽을 감싸 안고 있는 '오렌지 뜰'은 종교의식 때 사용되던 장소다. 코르도바는 여름에 무척 덥다. 푸른 하늘과 뜨거운 태양 아래 늘어서 있는 집들은 모두가 흰색이다. 집의 하얀 담에 놓인, 태양도 무색해지는 주황과 붉은 빛의 제라늄과 녹색의 포토스 잎을 담고 있는 화분들, 그리고 오렌지나무 가로수에 매달린 오렌지들은 여행객의 갈증을 식혀 주고도 남을 만하다.

코르도바에서 북서쪽으로 6킬로미터 정도 가면 아브드 알 라흐만 3세가 애첩 사아라를 위하여 936년에 짓게 한 메디나 아사아라 궁이 나온다. 이 궁을 짓기 위하여 1만 명의 인부와 2,600마리의 노새와 4백 마리의 낙타가 25년 동안 작업을 했다고 한다. 건물에 사용된 4,300개의 대리석과 벽옥으로 된 기둥들 중 일부는 카르타고에서, 일부는 다른 도시에서 가져왔다고 한다. 1만 2천 명의 군인이 이 궁을 지켰고 4천 명의 하인이 있었으며, 마구간에는 2천 마리의 말이 있었다니 알라딘 요술 램프에서나 나올 법한 이야기다. 그런데 이 궁은 세워진 지 74년 만인 1010년에 베르베르족의 침략을 받고 전소돼 현재는 일부만 남아 있고, 가장 중요한 부분들은 코르도바 고고학 박물관에 소장되어 있다.

알람브라 궁전의 추억 그라나다

그라나다는 북으로 시에라네바다 산맥이 놓여 있고 남으로는 아름다운 스페인 해안의 하나로 꼽히는 '코스타 델 솔(태양의 해안)'을 두고 있다. 그라나다의 알람브라 궁전은 1492년 '가톨릭 왕들'에게 왕국의 열쇠를 넘겨 준 스페인 내 마지막 무어왕국이라는 서

알람브라 궁전

알람브라 궁전

그라나다의 석양

글픈 역사를 갖고 있지만, 이 왕국 역시 1235년 이후 나사리 왕조 때 찬란한 영화를 간직한 곳이다.

그라나다의 황금기에는 유대인 대사나 군 수장들이 빛을 발했는데 특히 의사의 역할이 돋보인다. 유대인 의사들은 병을 진단하는 능력이 뛰어났고 외과 방면에서의 의술은 기독교 왕과 귀족들이 불원천리 달려오게까지 했다고 한다. 이들의 치료나 처방을 받고자 고의로 사소한 군사 분쟁까지 일으켰다고 하는데, 이들은 마취를 할 줄 알았고 외과적 수술에 뛰어나 백내장 수술이나 뇌압을 낮추기 위해 두개골에 구멍을 뚫는 일도 했다고 하니 지금도 믿기지 않는 이야기다.

아랍인들의 건축술은 코르도바에서도 입증되었지만 그라나다의 알람브라 궁전에서는 또 다른 예술의 극치를 감상할 수 있다. 기하학적 도형이나 아랍 글자의 아름다움을 황금빛으로 새겨 놓은 벽과 천장의 무늬는 무어인들의 예술적 역량을 재확인시켜 준다. 나무와 석회와 대리석으로 조화롭게 모자이크한 건물에 들어서면 시간을 망각하게 되는 환상적인 분위기에 압도당하게 될 것이다. 물에 대한 애착이 각별했던 민족이다 보니 궁정에서는 물론 가정집 정원에도 샘이나 분수를 어김없이 설치하였다. 지금도 그 샘과 분수의 물은 신비스러운 물안개가 되어 우리 몸을 덮고 있다. 궁전의 여러 방을 덥히던 난방용 물 또한 분수로 흘러나와 건물 안을 돌게 만들었는데 이런 기술은 보는 이의 감탄을 불러일으킨다.

알람브라 궁전 옆에 있는, 왕들의 여름궁전인 헤네랄리페 정원에서 들을 수 있는 물소리는 여름의 갈증까지 풀어줄 만큼 시원하다. 그 건조한 지역에 조각해 놓은 듯 깎아 놓은 삼나무 숲과 오렌지나무 및 관목들, 그리고 갖가지 꽃 사이를 헤집고 다니는 수로와 분수. 잠시 동안 그 우아한 분위기에 취하여 차도르를 두른 아랍의 여인이 된 듯 짜릿한 기분도 맛볼 수 있다. 이 정원에 서서 기타의 여러 선을 한꺼번에 긁어 우아하게 선율을 이루는 라스게아도 주법과 한 음씩 줄을 퉁기는 푼테아도 주법을 병존하여 스페인풍 기타의 규범을 보여 준 타레가의 명곡 〈알람브라 궁전의 추억〉의 처연한 통곡을 들어 보라. 경쾌하면서도 애잔한 〈아랍 카프리치오〉의 수정 같은 음률을 떠올리며 이 궁전의 비감한 역사를 초혼해 보라. 가슴이 신산하게 저려 오는 애절한 멋을 맛볼 수 있을 것이다. 바흐의 장엄함과 베토벤의 비운과 비발디의 애수를 동양의 신비로 품은 곳이 바로 알람브라다.

하얀 마을과 또 다른 안달루시아

안달루시아에는 앞서 소개한 세 도시만 있는 게 아니다. 단순하면서도 조용한, 그래서 정감이 가는 마을들이 가득하다. 최고의 올리브 기름을 생산하는 하엔, 역사적인 도시 우엘바, 보물급 중세 교회가 있는 우베다와 궁정이 있는 바에사까지, 그리고 꼭 건축물이 아니더라도 이름 모를 야생화들이 피어 있고 군데군데 오붓하게 얽혀 있는 듯한 키 작은 나무들이 만들어 내는 경치도 정답다. 여기에 아랍풍 마을 미하스와 언덕을 덮고 있는 하얀 집들이 이룬 마을 등, 역사와 문화와 자연이 어우러져 정취를 자아내는 곳들이 산재해 있다. 내륙으로의 도보 여행은 왠지 모를 고독감을 불러일으키는데, 길을 가다 인정미 넘치는 농부와 당나귀를 만나면 그렇게 정겨울 수 없다.

세비야와 카디스 사이에 있는 헤레스 데 라 프론테라 마을은 셰리주의 본고장답게 95킬로미터 거리가 포도밭이다. 곤살레스 비아스, 페드로 도메크, 산데만이 이곳 상표다. 9월 초에 수확한 '팔로미노' 포도로 만든 셰리주는 건조하고 섬세한 맛을 내는 반면 '페드로 히메네스' 포도로 만든 셰리주는 달콤하고 감칠맛이 난다. 팔로미노 포도는 수확하자마자 신선도를 높이기 위하여 곧장 압축 과정으로 들어가지만 페드로 히메네스 포도는 알파풀로 엮은 돗자리에서 햇빛에 탈수하는 과정을 거치기 때문에 당도가 높아진다. 거기에 발효 중에 와인 알코올을 섞어 18도까지 도수를 높이기 때문에 작가 라블레가 포도주는 아무리 마셔도 결코 죽지 않는다고 외치기도 했지만, 이곳 포도주는 죽지는 않아도 심하게 취할 수 있다. 9월이면 이곳에선 포도 수확 축제가 열리고, 세비야의 4월 축제가 끝난 뒤 곧이어 말시장이 열린다. 말의 묘기를 보고 싶다면 이곳에 있는 '안달루시아 승마 기술학교'를 방문하면 된다.

카디스

3천여 년 전 페니키아인들이 세운 카디스 시는 콜럼버스의 신대륙 발견으로 서유럽에서 가장 부유한 항구로 번영했던 곳으로 항구에 욕심이 많은 영국이 늘 눈독을 들이기도 했다. 비행기가 이착륙하기에 적합한 지형적 조건을 갖추고 있어서 스페인은 지브롤터 대신 군사 전략기지로 카디스를 사

용할 것을 나토에 제안하고 있다. 지브롤터는 스페인 땅에 있는 영국령이다. 늘 스페인의 해상권을 시기하며 스페인 항구를 호시탐탐 노리던 영국이 1704년에 어처구니없이 눌러 앉아 차지해 버린 곳이다. 지중해와 대서양을 잇고, 아프리카와 유럽 대륙 사이에 있는, 헤라클레스의 기둥들 중 하나로 알려진 전략적 요지인 이곳에는 약 3만 명이 살고 있다. 이곳에선 긴 옷을 걸친 아랍 여인들이 오가는 사이로 영국군 장교들 모습이 비치는 게 낯설다. 게다가 바에 들어가 보면 텔레비전에서는 스페인어로 라디오에서는 영어로, 손님들은 영어식 스페인어나 스페인식 영어, 혹은 아랍 억양의 영어와 스페인어로 말하고 있는 게 여간 생경하지 않다.

카디스

스페인에는 이상한 곳도 많다. 90미터 높이의 암벽 위에 걸터앉아 있는 도시 론다가 그중 하나다. 이 도시는 협곡을 사이에 두고 두 지역으로 나뉘어 있는데 90미터 높이의 다리로 오가게 되어 있다. 로마 시대에 지어진 야외 공연장이 있고 모리스코인들의 하얀 집과 아랍인들의 목욕탕과 훌륭한 궁들이 있는 이곳은 영화 〈카르멘〉(1959)의 촬영 장소였다. '펠리페 5세 아치'를 통과하면 하얀 마을이 눈앞에 펼쳐진다. 특히 투우 애호가들에게 이곳 투우장은 보물이다. 스페인에서 가장 오래된 투우장 중의 하나로, 1785년에 지어진 이 투우장을 두고 현대식 투우의 진정한 요람이라는 말을 하기에 그 이유를 물으니 전설적인 투우사 페드로 로메로의 왕국이었다는데… 투우 기술은 아주 다양한데 그중 '론다 양식'을 개발한 바로 그 장본인이다. 때문에 이곳에는 투우 박물관도 있는데 고야의 투우를 소재로 한 판화작품이 소장되어 있다.

론다

안테케라 시 근처에는 기원전 1500-1700년의 선사 시대 고인돌과 동굴들의 낙원이 있다. 네르하에 있는 동굴에는 종유석과 석순들이 어마어마한 크기로 화려하게 솟구쳐 올라가 있거나 천장으로부터 풀어헤친 머리를 늘어뜨리고 있고, 알타미라 동굴에 견줄 만한 구석기 시대 동굴 벽화들과 유적물들이 5백 점 이상이나 보전되어 있다. 동굴 안 드넓

알리칸테의 석양

은 분지에서는 오케스트라 공연도 열린다고 하는데, 참으로 환상 속에서나 존재할 것 같은 지하 세계의 경험은 아직까지도 내 뇌리를 떠나지 않고 있다.

혹시 아랍 부호나 왕들이 어떻게 사는지 엿보기를 원한다면, 또는 유명 연예인들이나 예술가들이 서민들과 어울려 어떻게 여가를 보내는지 궁금하다면 '코스타 델 솔'에 있는 마르베야와 바누스 항구를 찾아보기를 권한다. 하지만 이들의 별장으로 들어가는 입구에서는 집이 보이지 않는다. 집 내부가 궁금하면 연예잡지를 보면 된다. 보통 네댓 개의 차고와 드넓은 수영장과 고급 가구들로 장식해 놓은 커다란 홀과 화려한 고급 집기들, 그리고 꽃과 나무와 조각품들로 장식되어 있는 정원들…, 이 정도로는 왕이나 부호들도 별것 아닌가 싶다. 해안가에서 옷을 벗고 수영복 차림으로 누워 있으면 다 똑같아 보인다. 밤에 디스코텍에 가도 똑같이 술 마시고 춤추고 떠든다. 식당에 가면 나도 게 요리 먹고 그 사람들도 게 요리 먹고. 그들은 비서가 계산하고 나는 내가 한다는 정도의 차이, 사실 이 차이는 아무것도 아니다. 돈이 많다고 하루에 대여섯 번 식사를 하는 건 아니잖은가. 그들의 속 살림까지 들어가 보지는 못했지만 어떻든 스페인에서는 돈이 있는 자나 없는 자나, 권력을 가진 자나 가지지 않은 자나 왕이 서민 같고 서민이 왕 같은 기분으로 살 수 있게끔 되어 있다. 하지만 스페인에서 생활하다 보면 내가 도저히 따라갈 수 없을 것 같은 게 한 가지 있다. 물질적인 것이 아니라 어느 정도의 세월로도 이루어 낼 수 없을 것 같은, 바로 그들의 삶에 대한 자세다. 이들은 여름 내내 한적한 모래사장에 누워 음악을 듣거나 책을 보다 싫증나면 푸르고 맑은 지중해에 몸을 적시고, 포근한 해풍에 몸을 말린다. 그러다 해가 저물면 집으로 돌아가 저녁 파티 준비를 하고 새벽이 될 때까지 흥겹게 즐긴다. 이들은 어떻게 이리도 여유롭고 즐겁고 행복한가. 마르베야 항구 선착장에는 하얀색의 수많은 배들이 정박하고 있다. 프랑스, 영국, 이탈리아, 미국 깃발을 단 배들도 눈에 띈다. 야영지에서는 캠핑카가 즐비하다. 이들은 그곳에 여장을 풀고 바다낚시와 해수욕을 즐기고, 밤에는 선상 파티를 열기도 하면서 몇 주를 보낸다. 밤이 되면 마르베야 시내의 술집과 디스코텍은 이들 외국 관광객들과 스페인 본토인들로 넘쳐 난다.

마르베야와 접해 있는 말라가는 기원전 1100년경 페니키아인들이 세운 도시이다. 다시스 문명지였던 이곳의 광물 수송을 위한 요충지로 세운 도시였다. 페니키아인들이 물러난 후 그리스인과 로마인, 그리고 아랍인들은 이곳을 무역 항구로 이용했다. 아랍인들은 8세기부터 11세기 사이에 기존의 로마 성곽 위에 멋들어진 성채를 올렸다. 이 성채 중앙부에는 8세기 코르도바의 칼리프 아브드 알 라흐만 1세가 짓도록 한 '경의의 탑'과 화려한 왕궁에서나 볼 수 있는 넓은 뜰과 정원, 그리고 아랍인들에게는 부의 상징이었던 목욕탕과 수영장이 있다. 1487년 말라가가 기독교도들의 수중에 들어온 이후에도 '가톨릭 왕들'은 무어인들을 이곳에서 내쫓지를 않았고, 그 덕분에 무어인들은 계속하여 이 지역 발전에 많은 공헌을 할 수 있었다. 그러나 펠리페 3세가 17세기 초 이들을 추방한 후 19세기까지 이전의 영광을 되찾지 못했다. 이후 말라가 상표의 와인과 따가운 햇볕이 내리쬐는 해변과 현대 관광 자원으로 이 도시는 다시 관광도시로 부상하면서 여행자들에게 놀라움을 선사하고 있다. 1528년에 디에고 데 실로가가 짓기 시작한 대성당과 3세기에 건축을 그만둔 로마극장, 페니키아인과 아랍인들의 유물을 구경할 수 있는 고고학 박물관, 14세기 아랍 성곽인 '히브랄파로의 성'의 잔해도 구경할 만한 것들이다. 피카소가 어린 시절을 보낸 집은 그의 이름을 딴 재단으로 변했다. 16세기 부에나 비스타 백작 부처의 르네상스 양식의 성 안에 있는 '미학 박물관'에는 16, 17세기 플랑드르 화가들의 그림이 전시되어 있다. 시청 앞 정원이나 말라가 공원은 우리의 가슴을 시원하게 만들어 주며, 라벤다 향이 나는 야생의 숲 속에서 노니는 멧돼지, 사슴 그리고 매 들의 천국인 '말라가

말라가 항구의 야경

말라가

산의 국립공원'은 생태 관광의 진수를 보여 주고 있다.

스페인의 도시들은 대부분 아주 오래된 역사를 가지고 있다. 특별한 유물이나 유적지를 갖고 있지 않은 마을이라도 그 자체가 과거와 현대의 모습을 공유하면서 자연이 만들어 낸 경치와 어우러져 전설이나 환상 속의 장소처럼 보이는 경우가 대부분이다. 거기다 오래된 역사와 지중해의 따스하고 온화한 날씨와 바다까지 가세하면 그 가치는 표현하기에 어려울 정도가 된다. 대표적인 예가 알메리아다. 페니키아, 카르타고, 그리스, 로마, 아랍, 그리고 집시들의 흔적들이 고스란히 남아 있고, 코르도바 아랍 왕들의 중요한 무역항이었던 덕에 과거의 화려했던 모습까지 간직하고 있는 곳이다. 요새 발치에 판 동굴 집들이 이룬 마을 '라 창카'는 어부들과 집시들의 거주지로서 독특한 원색의 그림 같은 정경을 연출한다. 아랍인들이 이베리아 반도에 세운 웅장미 넘치는 성곽은 이국적인 밤의 향기 속에서 더욱 빛을 발하고 있었다.

7

카나리아스 군도

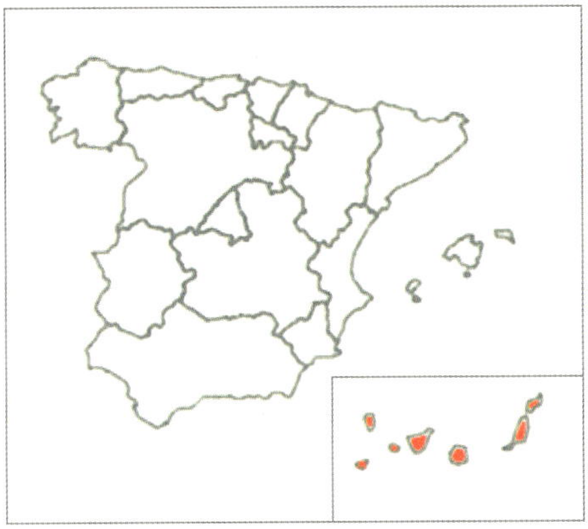

카나리아스 군도 자치 지역

일곱 개의 큰 섬과 일곱 개의 작은 섬, 네 개의 국립공원, 수백 개의 화산, 이것이 이 군도를 정의할라치면 자동적으로 읊어지는 내용이다. 모로코 남쪽 해안으로부터 약 1백 킬로미터 정도 떨어진 대서양에 위치하고 있는 까닭에 지도상으로는 스페인 본토가 있는 이베리아 반도 옆, 발레아레스 군도 밑에 네모 칸에 넣어 표시한다. 아프리카와 다름없는 이 군도에는 구안체스라는 원주민들이 살았다. 그때가 14세기에서 15세기 사이로 스페인에 편입되기 전이다. 이후 아메리카와 아프리카로 가는 무역선의 중요 거점이 되면서 이 군도는 두 개의 큰 주로 나뉘었다. 서쪽에 있는 섬들인 테네리페, 라 팔마, 엘 이에로와 라 고메라 섬이 한 주를 이루고 있고, 동쪽에 있는 섬들인 그란 카나리아, 란사로테 그리고 프에르테벤투라를 또 다른 하나의 주로 묶었다.

꿈에나 볼 수 있는 전원 풍경과 달콤한 기후와 특히 압권인 바다가 관광객들을 부르는 이 지역 3대 자원이란다. 이 많은 섬들 중 관광객들의 낙원이라는 테네리페는 원주민어로 '눈 덮인 산'이라는 뜻을 갖고 있다. 높이 3,718미터에 있는 '테이데 화구'는 위압적일

테네리페

만큼 거대한 휴화산이다. 지금은 잠자고 있지만 언제 터질지 모를 화산이자 스페인에서 가장 높은 산이기도 하다. 웅장한 이 산은 머리에 눈을 뒤집어쓰고 삼각형 모양의 이 섬을 굽어보고 있다. 테네리페의 주도는 '산타 크루스'다. 스페인 해안이면 볼 수 있는 하얀 해변과 고풍스러운 교회와 박물관도 자랑이지만 더 큰 구경거리가 되는 것은 이곳의 국립공원이다. 화산의 용암이 뒤덮어 황량하기 짝이 없는 이 공원은 산 정상부의 두 화산추를 중심으로 수십 킬로미터 뻗어져 있는데, 나무 한 그루 없이 펼쳐져 있는 그 광활함이 놀랍다. 이곳 산 크리스토발 데 라 라구나 마을은 신고전 양식의 대성당과 산토 도밍고 교회, 궁전 및 수도원 등이 밀집되어 있는 역사적인 곳이다.

동쪽에 있는 섬 그란 카나리아로 오면 풍경이 완전히 바뀐다. 1년에 2백만 명의 관광객이 찾는다는 그란 카나리아는 넓게 펴져 있는 모래사장과 방파제, 녹색의 평야, 섬 중앙에 높이 서 있는 커다란 화산추 발치에 있는 계곡과 바위투성이의 산봉우리 등이 절경을 이룬다. 섬의 주도인 라스 팔마스는 이 군도에서 가장 큰 항구도시로 무역선이 쉴새없이 드나든다. 산타 아나에게 봉헌한 16세기 성당이 있고, 콜럼버스가 살았던 집은 현재 정부 청사로 이용되고 있는데, 청사 내에 콜럼버스 박물관이 있다. 이곳의 토속품이나 민속적인 면모들을 구경하고 싶으면 하얀 집들이 군락을 이루는, 그림 같은 마을 '카나리오'를 방문하면 된다.

란사로테는 검은색 땅이 증명하듯 화산섬이다. 건물의 색깔이나 크기 및 고도 제한을 엄격하게 한 결과 현대식 고층건물이 없는 데다 지정학적으로 비가 적게 오는 지역인지라 사막 지대와 다름없다. 이런 땅에 군데군데 하얀 해변과 어촌 마을이 있으며 바람이 센 곳이라 풍차도 많다. 이 지역 주민들은 자신들의 고향이 훼손당하지 않고 자연 그대로를 보존되고 있음에 감사하고 있다. 도시 문명과 사람들에 지쳐 떠나고 싶다면 이곳으로 가서 절대적인 평화를 만끽하길 권하고 싶다. 티만파야 국립공원은 수세기에 걸쳐 용암과 화산재가 모든 것을 덮어 버리며 만들어 낸 자연의 예술품이다. 가끔 화산 바위 틈

그란 카나리아 모래언덕

티만파야 국립공원

란사로테의 포도밭

새로 연기가 나고 붉은 용암이 보이는 걸 보면 결코 죽어 버린 화산은 아닌 모양이다. 마지막 분출이 있었던 1736년에 용암이 마을을 완전히 휩쓸었다고 한다. 이곳에 가면 아직도 당나귀를 타고 다니는 농부들을 심심찮게 만난다. 유럽에서 낙타를 타고 화산 지대를 여행할 수 있는 유일한 곳이다. 인간의 손을 거친 관광지보다 자연이 만들어 놓은 그대로의 모습이 더 귀하고 아름답다는 것을 이곳에 가면 새삼 깨닫게 될 것이다.

테이데 화구

프에르테벤투라는 거의 사막 지대라고 해도 과언은 아닐 듯싶다. 3만을 헤아리는 이곳 주민의 수는 이곳에 있는 귀한 풀을 야금야금 뜯어 먹어 초원을 줄여 가고 있는 염소 수보다 적다. 사실 수세기 전 이곳은 울창한 숲이었다고 하는데, 스페인 본토인들이 나무를 베어다 쓰기만 해 사막 지대로 변했다고 한다. 남동쪽 아프리카 사하라 사막에서 불어오는 강풍에 보호막이 없이 노출되어 있다 보니 옥토는 세월에 비례해 모래로 변해 갔고, 기후 또한 건조해져 버렸다. 마실 물이 모자라 주민들이 급수선을 요구해야 할 형편이라고도 한다. 망망한 푸른 바다를 가슴으로 품고 있는 곳이 사막 지대라는 점이 믿기지 않고, 섬 내륙의 검은 화산 지대로 당나귀와 낙타가 다니고, 해안가 모래사장은 어떻게 그리도 하얗고 부드러운지, 참으로 여러 면에서 묘한 섬 나라다.

8

발렌시아와 무르시아

발렌시아 자치 지역

무르시아 자치 지역

이 두 지역은 아랍인들의 관개술 덕분에 유럽의 과수원이라는 별칭을 얻었을 만큼 쌀과 채소와 과일의 보고다. 스페인의 다른 지역과 달리 땅이 비옥하여 쌀을 1년에 서너 차례 수확할 수 있다. 오렌지나무, 레몬나무 그리고 복숭아나무 들이 논과 야채밭 사이사이로 심겨 있고 비단을 얻기 위한 뽕나무들도 군락을 이루고 있다. 밭과 논으로 난 많은 수로들은 이 땅의 혈관과도 같아 보인다. 발렌시아에는 발렌시아 주와 카스테욘 주와 알리칸테 주가 있다.

스페인의 곡창 지대 발렌시아

강과 지중해를 함께 끼고 있는 이 도시는 그리스 식민지였다가 기원전 138년에 로마인에 이어 무어인이 지배하면서 모든 민족이 부러워하는 곳이 되었다. 로마인과 무어인은 발렌시아의 온화한 기후와 풍요로운 햇살, 그리고 근처 산에서 끌어온 물로 자기네 부족을 풍족하게 먹여 살릴 수 있었다. 스페인의 영웅 엘 시드가 1094년 무어인들을 물리치고 기독교도들의 땅으로 되찾았다가 엘 시드가 죽고 난 후 다시 무어인들이 차지했다가, 정복자 하이메 1세가 1238년에 기독교도의 땅으로 또다시 되찾은 뒤 아라곤 왕국에 병합시켰다. 발렌시아의 황금기는 15세기로 알려져 있는데, 이곳은 농사와 항구로서의 역할뿐만 아니라 도자기와 직물산업의 부흥으로 스페인에서 가장 경제 지표가 높았던 바르셀로나와 견줄 만했다고 전하고 있다. 그러나 1609년 펠리페 3세가 모리스코인들을 스페인에서 추방하자 이곳 인구의 3분의 1이 줄었고 그들이 경작하던 농업은 완전히 버려지고 말았다. 그 이후 다시는 이전의 모습을 회복하지 못하고 말았다. 발렌시아는 현재 스페인 전 지역으로 곡물, 야채, 과일을 공급하고 외국으로도 수출을 하고 있지만 아직도 그 당시의 위상은 회복하지 못하고 있는 실정이라고 한다.

발렌시아의 오렌지나무

무르시아 자치 지역 농산물

스페인 내전 때 발렌시아는 공화파 최후의 보루였다. 그 때문에 프랑코 측이 퍼부은 폭격도 엄청나 상당수 유적물들이 파괴되어 버렸다. 그러나 최상품의 과일과 채소와 싱싱한 생선은 멋진 건축물을 사용하고 있는 '시장 광장'에서 만날 수 있다. 스페인 어물 시장에는 온갖 종류의 수산물이 있지만 낙지를 발견할 수 있었던 곳은 오직 발렌시아의 이 시장이었던 것으로 기억하고 있다. 통통하게 살이 오른 은빛 갈치를 본 곳도 여기였다. 밤에 발렌시아 바닷가로 나가 보면 바지락이 모래알만큼이나 많이 밀려와 있다. 그래도 아무도 주워 가는 이가 없다. 해물이 풍족하고 발렌시아의 주 농작물이 쌀이다 보니 '파에야'라는 이 지역 해물 밥 요리가 유명해져 스페인 대표 음

발렌시아 시장 광장

식이 되었다. 이 광장에는 '라 롱하 데 라 세다'로 불리는 15세기에 지어진 '비단 거래소' 건물도 있다. 직물 수출이 이루어졌던 곳으로 창과 커다란 여덟 개의 나선형 기둥으로 지탱되고 있는 천장을 통해 은은하게 들어온 햇살이 붉고 검은색의 포석을 물들이고 있다. 이 건물 안 왼쪽 창문으로는 '후안 성자들의 교회'가 보인다. 이 교회 건물은 발렌시아에 있는 교회 건물들의 특징을 요약하고 있는 것 같다. 고딕 양식으로 단순하게 지어져 있는 내부에 비해 외부는 17, 18세기 바로크 양식과 추리게라 양식의 과다한 장식으로 꾸며져 있다. 그리고 내전 때 많은 교회들이 전소되었는데, 그 흔적이 이곳에도 남아 있다. 발렌시아 구도시를 가르는 널찍한 산 비센테 거리를 따라 가다 보면 바로크 양식과 로마네스크 양식을 절충해서 지은 '사라고사 광장'과 '성당'이 나온다. 이 성당은 로마네스크 양식으로 지어진 성당을 회교 사원으로 바꾼 것을 1262년에 다시 전통적인 고딕 양식으로 개축한 것인데, 18세기에는 성당 정면 일부를 신고전주의 양식으로 바꾸었다. 하지만 지금은 그 모습을 없애 버렸기 때문에 그 흔적을 찾을 수 없다. 15세기에 세워진 '미겔레테'라는 이름의 8각형 종탑 꼭대기에 서면 발렌시아의 전경이 한눈에 들어오면서 초록색 양탄자 같은 밭과 과수원 풍경이 시야를 시원하게 터 준다.

엘체의 야자숲

발렌시아 농부의 운명적이자 비극적인 삶을 소재로 한 블라스코 이바녜스의 《움막》이라는 스페인 사실주의 소설에는 '물 재판소' 이야기가 나온다. 이 재판소는 실제 2천 년 전 로마인들이 만든 8개 관개수로의 각 대표들이 나와 과수원이나 밭과 논에 대는 물을 제대로 사용했는지를 살피고 수로와 배수 등과 관련된 분쟁이나 고소, 고발 건을 해결하고 판결하던 곳으로 여기서 결정한 사항들은 결코 바뀔 수가 없다. 지금도 발렌시아에서는 1천 년 전부터 한 번도 거르지 않고 매주 목요일 12시, 이 미겔레테 탑 옆에 있는 14세기 건물 '사도들의 문' 앞에서 이 법정이 열리고 있다.

발렌시아 자치 지역의 호수

라스 파야스

3월 19일 밤, 발렌시아의 수호성자 산 호세를 기리기 위한 축제를 '라스 파야스'라고 한다. 1년 동안 사회적 이슈가 되었던 인물들을 그로테스크하게 만든 거대한 인형인 '니노츠'들 중 1등만 제외하고 나머지 것들을 모두 어마어마한 화염 속으로 던져 태워 버리는 화형식, 그리고 자정에는 도시 전체가 불 속으로 들어가는 듯한 착각에 빠지게 하는 폭죽과 불꽃놀이가 바로 이 축제의 백미다. 매해 1등으로 뽑힌 니노츠 작품은 보관되며, 심사 결과가 발표되자마자 다음 해 행사를 위한 인형 제작에 들어한다. 경비 면에서나 동원 인원 면에서 엄청난 규모의 축제다.

발렌시아는 지금까지의 이러한 전통적인 모습과 함께 새로운 이미지로 관광객들 유치에 힘쓰고 있다. 음악의 도시로 재탄생하기 위한 산티아고 갈라트라바의 '뮤직홀'을 비롯한 과학박물관의 전시물들과 해양공원은 발렌시아의 또다른 이미지를 만들어 가고 있다.

카스테욘 주와 알리칸테 주의 주도인 카스테욘과 알리칸테는 온화한 지중해안 도시인 덕분에 관광객들이 많이 찾는다. 카스테욘 주 내륙으로는 마에스트라스고나 세고르베, 모레야 등의 그림 같은 마을이 있고, 알리칸테 주에는 특히 그리스 유적물인 다마 데 엘체상과 중세극을 상연했던 유적지와 유럽에서 유일하게 야자 숲을 갖고 있는 엘체, 그리고 휴양 해안도시 베니도름이 있다.

무르시아 주는 카르타고인들이 세운 아주 오래된 도시 카르타고와 모래사장으로 유명한 망가 델 마르 메노르가 있다.

스페인은 마드리드 시민들이 아주 춥다고 할 때가 영상 4도이기 때문에 남쪽, 특히 해안으로 가면 4월에도 수영객들을 많이 만날 수 있다. 필자는 유학시절 성주간 방학을 맞아 몇 명의 유학생들과 함께 발렌시아 지역을 거쳐 알리칸테를 돌아 베니도름으로 여행을 한 적이 있다. 4월인데도 모래사장에서 수영복 차림의 사람들이 일광욕을 즐기고 있는 풍경과는 대조적으로 우리는 청바지와 긴팔 차림에 양손에는 운동화를 들고 모래의 부드러움을 즐기고 있었다. 그때 한 남자 유학생이 모래에 박힌 안전 표지판처럼 서서 바라보고 있는 곳을 나도 모르게 무심결에 바라보았다. 그 당시만 해도 스페인 사람이나 한국 사람들에게 토플리스는 정말 생소한 것이었다. 북유럽 여성들은 태양 때문에 스페인을 찾고, 스페인 해안 어디서든 훌훌 잘 벗고 눕는다는 말을 그때 눈으로 직접 목격했다. 그런데 따스한 햇볕이 씻기고 하얀 모래가 보듬은 그 모습이 무척 아름답다고 느꼈던 건 나만이 아니었던 것 같다.

무르시아 대성당

발레아레스 군도

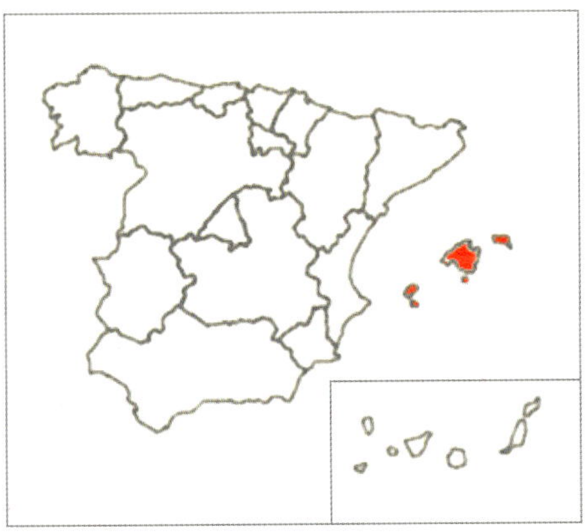

발레아레스 군도 자치 지역

쇼팽이 "이곳에서의 인생은 달콤할 수 밖에 없다" 고 노래한 발레아레스 군도는 지중해 중앙에 자리 잡은 섬들로 오랜 역사를 갖고 있다. 기원전 약 4천 년 전부터 인간이 살았음을 증명하는 사람의 해골이 발견되었고, 지중해 동쪽으로부터 왔다고 추측되는 부족들이 남긴 기원전 1천 년대의 거석도 있다. 전략적 요충지인 데다 비옥한 토양과 기후까지 최적의 조건이다 보니 힘 있는 부족들이 너나없이 침략하고 점령했기 때문에 적을 방어하기 위해 쌓은 성과 담도 있고, 멋들어진 고딕 성당도 있다. 기원전 7세기 중엽에 카르타고인들이 이곳을 지배했으며, 이후 로마가 426년까지 이곳에 머물렀다. 이어 게르만의 한 부족인 반달족이 1백 년 뒤 비잔틴인들에게 쫓겨날 때까지 이곳에 살았다. 비잔틴인들은 다시 무어인들에게 밀려났는데, 무어인들이 지배하던 3세기 동안 이곳은 코르도바의 수장에게 공물을 바치기도 했다. 대신 발레아레스 군도의 지명과 건축물에는 아랍의 흔적이 진하게 남아 있다. 아랍인들의 관용 정책 덕분에 이곳에는 기독교와 유대교가 함께 공존했다.

아라곤의 하이메 1세가 1229년에 발레아레스 군도 중에서 가장 큰 섬인 마요르카를 기독교 왕국으로 정복한 뒤에는 카탈루냐의 영향을 많이 받았다. 발레아레스 군도의 나머지 두 섬, 메노르카와 이비사에서 카탈란 방언을 사용하고 있는 건 이와 같은 이유에서다.

13세기에는 이탈리아 북쪽과 유럽 북쪽을 잇는 무역의 중요한 기항지였으며, 16세기 터키 제국이 부상할 때는 스페인 제국을 지키는 거점이 되었고, 당시 세운 수많은 망루는 역사적인 유적지로 현재까지 남아 있다. 터키인들은 노예와 물자를 조달하기 위해 이곳에서 해적 행위를 일삼았다고 한다. 이비사 섬에 있는 엄청난 규모의 담은 이를 방어하기 위해 구축된 것이라고 한다.

17세기 중엽, 지중해 무역이 다시 살아났을 때는 이탈리아와 동맹을 맺어 지리적 조건을 기반으로 양국이 경제적 혜택을 크게 누렸다. 그 당시에 세워진 이탈리아 양식의 대저택들이 이를 증명하고 있으며, 마요르카 섬의 아름다움을 더하는 역할을 하고 있다.

마요르카 해변

마요르카 대성당

이 군도의 메로느카 섬은 1708년 스페인 왕위계승전쟁 때 영국인들이 침략해 1781년까지 지배했던 역사도 가지고 있다.

지중해의 휴양지 마요르카

마요르카는 부유한 제트 세트(전용 비행기로 세계 유명 관광지를 도는 부유층 사람)들의 휴양지이자 모든 계층의 사람들에게 각각 알맞은 숙박시설과 위락시설과 휴식을 제공해 주는 땅이다. 스페인 왕가도 여름이면 휴가를 보내기 위해 이곳을 찾는다. 스페인 본토에서 이곳으로 가는 가장 멋진 여로는 뱃길이다. 페리가 바르셀로나와 발렌시아에서 출항한다. 물론 비행기를 이용할 수도 있다. 섬에 가까이 갈수록 분홍빛 볏을 단 큰 바윗덩어리가 대성당이라는 것이 확인되고 동시에 주위로 도열하고 있는 야자수들과 톱니 모양으로 잔뜩 장식된 답과 고풍스러운 기념물과 왕궁이 눈에 들어온다.

고딕 양식의 걸작인 대성당은 13세기에 건축되기 시작하여 1백 년이 걸려 완성되었다. 창문의 수가 많고 창이 커서 지중해에서 가장 빛이 나는 성당이란다. 이 성당을 감싸고 있는 지역은 과거 아랍 도시가 자리했던 곳으로 아랍 유적물들이 곳곳에 남아 있다. 이 외 오래된 교회와 부유한 상인들과 귀족들이 살았던 지택의 정원과 현관문도 구경거리다. 굳이 어떠한 장소를 찾지 않더라도 이 지역은 지중해안과 트라문타나 산맥을 따라 그림 같은 풍경들이 산재해 있기 때문에 차로 달리며 구경하는 것만으로도 눈이 즐겁다. 안익태 선생이 가족과 함께 살았던 곳이기도 하며, 마요네즈의 본고장이기도 하다.

선사 시대 유적물의 보고 메노르카

메노르카 해안

메노르카에는 선사 시대 유적물들이 많고, 18세기 한동안 영국이 지배했던 곳이라 그 흔적이 남아 있다. 선사 유물 중에는 '비석'이 있는데 둥근 돌로 2, 3층 원추형으로 쌓은 돌탑이다. 이것이 어떤 목적으로 사용되었는지 아직까지 확실하게 밝혀지지는 않았지만 방어용 탑이나 주거지로 사용되었던 것은 분명하단다. 뒤집어 놓은 배 모양을 닮은 석기 시대 유물은 능묘로 사용된 것이라고 한다. 가장 신기하고 매혹적인 것은 '식탁'이라는 뜻의 카탈란어 파생어 '타울라스'라 불리는 'T'자형 거석이다. 모두 30개가 이 지역에서 발견됐는데 그중 7개는 아직도 그대로 서 있다. 아마도 이 거석들은 종교적인 목적으로 사용되지 않았나 싶다.

메노르카에 있는 칼라 코베스에 가면 기원전 9세기 사람들이 주거나 매장을 위해 파 놓은 140여 개의 동굴 선사 유적지를 볼 수 있다. 메노르카의 주요 도시인 마온과 시우다델라의 바와 디스코텍은 동굴에 있다. 바다로 나 있는 자연 동굴에 디스코텍이 있다니, 옛 감방이었던 동굴을 술집으로 만든 마드리드의 쿠에바를 떠올리면서 스페인 사람들의 인생관은 우리의 상상을 초월한다는 생각을 해 본다. 마온 시는 길이 5킬로미터의 이곳에 있는 유일한 협만의 안쪽에다 영국인들이 세운 이 섬의 주도다. 도시 외곽으로는 17세기 영국에서 발달했던 건축 양식으로 지은 집들이 즐비하게 서 있다. 이곳에서 마시는 진 역시 그 당시 영국인들이 들여온 것이다. 메노르카 방언에는 영어의 흔적이 보이는 단어들도 있다.

카르타고 유적지 이비사

기원전 7세기에 카르타고인들이 세운 이비사는 그들이 지배하는 동안 소금과 도자기, 유리 제품과 농산물을 수출하면서 경제적으로 호황을 누렸던 곳이다. 지중해 전역에서 발견되는 이비사 동전이 그 증거이다. 그 당시 유물들은 이곳에 있는 두 개의 고고학 박물관에 보관되어 있다. 하나는 구시가지 가장 높은 곳에 자리 잡고 있는 광장 내에 있는데, 세계에서 가장 훌륭한 카르타고의 보물을 모아 놓고 있다고 한다. 다른 하나는 깊이를 달리하며 바위에 판 4백 개 이상의 선사 시대 무덤이 있는 '푸이그 데 몰린스' 언덕 발치의 '로마의 길'에 있다.

이비사에 몰린 관광객들로부터 벗어나고 싶다면 7킬로미터 떨어진 좁고도 작은 섬 포르멘테라가 있다. 이곳과 이비사 간에는 정기선이 운행되고 있다. 소박한 해안에서 적막한 고독과 평화로움을 즐기기엔 더 없이 좋은 휴식처다.

이비사 해변

10

카탈루냐

카탈루냐 자치 지역

현재는 스페인 다른 지역에서 이주해 온 인구가 이곳 지역 주민의 반을 이루고 있어서 스페인과 다르다라고 하는 말이 생소하게 들릴지 모르지만, 스페인이 국가로 형성되기 훨씬 이전부터 이곳은 '백 명의 시의회'라는 자체 의회를 가진 독립된 지역이었다. 801년, 샤를마뉴(Charlemagne) 때 프랑크 왕국의 변경이었던 것이 12세기에 아라곤 왕국에 합쳐진 뒤로 1469년에 아라곤의 페르난도 왕이 카스티야의 이사벨 여왕과 결혼함으로써 새로이 탄생한 스페인의 일부가 되었다. 14, 15세기의 카탈루냐는 지중해 무역의 중심지로 떠오르면서 은행이 생기고 상인 계급이 형성됨으로써 그 당시 봉건체제하에 있던 스페인의 다른 지역과 사회 구조부터 확연하게 다른 길을 걸었다. 훗날 스페인이 신대륙을 발견하고 중남미 식민지로부터 자원을 착취할 당시인 1850년 카탈루냐는 지역 산업 활성화로 제조업 분야에서는 세계 4강에 들기까지 했다. 때문에 스페인의 다른 지역에서는 20세기에 들어서나 가능했던 중산계층 형성이 카탈루냐에서는 산업노동자들로 인해 이때부터 이루어졌다. 이 지역에서 사용하는 카탈란 언어는 스페인어인 카스테야노처럼 로마인들의 언어인 라틴어에서 파생된 로망스어계에 속하지만 카스테야노보다 오히려 프랑스 남부 몇 지역에서 사용하고 있는 '오크(Oc)어'와 프로방스 언어와 비슷하다.

스페인에 합쳐진 뒤 3백 년 동안 이 지역의 주민들은 스페인의 강력한 중앙집권정책으로 카스테야노로 말을 하고 글을 써야 했으며 이들이 누렸던 자치권은 모두 버려야만 했다. 특히 1714년 프랑스 루이 14세의 손자 펠리페 5세가 스페인의 왕이었을 때는 무력으로 바르셀로나를 정복했으며, 지역 자치법을 아예 폐지시켜 버렸다. 카탈루냐는 일찍부터 산업이 번창하여 경제적으로 부유한 지역인지라 독립을 위한 투쟁이 적지 않았다. 그 결과 19세기에는 카탈루냐 자치주의가 부활하는 것도 같았지만 제2공화정이 무너지고 스페인 내전이 끝난 1939년 이후 독재자 프랑코는 그러한 자치 움직임의 싹을 아예 잘라 버렸다.

프랑코가 죽은 해인 1975년부터 카탈루냐는 문화적으로 다시 활기를 찾으면서 40년 동안 금해졌던 카탈란 언어를 카탈루냐의 공식 언어로 학교에서 다시 가르쳤고 책, 잡지, 신문에서도 사용했다. 라디오와 TV뿐 아니라 비가스 루나 감독의 〈달과 꼭지〉 같은 영화도 카탈란어로 만들었다. 현 국왕은 1978년 카탈루냐 의회에서 카탈란어로 연설을 하여 민주주의 체제의 정착과 문화의 정체성 구현을 위한 확고한 의지를 보였다. 카탈루냐 주민들에게는 이러한 움직임이 좋을지 모르지만 우리나라에서 스페인어로 카스테야노만을 배우기 때문에 카탈루냐에 가면 의사소통에 어려움이 따른다. 카탈루냐 학교에서는 카스테야노와 카탈란어를 동시에 가르친다고 하지만 거리 어디를 가든 카탈란어만 사용된다. 동시통역이나 예술 및 경제 관련 학문은 바르셀로나에 있는 학교에서 공부하면 좋다고 하는데 카탈란 언어를 알아야 한다는 난점이 있다. 갈리시아 자치 지역 언어로 가예고가 있지만 이 지역 주민들은 카탈루냐 주민 같지 않다. 간혹 이런 불편함을 스페인 타 지방 출신 친구들한테 이야기하면 대뜸 이런 말이 돌아온다. "걔네들이 스페인 다른 지역민들보다 잘 산다고 건방져서 그런 거야. 자기들이 번 돈으로 스페인의 못사는 지역민들의 배를 채워 주는 게 싫다는 거지. 그래서 독립한다고 저 야단이다."

이런 카탈루냐가 드디어 2005년 문화와 역사의 차이를 내세워 스페인 중앙 정부로부터 자체 조세권과 사법권을 획득하며 정식 독립 국가임을 선포했다. 독립된 하나의 국가로 스페인 안에 존재하겠다는 논리다. 스페인 군부와 우파 성향인 현 야권은 이에 반대했다. 야당 지도자인 라호이는 그러한 결정을 내린 현 정권의 총리 사파테로를 "엄숙한

카탈루냐 음악당

바보"라고 불렀고, 사파테로는 라호이를 "깡통 애국자"라고 맞받았다. 이러면서 몇 달 동안 어느 선까지 카탈루냐의 자치권을 인정하느냐를 두고 시끄러웠다. 누가 '애국자'이고 누가 '바보'인지는 역사가 심판하겠지만, 스페인 군부의 한 장교가 카탈루냐의 국가 선포를 무력으로 응징해야 한다는 말을 뱉었다가 한 시간 만에 옷을 벗었고 연행되어 갔다.

카탈루냐의 정치적 혼란에도 불구하고 최상의 자연조건은 그대로다. 부드러운 황금빛 모래 해변이 있는가 하면 거친 바위투성이의 해안이 있고, 계절에 따라 스키와 사냥과 야생 버섯의 천국으로 변신하는 웅장한 산이 있고, 가축들의 쉼터인 언덕들이 있으며 나무가 우거진 숲과 드넓은 목초지와 밀밭과 포도밭과 과수원들이 골고루 펴져 있다. 초현대식 건물들의 도시가 있는가 하면 그림 같은 어촌 마을과 산골 마을이 놓여 있다. 이들 마을과 도시에는 로마 양식의 다리와 교회, 수도원 등의 오래된 석조 건물들이 고창하면서도 엄숙하게 서 있다. 바다에는 온갖 종류의 어류와 해산물이 넘쳐 어부들은 행복하고, 맑고 청청한 계곡에서는 송어 낚시로 강태공들이 즐겁다. 이곳을 여행하다 보면 조그마한 시골 마을이 갖추고 있는 다양성에 놀라고, 어느 지역이든 자신들만의 색깔을 유지해 온 그 독창성과 유구함에 다시 한 번 놀란다. 이들은 늘 남과 다른 것을 추구한 듯 요리, 관습, 역사 그리고 자신들의 정체성이 남과 확연히 구별되는 것에 대해 상당한 자부심을 갖고 있는 듯하다. 카탈루냐는 스페인 국토의 16%를 차지하는 면적에 바르셀로나 주, 헤로나 주, 레리다 주와 타라고나 주를 가지고 있다. 지중해와 피레네 산맥과 내륙, 즉 물과 공기와 땅이라는 세 가지 자연의 축복이 내린 이곳과의 만남은 각별할 것이다.

안토니오 가우디와 호안 미로의 도시 바르셀로나

바르셀로나는 문화, 경제, 휴양, 관광 등 모든 조건을 충족시키는 카탈루냐의 주도다. 바르셀로나의 역사적 자긍심은 현대 무역항의 모습에서도 보인다. 과거 역사의 찬란한 흔적들이 현대 예술가들의 열정이 빚어낸 창작물들과 완벽하게 조화를 이루고 있는 곳이다. 이러한 결과물들은 아마도 카탈루냐 지역이 중세부터 고집스럽게 투쟁해 지켜 온 자치주의 노선과도 무관하지 않을 것 같다. 과기의 모습을 끝까지 지켜 나가면서 다른 지역과는 구별되는 특징을 만들어 내려는 노력이 쉬지 않고 이어져 왔기 때문에 지금의 모습이 가능할 수 있었으리라. 바르셀로나라는 이름은 옛 카르타고 장군의 이름 '알미카르 바르카'에서 유래했다고 한다.

바르셀로나에는 세계에서 가장 오래된 시가지 중의 하나이자 보존 상태가 양호한 '고딕 지역'이 있다. 바르셀로나의 실질적인 중심부로서 중세의 모습을 그대로 간직하고 있는 건물이 밀집되어 있는 곳이다. 우선 13세기부터 바르셀로나의 왕과 백작이 거주했던 웅장한 왕궁이 있다. 왕궁 안에는 이사벨 여왕과 페르난도 왕이 아메리카 대륙을 발견하고 돌아온 콜럼버스를 접견했다는 14세기 고딕풍 살롱인 '살로 데 티넬'이 있는데 종교

재판도 여기서 이루어졌다고 한다. 14세기의 '성 아가사 왕실 예배당'도 이곳에 있다. 현 카탈루냐 정부 청사로 이용되고 있는 '팔라우 데 라 제네랄리탓'의 내부는 고딕 양식으로 지어졌지만 건물 정면은 르네상스 양식이다. 정문 위에는 카탈루냐의 수호 성자인 산 호르헤 조각상이 놓여 있다. 시청으로 사용되고 있는 '카사 델라 시우다드' 역시 14세기 건축물로 안에는 카탈루냐의 오랜 전통을 가진 의회인 '백 명의 시의회'를 위한 '백 명의 방'이 있다. 이 '고딕 지역' 중앙에 하늘을 찌를 듯 화려하게 서 있는 '대성당'은 4세기 초 로마신전이 있던 터에 바르셀로나의 수호성녀로 순교당한 에우랄리아에게 봉헌된 건물이었다고 한다. 하지만 이 성당은 985년 무어인들에 의해 파괴돼 11세기 중엽에 로마네스크 양식으로 재건축되었다. 이 대성당은 1298년에 고딕 양식으로 짓기 시작했지만 '산타 루시아 예배당'과 '팔각 쌍둥이 탑'은 로마네스크 양식으로 지어졌다. 건물 정면은 프랑스 건축가 샤를르 걸터가 1408년에 설계한 도면에 따라 1889년에 완공되었고, 중앙 첨탑은 1913년에 완성된 것이다. 대성당 안으로 들어가면 고딕 양식으로 지은 3개의 홀과 기둥 사이로 28개의 예배당이 있으며, 16세기 대리석 경내에 놓여 있는 성가대석 의자들의 화려한 조각은 일품이다. 고딕 양식의 대성당 안뜰의 회랑에는 오렌지나무와 목련나무 들이 도열하고 있어 또다른 운치를 느끼게 한다.

대성당 정면 맞은편에 그림 같은 집이 있기에 물어 보았더니 성당 부사제의 거처란다. 로마 성벽 위에 12세기에 지어진 것으로 16세기와 19세기 두 차례 보수를 거친 뒤 지금의 모습을 갖게 되었다고 한다. 옆으로 늘어선 기둥 안쪽으로 푸른빛을 띠는 뜰이 있는데 영락없는 아랍 정원 분위기다.

왕궁 안에는 '프레데릭 마레스 박물관'이 있다. 유명한 조각가이며 여행가이자 수집가인 프레데릭 마레스는 이 왕궁 안에 작은 거처를 마련해 살면서 1948년에 자신의 박물관을 이곳에 열었다. 이 박물관은 로마와 고딕 양식의 종교 관련 예술품들을 소장하고 있으며, 옛날 시계와 의상, 구형 사진기, 엽서에서부터 어린이 장남감에 이르기까지 다양한 구경거리를 제공하고 있다.

바르셀로나 '도시 역사박물관'의 건축 역사는 흥미롭다. 다른 곳에 있던 14세기 고딕 건물의 돌을 하나하나 옮겨 1931년에 세운 건물 안에 이 박물관이 자리 잡고 있다. 이 박물관에는 바르셀로나의 건축 역사를 볼 수 있는 자료들과 건물을 옮길 때 발굴된 로마 시대 하수시설의 흔적물과 목욕탕, 모자이크 바닥과 포석 및 수로의 일부분이 소장돼 있다.

중세의 '고딕 지역'에서 빠져나와 항구 쪽으로 가면 '파블로 피카소 박물관'이 나온다. 피카소는 말라가에서 태어나 창조적인 분위기를 가진 바르셀로나로 이주해 청소년기를 보냈고, 이곳에서 예술가로서의 첫 걸음을 시작했다. 이 박물관은 1963년에 개관되었는데, 베렝게르 데 아길라르 궁과 바로 데 가스테엣 궁, 메카 궁, 이렇게 세 개의 중세 건축물로 이루어져 있다. 피카소의 절친한 친구였던 하이메 사바르테스가 기증한 작품들과 피카소 자신이 내놓은 회화 작품과 스케치, 판화, 도자기 등 3천여 점이 전시되어 있다.

건축예술의 거리 라스 람블라스

같은 구도시의 중심부라 하더라도 '고딕 지역' 남서쪽의 분위기는 완전히 다르다. 약 2킬로미터에 달하는 넓고 긴 거리를 '람블라스'라고 하는데 이곳은 거의 24시간 내내 활기가 넘쳐 난다. 카탈루냐 광장에서부터 포르탈 데 라 파우 광장을 직선으로 잇는 이 대로는 꽃집과 카페를 찾는 사람들로 늘 붐빈다. 람블라스라는 이름은 아랍어에서 온 것으로 '모래밭'이라는 뜻을 갖고 있다. 예전에 비가 많을 때 물이 많이 흘렀던 시내가 세월과 함께 말라 버려서 그런 이름을 갖게 되었다고 한다. 13세기경에는 이 시내 주변에 수도원과 대학건물이 있었다고 하는데, 시간과 함께 그 건물들은 무너져 내리고 그 자리에 다른 웅장한 건물들이 들어섰다. 구체적으로 18세기의 '팔라우 모하 궁정'과 1777년 아메리카 신대륙 페루 부왕의 미망인이 살았던 '팔라우 데 라 비레이나 궁정', 성 요셉 시장이라는 별칭의 철 구조물로 된 '라 보케이라 시장', 몇 번에 걸친 화재에서도 살아남은 19세기 바르셀로나 오페라의 산실 '리세우 대극장', 수백 점의 밀랍 작품이 있는 19세기의 '밀랍 박물관' 등이다. 람블라스 근처에 있는 광장들도 우아하고 독창적인 건축 양식을 보여 주고 있는데, 예를 들어 미로의 그림으로 바닥이 모자이크 되어 있는 '라 보케리아 광장'과 19세기 중엽에 가우디가 디자인한 가로등과 야자수들이 신고전주의 양식과 어울려 만들어진 '레이알 광장'이 그것이다.

바르셀로나에서는 사람들이 만날 때 주로 애용되는 장소가 몇 군데 있다. 19세기에 철로 만든 분수인 '폰트 데 카날레테'와 '카페 취리히'와 '카페 데 라 오페라'가 그것이다. 람블라스가 포르탈 데 라 파우 광장과 만나는 곳에 콜럼버스 동상이 서 있다. 콜럼버스

라스 람블라스

는 신대륙을 발견한 그 이듬해인 1493년에 이곳으로 돌아왔다고 한다. 1888년 세계 박람회를 기념하기 위해 가예타 부이가스가 디자인하고 라파엘 아르체가 높이 60미터의 철 기둥 위에 세운 이 동상은 바르셀로나가 진취적인 항구 도시임을 상징하는 기념물이기도 하다. 철 기둥 안에는 전망대로 오르는 엘리베이터가 설치되어 있다.

콜럼버스가 손가락으로 바다를 가리키고 있는 이 동상 앞에는 13세기 중엽에 지은 조선소가 있다. 이곳에서 대형 범선을 만들었고, 바르셀로나가 해상권을 장악하는 데 큰 역할을 했다고 한다. 현재 이곳은 해양 박물관으로 사용되고 있는데 항해도, 해군 법전 등의 자료를 보관하고 있다. 이외 해안도로의 모습이나 부두에 정박하고 있는 배들은 지중해뿐만 아니라 대서양을 정복한 도시의 위용을 아직도 간직하고 있는 듯하다.

바르셀로나 구도시의 또 다른 매력인 공원은 휴식을 취하기엔 더할 수 없이 좋은 장소다. 1888년 세계 박람회의 입구 역할을 했던 개선문이 있는 광장을 건너면 박람회장이었던 '시우타델라 공원'이 나온다. 호수와 분수, 폭포와 우아한 조각상들이 이국적인 식물들과 우거진 숲 속에 함께 들어서 있다. 하얀 고릴라로 유명한 동물원도 있다. 이곳은 원래 별 모양의 요새였는데 감방으로도 사용되다 1869년에서 1888년에 걸쳐 병기 창고만 남기고 나머지는 모두 철거했다고 한다. 이 병기 창고는 1932년 개보수를 해 현재까지 카탈루냐 의회로 사용되고 있으며, 건물 내에 지질학 박물관과 동물학 박물관도 자리하고 있다.

20세기 말로 접어들면서 바르셀로나는 문화와 예술에 큰 관심을 보이기 시작했다. 그 한 예가 1995년에 개장한 'MACBA'로 지칭되는 '바르셀로나 현대 미술관'으로, 건물 자체가 하나의 현대 예술 작품이다. 1888년의 세계박람회가 바르셀로나를 현대 도시로 만드는 데 큰 역할을 했다면 1992년 바르셀로나 올림픽은 바르셀로나를 21세기를 향한 도시 모습으로 바꾸는 데 기여했다고 볼 수 있다. 람블라스 남쪽의 옛 항구 지역은 오래된 건물들이 재건축되거나 새로운 건물들이 들어서면서 초현대적이자 미래지향적인 장소로 변모하였는데, 이를 두고 사람들은 '올림픽의 기적'이라고 한다. '스페인 몰' 근처에 있는 '마레마그눔'에는 수족관을 비롯해 과학과 해양 전문 도서관, 영상 도서관, 강연실, 아이맥스 영화관 등이 있다. 어부들의 마을이었던 '바르셀로네타'는 해물 식당과 카페가 정박해 있는 배들과 어울려 독창적인 아름다움을 선사한다. '카탈루냐 역사박물관'에는 초창기에서부터 현재에 이르기까지의 이 도시의 흥망성쇠를 보여 주는 자료들이 보관되어 있다.

1902년에 루이스 도메네크 이 몬타네르가 건축하기 시작한 '산타 크레우 이 상 파우 병원'은 병원 건물 사이에 대단히 넓은 정원을 갖고 있다. 나무가 많은 노천에서의 휴식이 병 치료에 도움이 된다는 것과, 다양한 색깔과 예술 작품 또한 치유 효과를 높인다고 믿은 이 건축가는 건물과 담을 다양한 빛깔의 그림과 세라믹으로 정말 푸짐하게 장식했다. '카탈루냐 음악당'도 이 건축가의 작품이다.

그 외에도 안토니 타피에스 재단건물(1879)이나 레오 모레라의 집(1902-1906), 카사 테라뎃, 팔라우 델 바로 데 쿠아드라스(1904) 등에서는 구석구석마다 예술가의 열정과 혼이 살아서 바르셀로나의 독창성을 증명해 보이고 있다.

바르셀로나에서 모더니즘을 말할 때 빼놓을 수 없는 사람이 바로 안토니오 가우디다. 그는 도시의 외형을 바꾸어 놓을 줄 알았던 대단히 독창적인 인물이었다. 1852년 타라고나의 레우스에서 태어나 바르셀로나에서 자라면서 천재성을 숨길 수 없는 예술적인 감각을 펼치기 시작했다. 가우디 생애의 최고 작품으로 불리는 '성가족 성당'을 바르셀로나에 건축한 것은 결코 우연이 아니다. 일찍이 1882년에 프란세스 데 파울라 빌랴르 이 로렌소의 감독 아래 개인적으로 건축을 시작했으나 1년 뒤 바르셀로나 시 당국과의 의견 차이로 작업을 중단하게 되었다. 신고딕과 모더니즘을 절충한 양식으로 건축을 하려던 가우디의 계획은 1883년에 승인이 났고, 가우디는 다시 성당 건축에만 전념했는데 강박관념에 사로잡힐 정도로 이 일에 매달렸다고 한다. 성당 건축에 자신의 모든 재산을 투자했고 건축 현장에서 수년을 보냈으며 건축이 중단되지 않도록 후원자들을 찾아 다녔다고 한다. 1926년 가우디가 전차에 치어 세상을 떠났을 때에도 자금을 구하러 다니다가 사고를 당한 거라고 사람들은 믿고 있다. 카탈루냐 최고의 독창적인 건축가 가우디는 성당의 후면과 전면, 그리고 본인이 묻혀 있는 지하 납골당만을 끝낼 수 있었다. 오늘날

구엘 공원

성가족 성당

까지 성가족 성당은 미완으로 남아 있다. 스페인 내전으로 인해서 건축의 공백이 있은 뒤, 일반 시민들의 성금으로 본래의 계획에 따라 건축이 재개되었다. 물론 중간에 문제가 없었던 것은 아니었지만 계획된 12개의 첨탑 중 8개가 세워졌고, 동쪽의 '탄생의 정면'과 서쪽의 '고난의 정면'이 완공되었다. 그러나 남쪽의 '영광의 정면'과 중간 본체는 아직 건축 중에 있다. 지하 납골당에 있는 성가족 성당 박물관에서는 이 성당 건축의 위태로웠던 역사와 이 천재 건축가의 헌신을 다했던 작업과정을 살펴볼 수 있다. 가우디 예술은 이 성당 이외에도 카사 밀라, 카사 바트료, 구엘 공원 같은 데에서도 찾아볼 수 있다. 보통 페드레라로 알려져 있는 카사 밀라는 1906년에서 1910년에 걸쳐 건축된 것으로 철제 발코니와 굴뚝으로 장식되어 당시에는 많은 비판을 받았다고 한다. 하지만 곡선에서 영감을 받아 파도치는 물결처럼 디자인된 정면부는 오늘날 세계적인 사랑을 받고 있다. 카사 바트료는 굽어지고 비틀린 지붕이 가우디의 천재적인 일면을 보여 주고 있으며, 구엘 저택은 부유했던 구엘 백작을 위하여 만든 신고딕 양식과 무데하르 양식을 절충한 건축물로 목재 지붕에 철제 등과 세라믹 장식이 아름답다. 1890년에 역시 구엘 백작을 위하여 만든 구엘 공원은 이탈리아식 공원에 수십 개의 건물이 있는 공원도시를 꿈꾸며 작업을 시작해 절반 정도 이루고 중단되었지만 가우디의 독창적인 작품으로 남기에 부족함이 없다. 특히 동물 모양의 세라믹이나 모자이크, 구불거리는 벤치 등은 어디서도 찾아보기 힘든 가우디만의 걸작이다.

이처럼 바르셀로나 전체가 환상적이며 독창적인 모더니즘을 구현해 유럽에서 가장 생기 넘치는 미적인 도시가 되었다고 해도 과언은 아닐 성싶다. 사실 바르셀로나에는 녹지공간을 확장하기 위한 시 당국의 계획에 따라 새롭게 만들어진 정원이나 광장이 많은데, 이런 곳에 대단히 파격적인 예술 작품들을 채워 넣고 있다. 일례가 호안 미로 공원이다. 예전에 도살장이 있던 곳에 미로의 유명한 조각 작품인 〈여인과 새〉(1983)를 설치했고, 유리 같은 다색의 타일 조각을 연못 위 22미터의 높이로 세워 새로운 공간으로 창조했다. 또 다른 예는 스페인 산업공원으로, 섬유 공장이었던 곳을 역시 1980년대에 도랑과 작은 연못을 만들고 수많은 현대 조각품을 설치하여 현대식 공원으로 탈바꿈시켰다.

카사 바트료

구도시에서 외곽으로 나갈수록 더욱더 흥미롭고 매혹적인 곳과 만나게 된다. 대부분이 공원으로 이루어진 몬주익 언덕에는 놓치면 후회할 것들이 있다. 이곳은 원래 물이 부족해서 건물이 별로 들어서지 않다가 17세기에 성을 세우면서 도시화되기 시작했다고 하는데, 특히 1888년 세계 박람회와 1992년 올림픽을 유치하면서 환골탈태했다. 이곳에는 호안 미로 재단과 인류학 박물관, 국립 카탈루냐 예술 박물관 등이 있으며, 장관을 이루는 분수가 있는 스페인 광장과, 스페인 각 지역의 대표적인 건물들을 그대로 재현해 놓고 건축의 특징들을 살펴보게 만든 포블레 에스파뇰 공원도 있다. 시내에서 좀 멀리 떨어진 곳이기는 하지만 '티비 다보' 산도 가 볼 만하다. 이 산 정상으로 운행되는 파란색 전차와 케이블카는 또 다른 재미를 선사한다. 이 티비 다보(tibi dabo)란 '내가 너에게 주겠다'는 라틴어로, 사탄이 예수에게 나를 섬기면 이 세상을 지배할 권능을 주겠다며 유혹한 데에서 유래했다고 한다. 이곳에는 1902년부터 1911년 사이에 건축된 엑스피아토리 델 사그라 코르 사원이 있으며 성당의 첨탑 중앙에는 거대한 예수상이 세워져 있는데, 엘리베이터로 올라가서 관람할 수 있게 되어 있다. 그러나 사람들에게 티비 다보는 바르셀로나에서 가장 큰 놀이공원이 있는 곳으로 더 유명하기도 하다. 티비 다보 산 근처의 콜세롤라 언덕에는 현대 도시의 또 다른 상징물이라 할 수 있는 콜세롤라 탑이 있다. 이 탑은 1992년 올림픽 때 만들어진 것으로 288미터 높이에 전망대가 있어 바르셀로나 시가지뿐만 아니라 주위의 바다와 산까지도 한눈에 살펴볼 수 있다.

마지막으로 바르셀로나 스카이라인의 상징이 된 건물은 프랑스 건축가 장 누벨의 2005년도 작품 '라 토레 아그바르'다. 이 건물은 높이가 142미터의 긴 원통 모양의 빌딩인데 전체가 유리로 설계되었다. 때문에 보는 각도나 시간에 따라 건물 색깔이 변하며, 특히 야간 조명을 받는 모습이 장관이다. 근처의 성가족 성당과 대비를 이뤄 더욱 이채로운 모습이다.

초현실주의 화가 달리의 고향 휘게레스

휘게레스는 코스타 브라바('거친 해변'이라는 뜻)와 푸르고 비옥한 내륙이 함께하는 곳이다. 그래서 쾌적한 환경에 과일과 야채가 풍성한 고장이지만 무엇보다 살바도르 달리가 태어난 곳으로 더 유명하다. 18세기 양식으로 지은 산 페란 성과 중심대로인 라 람브라에 있는 장난감 박물관도 구경거리지만, 1974년에 세워진 달리 극장 미술관이 그중 으뜸이다. 이 미술관은 달리 자신이 만든 것으로 건물 자체가 놀랄 만큼 독창적이며 내부에 전시되어 있는 그의 기상천외한 작품들 역시 놓치기 아까운 예술품들이다.

거친 해안과 황금빛 해안의 코스타 브라바와 코스타 도라다

고즈넉한 분위기의 강 하구와 푸른 송림, 해안에서 그리 멀리 떨어져 있지 않은 포도밭과 올리브밭, 자그마한 항구와 바위와 고운 모래가 깔린 해변, 수정같이 맑은 바닷물…. 이런 것들이 지중해안 2백 킬로미터 반경에 펼쳐져 있는 북쪽 코스타 브라바와 남쪽 코스타 도라다의 스케치이다. 이 해안은 스페인이 세상에 알려지기 시작한 1960년 이래 지금까지 수많은 관광객의 발길이 끊이지 않은 스페인 관광의 중심지이다. 예전에는 조그만 어촌 마을들이었으나 지금은 꽃단장을 하고 빼어난 풍광과 깨끗한 공기를 자랑하는, 스페인에서 가장 유명한 여름 휴양지가 된 곳들이다. 블라네스, 료렛 델 마르, 토사 데 마르, 상 펠리우 데 기솔스, 라 플라차 다로, 팔라모스, 레스쿠엘라, 로세스 등이 이런 곳들인데, 여기 해안은 금빛이 난다 하여 '코스타 도라다'로 불리며, 해안 주위로 최신식 호텔이 맵시를 뽐내고 있다. 그런데 간혹 고기 잡는 그물이 널려 있는 이채로운 모습이 이곳에 평화로움을 더한다. 청청한 자연과 바다를 안고 있는 카라 폴라나와 카라 지베롤라, 따가운 모래가 멋진 카니예스와 모르시카 등도 기 볼 만한 곳이다. 비디의 고장이다 보니, 이곳은 해산물 모듬 요리 '사르수엘라'가 일품이다.

헤로나

이 해안에서 내륙 쪽으로 들어오면 중세의 매혹적인 모습을 간직한 팔스나 페랄타야다 같은 마을도 만나 볼 수 있다. 바다에서 30킬로미터 떨어진 곳에는 아주 오래된 헤로나가 있는데, 로마 시대 이전부터 변방에 위치해 온, 반도를 방어하기 위한 요새이다 보니 예전의 모습을 그대로 가지고 있다. 끊임없이 외세의 침입을 받아 왔던 헤로나는 특히 오랫동안 프랑스 부르고뉴의 공작 용감왕 필리프(philippe le Hard, 필리프 2세)의 지배 밑에 있기도 했다. 시내에서 가장 아름다운 카탈루냐 고딕 건물 중의 하나로 옛 로마 사원 자리에 세워진 '성당'은 이후에 자리 잡은 바로크 양식의 건물과 비교해도 결코 매력에서 뒤지지 않는다. 성당 오른쪽에 있는 팔각형 종탑은 '샤를마뉴의 탑'으로 16세기에 추가로 지어진 것이다. 이 밖에 로마 건축 양식의 건물들인 '성 니콜라스 교회'와 '성 베드로 데 갈리간트 교회', '아랍의 목욕탕' 등은 무어인 후손인 부유한 사업가와 수공업자들의 노력으로 국토회복전쟁 이후 5세기가 넘도록 잘 보존되어 왔다. 지중해 안쪽에 있는 옛 유대인 지역 역시 헤로나에 있는 중세 건축물의 전형이라 할 수 있을 것이다.

로마와 중세 시대 박물관 타라고나와 레리다

타라고나는 로마 유적지의 보고라 할 만하다. 과거와 현재가 이 도시만의 색깔과 교차하듯 매혹적으로 어우러져 있는 독창적인 곳이다. '센테예스의 능묘'와 '페레레스의 수로', '스키피온의 탑'도 명물이지만, '고고학 거리'에는 로마와 중세 시대의 박물관이라 일컬어질 정도로 옛 성곽과 기원전 3세기 거석들이 늘어서 있다. 타라고나 북쪽으로 '포블렛 수도원'이 있는데, 이 건물은 12세기 중엽 무어인들로부터 카탈루냐를 되찾은 것을 기념하기 위해 바르셀로나의 백작 라몬 베렝게르 4세가 건립을 시작하여 이후 완성된 것이다. 주변의 투박한 풍경에 걸맞게 엄숙하고 단단해 보이는 이 건물은 그 안에서 모든 생활이 가능하도록 지어졌다는데, 19세기에는 이곳 수도원장의 권세가 막강했다고 한다.

카탈루냐의 중앙 분지 지역 가장자리의 언덕빼기에 자리한 고도시 레리다는 우아한 대성당과, 그와 어울려 있는 고딕식 병원과 로마식 교회, 로마 시대 때 세워진 담이 송림과 올리브밭과 바위들로 둘러싸여 있어 우리의 눈길을 끈다. 이 지역에서 생산되는 건조하면서도 강한 맛이 나는 적포도주와 카탈루냐의 시골 토속 음식인 토끼 · 멧돼지 · 오리 요리, 이곳 특유의 소시지인 부티파라와 흰콩 요리, 시금치 요리와 감자 요리 토르티야(오믈렛)를 맛본다면 멋진 경험이 될 것이다. 피레네 산맥 줄기에 있는 수많은 스키장 인근의 식당들에서도 이런 음식들을 즐길 수 있다.

스페인의 포도주 중에는 '카바스'라는 게 있는데, 이는 발포성 백포도주를 일컫는다.

스페인 샴페인인 이 카바스 산업의 중심지가 카탈루냐의 비야프랑카 델 페네데스다. 이 곳에는 로마와 이베리아 원주민의 유적지가 있고, 와인 박물관이 있으며, 가금류 시장이 열리는 곳이기도 하다. 카탈루냐 지역 축제의 꽃인 인간 탑 쌓기 '엘스 카스텔르'와 2월에 열리는 양파 축제 '라 칼쇼타다'로도 유명한 곳이다.

포블렛 수도원

11

나바라

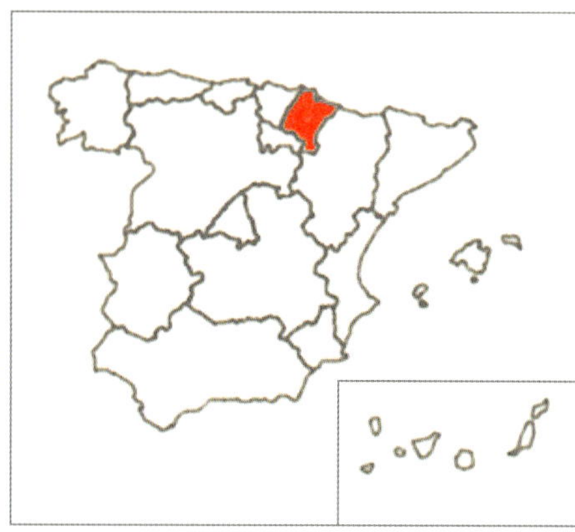

나바라 자치 지역

778년, 프랑크 왕국의 샤를마뉴 대제가 남쪽으로 자신의 영토를 넓힐 야망을 품고서 스페인 땅으로 쳐내려왔다. 그러나 결국엔 그 뜻을 이루지 못하고 론세스바예스로 퇴각할 때 매복하고 있던 바스크인들의 공격을 받아 후방부대는 전멸하고 프랑크 군대의 영웅인 롤랑도 죽었던 역사적 사건이 있다. 이 롤랑을 문학작품으로 불멸화시켜 놓은 것이 프랑스 중세 무훈시인 〈롤랑의 노래〉다. 그런데 이 작품에는 바스크인을 무어인으로 기록하고 있다. 론세스바예스에서의 승리 이후 이 바스크 전사들 중 일부가 독립을 선언하고 나와 세운 왕국이 나바라 왕국이다. 13세기 이후에 한때 프랑스 왕의 지배를 받기도 했지만, 1512년 스페인의 알바 공작이 스페인 페르난도 왕의 이름으로 왕국을 장악한 후 다시는 독립 왕국이 되지 못했다. 하지만 1035년부터 자치권을 인정하는 특별법을 적용받아 18세기 부르봉 왕가가 들어설 때까지 오랫동안 특권을 누렸고 마드리드 왕들도 그 자치특권을 존중해 줬다. 그래서 나바라는 18, 19세기 스페인에 자유주의, 공화주의, 반사제주의 등의 새로운 사상의 물결이 일 때도 이런 움직임에 전혀 영향을 받지 않았다. 다시 말해 나바라는 '신과 조국

나바라 전원 풍경

나바라 풍광

과 왕'이라는 모토 아래 스페인 전통가치를 소중하게 지키는 지역이다. 프랑코 독재자도 나바라를 '민족운동의 요람'으로 찬양했다. 그런데 재미있는 것은 같은 바스크인들이 세웠고 나바라 자치 지역과 같은 역사와 같은 관습을 가지고 있는 바로 옆 동네 바스크 자치 지역은 공화주의를 지지했고, 지금은 외지에서 이민 와 그곳에 정착한 사람들이 바스크 인구의 절반을 차지하는데도 "바스크는 스페인과 다르다"라고 하며 스페인으로부터 독립하려고 야단이다. 20세기 초 바스크 민족주의가 다시 기승을 부리기 시작할 때 나바라를 바스크 지역과 병합하려는 시도도 있었지만 실패로 돌아갔다.

소몰이 산 페르민 축제의 도시 팜플로나

로마인이 이름한 나바라 주도 팜플로나는 '폼베야의 도시'라는 뜻을 갖고 있다. 팜플로나의 중심가인 '카스티요 광장' 북쪽으로는 역사를 자랑하는 고풍스런 건물들이 모여 있다. 옛 성곽 옆에 있는 대성당은 15세기 건물이지만 성당의 정면은 18세기 신고전주의 건축가 벤투라 로드리게스의 작품이다. 성당 안의 회랑은 스페인에서 둘째가라면 서러워 할 고딕 양식의 걸작이라고 한다.

팜플로나 산 페르민 축제

16세기의 건물인 '나바라 박물관'에는 고야의 성 아드리안 후작 초상화와 역사적인 유물들이 전시되어 있다. 광장 남쪽 끝에는 이 도시에서 태어난 바이올린 연주가이자 작곡가 사라사테의 이름을 딴 사라사테 대로가 있다. 이 길은 펠리페 2세의 명령으로 축성한, 지금은 야외 공연장이 된 요새를 감고 도는데, 대로변에는 13세기에 세운 성 니콜라스 교회가 있다.

무엇보다 팜플로나는 산 페르민 축제 전날인 7월 6일 정오에 시작하는 소몰이 축제로 많이 알려져 있다. 헤밍웨이의 소설 《태양은 다시 떠오른다》의 영감이 되었던 이 놀이는 산 페르민 축제의 꽃이다. 5백 킬로그램이 넘는 소가 떼를 지어 등 뒤에서 바싹 쫓아오고 있다고 생각해 보라. 죽자 살자 앞으로 달리지만 팔꿈치가 부딪칠 정도로 많은 사람들 사이에서 어느 순간 발에 차이고 걸려 넘어지면 곧장 소뿔이 신체의 일부를 파고들 것만 같다. 죽음이 순식간에 자신을 데려갈 것만 같은데 소와 사람들에 막혀 도망갈 길이 없다면…. 스페인 사람들의 무모함과 정열로만 가능한, 살아서 죽음의 스릴을 맛볼 수 있는 축제인 것이다. 실제로 간혹 죽어 나가는 사람들도 있는데 대부분이 외국인 관광객이다.

나바라 남서쪽 지역

나바라 자치 지역은 피레네 산맥의 서쪽 줄기와 명포도주의 고장 리오하의 포도밭을 지척에 끼고 있고 투델라 북쪽의 반사막 지대까지 아우르고 있다. 따라서 크고 작은 마을과 암자들을 둘러싸고 있는 계곡들이 많다. 또 프랑스에서 스페인 갈리시아의 산티아고 데 콤포스텔라로 가는 성지 순례의 길인 '카미노 데 산티아고(산티아고의 길)'는 반드시 나바라 주를 거쳐 가게끔 되어 있기 때문에, 이 길 옆과 주변으로는 로마 시대 교회와 수도원들이 많다. 여유 있게 시간을 갖고 걷거나 자전거를 타고 찬찬히 음미하면서 보아야 할 곳이다. 타파야 마을에 있는 '성모 마리아 교회' 내부의 르네상스풍을 한 제단은 아직도 그 모습을 고스란히 유지하고 있다. 이 마을 남쪽의 올리테 마을에는 나바라 왕들이 거처했던 성이 있으며, 마을 동쪽에 있는 우후에 마을은 중세 때의 모습 그대로다. 이곳에 있는 '라 올리바 수도원'은 1134년에 가르시아 라미레스 왕령으로 지어졌다.

올리테 마을의 남쪽에 있는 투델라 마을은 기독교인과 무어인과 유대인들이 오랜 세월을 놀라울 정도로 조화를 이루며 살아 왔음을 보여 주는 곳 같다. 로마 양식에서 고딕

팜플로나-이루냐 거인들의 가장행렬 축제

양식으로 넘어가는 과도기의 양식으로 무어인들이 세운 성당 내부는 옛 회교 사원에서나 볼 수 있는 흔적들이 뚜렷하다. 기독교와 이슬람교와 유대교의 평화로운 공존을 상징하는 본보기가 되는 작품이라고 할 만하다. 스페인에서 가장 많이 알려진 옛 유대인 마을도 이 성당과 에브로 강과 케일레스 강의 합류점 사이에 자리 잡고 있다. 기프스코아와 접경지인 레사카 마을은 사과술인 시드라의 고장이기도 하며 이 마을의 광장은 참으로 아름답다. 베라 데 비다소아 마을은 스페인의 '98세대' 소설가 피오 바로하가 작품 활동을 했던 곳이다.

12

리오하

리오하 자치 지역

전 세계에 스페인 포도주 상표 '리오하'를 알린 이 지역은 스페인의 20여 개 포도주 생산지 가운데 최다 생산량과 최고의 질을 보장하는 곳으로 '스페인 와인의 본고장'이다. 이 지역은 리오하 알타, 리오하 바하, 리오하 알라베사 등 세 지역으로 나뉘어 있다. 전통 양주 기법을 엄격하게 지키고 있는 이곳 레드 와인은 오래되면 오래될수록 바닐라 맛이 난다. 9월 초에 수확하는 포도인 '템프라니요'로 만든 레드 와인 외에도 '가르나차' 포도로 만든 화이트 와인과 로즈 와인으로도 유명하다. 그 밖에 아스파라거스와 배, 복숭아가 많이 나는 고장이자, 이곳에서 생산되는 농산물을 가공 · 보존하는 통조림 산업으로도 알려져 있다. 또한 이곳은 기념비적 유적으로 수도원이 유명하다. 중세 시대 《성모 마리아의 기적》의 작가 곤살로 데 베르세오의 고향인 산 미얀 데 라 코고야에 있는 유소 수도원과 수소 수도원에는 로망스어로 쓴 최초의 작품인 《에미리아넨세 주석집》이 스페인어 방언인 아라곤어와 모사라베어로 각각 나뉘어 소장되어 있다.

이 자치주의 주도 로그로뇨는 성지 순례의 길인 '카미노 데 산티아고'의 경유지로 어느 곳보다도 고색창연한 성당과 교회가 많으며, 이 중에 '산타 마리아 라 레돈다 성당'과 '산티아고 엘 레알 성당'이 건축미가 뛰어나다.

스페인 시골 마을을 돌아다니다 보면 공통된 특징을 발견하게 된다. 마을마다 어김없이 성당이 있고, 이 성당은 늘 마을 입구와 연결되는 중앙 광장에 서 있다. 마을마다 성당의 바깥과 안쪽의 모습이 다르다 보니 우연히 들른 시골 마을에서도 구경거리는 늘 기다리고 있게 마련이다. 광장 중앙에는 말이나 사람의 갈증을 식혀 주거나 아낙네들이 모여 물을 길을 수 있는 샘이 있으며 바닥은 모두 돌로 되어 있다. 이 광장은 큰길 복판에 있는 로터리 같다. 여기서부터 마을 안으로 들어가는 여러 갈래의 길 가운데 하나를 골라 갈 수 있기 때문이다.

리오하의 포도나무

13

아라곤

아라곤 자치 지역

세르반테스가 《돈키호테》에서 "여름에는 견디기 어려운 햇살에 몸을 드러내고, 겨울에는 바늘보다 날카로운 눈보라에 시달린다"고 묘사했던 곳으로, 고음의 스페인 민속음악과 춤인 호타의 고장이다. 또한 예술의 혁명가이자 당대 문화의 위기였던 고야의 고향이기도 하다. 아라곤 자치 지역에는 세 개의 주가 있는데 각자 독특한 지형적 특색과 과거 중세의 모습이 살아 있는 곳이지만, 사실 이 지역을 알기 전에는 마드리드에서 바르셀로나로 가려면 거쳐야 하는 노정이거나 피레네 산맥에서 스키를 타기 위해 통과해야 하는 곳 정도로만 알고 지낸다. 하지만 무데하르 양식과 로마네스크 양식으로 지어진 교회와 건물들을 보고 나면 그 생각이 잘못된 것임을 알게 될 것이다. 세 개의 주 중 우에스카는 피레네 산맥 옆에 자리 잡고 있고 사라고사는 에브로 강 유역에 위치해 있으며 테루엘은 이베리아 산계에 걸쳐 있다.

아라곤 지역은 714년에 무어인들의 수중에 들어갔으나, 1035년에 이웃 나바라 왕국의 왕인 산초 2세의 서자 라미로 1세가 이를 되찾은 후 왕국을 세워 1469년까지 유지되었다. 이 왕국의 절정기는 프랑스의 남부 영토와 발레아레스 제도, 나폴리, 시칠리아, 무르시아를 자국의 영토로 편입했을 때였다.

무데하르 건축물의 보고 사라고사

기원전 25년에 로마인이 세운 아라곤 자치 지역의 주도인 사라고사는 알폰소 1세가 무어인들로부터 1118년에 되찾으면서 기독교인들의 땅이 되었다. 그러나 이후에도 기독교인과 무어인은 오랫동안 평화를 유지하며 함께 살았으나, 1611년 국토회복전쟁이 끝난 후 모리스코인들에 대한 추방령이 내려짐으로써 이 공존의 막은 내려지고 말았다. 모리스코인들은 스페인의 기독교인 땅에 대대로 살아온 무어인들이었다. 사라고사의 기독교도들은 유대인들과도 조화롭게 살았다. 교황이 스페인 땅에 종교재판소 설치를 허락했을 때 아라곤의 기독교도들은 이 결정에 강하게 반발했고, 결국 1485년에는 종교재판관이 사라고사 대사원에서 살해당하기까지 했다. 그 당시 재판관을 암살하는 데 사용됐다고 하는 칼이 지금 이 사원 제단 옆에 보관되어 오고 있다. 이곳에 전해 오던 역사적 · 예술적 유물들은 세월과 무관심 속에서 많이 훼손되었다. 1808년 프랑스와의 독립전쟁 당시 겨우 명맥만 이어 왔던 것까지 상당수 파괴되고 말았다. 1119년 옛 회교 사원의 자리에 세운 '사라고사 대사원'과, 기원전 40년 스페인 수호 성녀 필라르가 사도 야고보에게 현시했다는 곳에 성녀를 기리기 위해 세운 '엘 필라르 성당'은 세월 부식과 전쟁의 만행으로부터 그나마 형체를 유지했다. 1030년에 사라고사의 무어인 왕이 세웠다는 '알하페리아' 궁은《천일야화(아라비안나이트)》에 나오는 궁정과 같았다고 전하는데, '가톨릭 왕들'이 자신들의 거주지로 만들기 위해 개조해 버린 까닭에 본래의 아름다움을 즐기지 못하게 되어 후손들로서는 그저 안타까울 따름이다. 더욱이 이곳이 나중에는 종교재판소와 병영으로 사용됨으로써 남아 있던 원형의 흔적조차 사라져 버렸지만, '가톨릭 왕들'의 방 천장과 예배당은 예전의 모습을 간직하고 있어 그나마 다행으로 여기고 있다고 한다.

엘 필라르 성당 외관

엘 필라르 성당 회랑

피에드라 수도원

'사라고사 주 예술 박물관'에는 사라고사 남쪽 64킬로미터 지점에 있는 프엔데토도스 마을에서 태어난 고야의 작품들이 몇 점 전시되어 있다. 고야가 태어난 집은 지금 박물관으로 활용되고 있다. 다로카 마을은 4킬로미터가 넘는 길이에 100개도 더 되는 탑이 솟아 있는 담으로 둘러싸여 있다.

사라고사 남쪽에 있는 피에드라 수도원은 마드리드로 돌아오는 길에 정말 뜻하지 않게 만나게 되는 진기한 곳이다. 사라고사에서 마드리드로 내려오는 내내 건조하고 풀 한 포기 없는 누런 황무지와 모래 언덕이 막막한 불모지가 따로 없다 싶을 때, 사막의 오아시스처럼 나타나는 이곳은 정말 기적으로 이루어진 장소만 같다. 12세기 시토 수도회 수도원이 있는 주위로 온갖 풀과 꽃들이 나무들과 어울려 숲을 이룬 정원과 바라보는 이의 얼굴이 거울처럼 투명하게 비치는 연못이 있고, 계곡과 암벽을 타고 흐르는 폭포 아래 웅덩이에서는 물고기들이 노닐고 있다. 역사적 유물들만 실컷 보다가 돌아오는 길에 우연처럼 만나는 이 별천지 세상은 주위 환경과 너무도 달라 잠깐 동안 꿈을 꾸고 있다는 생각에 몇 번이나 눈을 비벼야 할 정도로 충격적인 장소임에 틀림없을 것이다. 그리고 이 수도원 근처에는 '칼라타윳'이라는 무데하르 양식의 탑이 멋진 자태로 서 있다.

산 사나이들의 도정 우에스카

사라고사의 무데하르 건축에 싫증이 나면 우에스카로 넘어오면 된다. 로마네스크 양식으로 지어진 건축물들이 여행자의 눈을 즐겁게 해 줄 것이다. 이곳에는 중세기 동안 '카미노 데 산티아고' 순례 길의 노정이었던 까닭에 그 당시의 교회 건축물들이 많이 남아 있다. 우에스카는 등산을 좋아하거나 스키를 즐기는 사람들의 낙원이기도 하다. 산을 오르는 기점은 '솜포르토 골짜기' 인데, 여기서부터 다양한 등산 루트로 갈린다. 산 능선 곳곳에 우뚝 서 있는 봉우리들을 하나씩 정복해 나갈 때마다 느끼는 쾌감은 피레네 산맥의 아름다움이 그에 더해져 한층 부풀어오를 것이다. 산세가 변덕스럽기는 하지만 자연이 만들어 낸 풍광과 청정한 바람과 계곡 물소리는 등산객에게 더할 나위 없는 선물이 되리라.

우에스카 마을

우에스카 오르데사 국립공원

안소 마을

넉넉한 마음을 갖게 하는 마을 하카

우에스카 주에 있는 하카 시의 명물로 펠리페 2세가 세운 성과 산초 라미레스 왕이 엄청난 암벽 아래에 있는 동굴에다 지은 '산 후안 데 라 페냐 수도원'이 있다. 이 도시 서쪽으로 가면 '에초' 마을과 '안소' 마을이 있는데, 희귀한 굴뚝에 창문을 흰색으로 두른 돌집들이 초록의 언덕을 배경으로 하고 있어 스케치북이라도 있으면 그림으로 옮기고 싶을 정도로 정감이 가고 마음을 푸근하게 해 주는 곳이다.

스페인판 〈로미오와 줄리엣〉의 도시 테루엘

이곳에 있는 대성당은 14세기 양식의 격자 천장에 중세 시대 일반 서민들의 생활상이 그려져 있어 더욱 유명하다. 무데하르 양식의 탑과 성, 담과 교회, 그리고 유대인 마을도 훌륭한 구경거리지만, 무엇보다 산악 마을인 알바라신에 들어서면 유럽 어느 나라에서도 찾아보기 힘들 정도로 보존 상태가 좋은 중세 건축물과 자연 그대로의 전원이 보는 이의 감탄을 절로 자아낸다. 강 위에 세운 요새였던 이곳은 책이나 영화에서 보았던 중세 모습 그대로다. 테루엘은 스페인판 〈로미오와 줄리엣〉의 고장이기도 하다. 전하는 이야기에 의하면, 디에고 마르시야와 이사벨 세구라라는 연인

무데하르 양식의 탑

이 있었다고 한다. 한데 디에고는 몹시 가난했기 때문에 이사벨 아버지의 반대에 부딪혀 이사벨과 결혼할 수 없었다. 그래서 이사벨 아버지의 강요로 돈을 벌기 위해 타지로 떠날 수밖에 없었고, 마침내 1217년 부자가 되어 고향에 돌아왔으나 그날이 마침 이사벨이 다른 남자와 결혼식을 치른 날이었다. 디에고는 실연의 고통으로 절망에 빠져 다음 날 끝내 스스로를 죽음으로 내몰고 말았고, 웨딩드레스도 채 벗지 못하고 있던 신부 이사벨은 이 소식을 듣고 달려가 디에고의 싸늘하게 식은 입술에 입맞춘 채 뒤따라서 스스로 숨을 거두었다고 한다. 이 두 연인의 합장묘가 이곳 산 페드로 성당에 있는데, 이들을 '테루엘의 연인들'이라고 부른다. 비극적인 사랑만이 전설을 만드는 것인지 '테루엘의 연인'이란 말은 이렇게 해서 생겨났는데, 지금은 사랑하는 연인들을 지칭하는 대명사가 되었다. 스페인의 낭만주의 작가 하르첸부시의 《테루엘의 연인들》이라는 작품까지 탄생케 한 이 이야기는 사랑의 고통으로 죽을 수도 있다는 걸 경험해 보지 않은 사람은 믿지 않겠지만 사실로 전해 오고 있다.

테루엘

우에스카 오르데사 국립공원 지도

14

바스크

바스크 자치 지역

스페인에 대해 조금 관심이 있는 사람이라면 '에타(ETA)' 바스크 분리주의 무장테러 집단에 대한 이야기를 듣거나 신문에서 읽어 보았을 것이다. 아니면 피카소가 스페인 내전의 참상을 폭격으로 분절된 인간과 소의 형상으로 표현한 그림 〈게르니카〉 정도는 알고 있을 것이다. 이 두 가지 사항 모두 바스크 자치 지역과 관련되어 있다. 그런데 이러한 이미지와는 달리 바스크 지역은 참으로 먹거리뿐 아니라 볼거리도 많은 아름다운 곳이다. 꽃과 나무와 풀로 덮인 산계와 물결치듯 넘실대는 녹색의 구릉지가 해안을 따라 나란히 달리고 있다. 평화로운 초원과 가파른 절벽이 함께 하고, 드넓은 계곡에서는 과실수와 옥수수와 양들이 자라며, 어항에서는 어부들의 바쁜 몸놀림으로, 모래 해안에서는 일광욕을 즐기는 해수욕객들로 활기가 넘치는 곳이다. 칸타브리아 해안에는 송림과 모래와 암벽이 잘 어울려 있는 42개의 해변이 있다. 이 자치 지역은 산악 지대에 있는 기푸스코아 주와 해안가에 있는 비스카야 주 그리고 평지에 있는 알라바 주, 이렇게 세 개의 주로 되어 있다.

바스크인의 조상은 스페인의 다른 지역의 선조들과 같지 않다. 스페인인의 조상은 아프리카 북부와 피레네 산맥을 넘어온 켈트 이베로족인 반면에 바스크인의 조상은 10만 년 전부터 그곳에 거주해 오면서 자신들의 고유 언어인 에우스케라어를 7천 년 전부터 사용해 왔다고 한다. 비스카야에 있는 산티마미네와 벤탈라페라, 그리고 기푸스코아에 있는 에카인과 알체리에서 구석기 시대 유적물들인 거석이나 고인돌, 열석과 동굴 벽화들을 볼 수 있는 것도 다 이 때문이다. 이 지역은 카스티야 왕국에 병합되고도 특별법의 혜택을 누렸고, 카스티야 왕들도 이들의 법을 존중해 주었다. 이러한 자치정부 형태는 19세기 말까지 유지되었다. 18세기에는 50척의 배로 아메리카와 해양무역을 했는데, 특히 베네수엘라와 거래를 하면서 지역 발전에 큰 보탬이 되었다. 이후 산업혁명을 거쳐 제철, 조선 산업으로 경제발전의 큰 토대를 마련했고, 21세기에는 첨단기술과 탄탄한 사회간접자본, 근면

바스크 자치 지역 전통 복장

바스크 풍광

성실한 민족성 등으로 경제 여건이 비약적으로 좋아져 우리나라 기업들이 스페인에서 가장 사업하기 좋은 곳이 되었다. 테러는 외국인을 상대로 일어난 적이 없으므로 크게 걱정할 필요는 없다.

소금 지대 알라바

아름다운 중세 시대 탑과 르네상스풍 궁정들로 타원형을 이루고 있는 구도시 비토리아를 주도로 갖고 있는 이 주는 동쪽에서 서쪽으로 흐르는 세 개의 산줄기로 나뉘어 있다. 너도밤나무와 소나무가 주를 이루는 산 사이 초록의 계곡에는 나지막한 붉은 지붕과 하얀 담의 시골집과 한가하게 노니는 소 떼들이 있다. 알라바 지역의 중심을 가로지르는 두 번째 산능선과 세 번째 산능선 사이는 넓은 평야 지대이고, 세 번째 산마루터기인 칸타브리아 산맥은 알라바에 있는 포도 농지 리오하 지역으로 들어가는 것을 가로막으려는 듯 산세가 험악하다. 그래도 기푸스코아와 비스카야의 산악 지대와 비교하면 나은 편이라서, 이 두 지역보다 다른 민족의 영향을 받은 때문인지 역사적 유물들이 많다. 로마

알라바 주

아냐나 소금 지대

인들이 만든 포석과 수로가 아직 남아 있으며 스페인에서 기독교화와 라틴화가 제일 먼저 시작된 곳이기도 하다. 무어인들은 알바라 남쪽에까지 진출해 있었고, 이들을 막기 위해 만들었던 축성들이 곳곳에 남아 있다. 넓은 평야는 성지 순례 길로 이용되었다. 그래서 이 길가에는 고딕 양식으로 지은 건물들이 르네상스 양식과 바로크 양식으로 지은 궁정들과 함께 고풍을 자랑하며 서 있다. 알라바의 수호 성녀인 누에스트라 세뇨라 에스티발리스 대교회당이 비토리아 근교에 있다. 비토리아와 빌바오에 물을 대기 위해 건설한 울리바리와 우루나에 있는 거대한 저수지에서는 수상 스포츠를 즐길 수 있고 물새들의 낙원도 구경할 수 있다. 이 근처에 있는 가라이오 자연공원과 게바라 성도 볼 만하다. 이곳의 색다른 구경거리로 산에서 소금을 얻기 위해 설치해 놓은 시설물이 있다. 발데고비아 계곡에 있는 아냐나 소금 지대에는 수분을 증발시키고 남은 소금들로 하얗게 변한 판들이 서로 높이를 달리하며 널려 있다.

게르니카 마을이 있는 비스카야

"머리에는 초록이, 가슴에는 불." 베니토 래르춘디라는 가수가 이 지역에 바친 사랑의 노래이다. 노랫말은 우리키올라와 고르베이아 자연공원과 우르다이바이의 생태보호 지역과 같은 녹지대와, 산업 지대인 네르비온 하구 왼편 지역에 있는 용광로의 이미지에서 가져온 것이다. 만일 세 번째 색깔이 필요하다면 그건 칸타브리아 바다의 푸른색이 될 것이다. 이곳에는 해변과 어항, 그리고 가제루가츠와 같은 암자도 있다. 비스카야의 주

비스카야 해변

구겐하임 미술관

도는 빌바오로, 이곳에는 프랭크 O. 게리가 티탄과 유리 재질을 써서 날개 달린 배처럼 디자인한 구겐하임 미술관이 있으며, 바스크인들의 상징 도시인 게르니카도 있다.

비스카야만큼 모든 것이 대비를 이루고 있는 곳도 없을 것 같다. 녹음 짙은 시골 목초지에서는 농업과 목축업이 이루어지고 있는가 하면, 산에서 난 철은 광업과 제철업을 가능하게 하여 이곳의 산업을 부흥시키고 있다. 빌바오 항구는 중세 때부터 외부로 나가는 물자 수송로였다. 이렇게 현대에 들어와 산업화의 선구자적 역할을 한 곳이면서, 동시에 구석기 시대부터 이곳에는 사람들이 거주해 왔기 때문에 그들이 남긴 동굴 벽화들이 50점이나 된다고 하니 여러 면에서 대비를 이룬다고 하겠다.

비스카야 백작의 영토였다가 카스티야 왕국으로 편입된 것이 1379년의 일이지만 이곳은 그동안 자체 사법권을 가지고 있었다. 소위 '자치법' 이라는 것으로 이곳 '총 의회' 에서 이 법을 집행해 왔다. 게르니카에 있는 '게르니카 나무' 라는 떡갈나무 아래에서 1876년 이 '총 의회' 가 폐지될 때까지 회의가 열려 왔고, 그 나무 아래에서 바스크 정부 각료들은 취임 선서를 해 왔다. 다시 말해 게르니카 시와 게르니카 나무는 바스크인들의 자유와 독립을 의미하는 상징이다. 그래서 현대에 들어와 이들이 독립을 선포하자, 팜플로나에서 군사반란을 일으켜 스페인 내전의 빌미를 제공했던 몰라 장군이 즉각 단호하게 그러한 독립 움직임을 차단했던 것도 이 때문이다. 결국 스페인 내전은 전면전으로 확산됐고, 1937년 4월 27일 프랑코 측인 독일과 이탈리아 비행기 여단이 이곳에다 10만 톤의 폭탄을 쏟아부었다. 오늘날처럼 그 당시에도 월요일이면 게르니카에 장이 섰다. 좁은 길에는 농부들과 그들의 가족, 그리고 스페인의 다른 지역에서 피란 온 민간인들로 가득했다. 이곳에 융단폭격을 해 댔고 그것으로도 부족했던지 인근 농가로 도망가는 사람들까지 저공비행으로 사살했다. 스페인 주재 영국 특파원은 《런던 타임스》에 "밤이면 산간 농장들이 횃불처럼 타올랐다" 라고 썼다. 이런 저공비행 공격은 국제적인 비난을 불러일으켰고, 이를 계기로 내전에서는 이 같은 행위는 하지 않기로 결정했다고 한다. 《더 타임스》 특파원은 "프랑코 장군의 비행기들은 게르니카를 불바다로 만들었고 바스크인들은 결코 이 일을 잊지 않을 것이다" 라고 썼다. 그 이야기대로 마침내 1970년대에 바스크에서 일어난 반란이 프랑코 체제를 무너뜨리는 데 공헌했으며 프랑코가 죽던 날 밤 바스크 거리 거리마다 무도회가 열렸다고 전하고 있다. 프랑코가 죽고 난 후 1979년 마드리드 정부는 바스크 정부의 자치권을 인정하였다.

게르니카 나무

영화의 도시 산 세바스티안

“열려진 도시, 생각으로만 존재할 것 같은 도시/억지로 꾸밈이 없는 그저 인간적인 도시/담이 없기를 늘 바랐던, 그래서 모든 것을 용납하는 도시, 그리고 무엇과도 견줄 수 없는 아름다운 도시.” 스페인 ‘27세대’의 시인 가브리엘 셀라야는 이렇게 노래했다.

기푸스코아 주의 주도인 이곳은 왕가와 귀족들의 휴양지로 그 아름다움이 잘 알려져 있지만 지금은 문화의 도시로 더 각광받고 있는 것 같다.

지형적으로 ‘조개’ 형상을 하고 있어서 이름 붙여진 ‘라 콘차’만 주위로 차분하고 우아하게 서 있는 도시의 빌딩들과 불빛이 부드러운 해안과 바다의 잔잔한 파도, 라 콘차만이 품고 있는 세 개의 언덕에 심어져 있는 나무들이 어울려 한 폭의 그림을 이룬다. 구시가지에 있는 자연이 만든 요새지인 우르굴에는 성과 역사적 유물들이 있고, 이헬도에는 케이블카가 있는 자연공원이 있다.

빌바오가 경제도시이고 비토리아가 바스크의 주도답게 행정도시라면 산 세바스티안은 관광과 문화의 도시이다. 이곳을 찾은 관광객들은 거리를 산책하며 풍광을 즐기고 바다에서 해수욕을 만끽하며 활기가 넘치는 바를 드나들며 삶의 열정을 느낄 것이다. 산 세바스티안에는 세계적인 명성을 얻고 있는 식당도 있고 카지노와 경마장도 있으며 해변 요법을 하는 시설도 있다.

여기에 세계 제4대 국제영화제인 ‘산 세바스티안 영화제’와, 보름 동안 계속되는 음악 축제, 재즈 페스티벌, 여름 과정, 환상 · 공포영화 페스티벌, 연극축제 및 광고 페스티벌 등이 이 지역 축제와 함께 쉴 새 없이 교대로 열린다.

산 세바스티안 전경

미식가들의 천국

1870년대 이 도시에서 '미식가 모임'이 결성되었다. 이 말은 바스크 지역에서 먹는 일은 기본 생활권 충족을 위한 것 이상의 의미를 갖고 있음을 뜻한다. 식도락은 바스크인들에게는 아주 중요한 덕목이다. 전통적으로 내려오는 훌륭한 요리법에, 새로운 요리법을 절충하여 창조한 이른바 '요리사 요리'라고 이름 붙인 요리까지 나오고 있다. 바스크 지역이 땅과 바다가 선물하는 훌륭한 먹거리의 천국임을 증명하듯 곳곳마다 있는 크고 작은 식당이나 바에서 우리의 미각을 행복하게 해 줄 요리들을 저렴한 값에 얼마든지 맛볼 수 있다.

바스크 전통 요리는 이미 세계적으로 인정받을 정도로 유명하지만, 1970년대 중반 새롭게 등장한 요리사들은 전통 요리법을 바탕으로 하되 소스나 양념에 자신들의 상상력을 가미한 요리들을 내놓았다. "새로운 바스크 음식"이라는 레테르가 붙은 이 요리들은 이름만 들어도 그 음식 스타일이 떠올려지는데, 수비하나, 이라사르, 폰베이다, 카스티요, 아르기냐노, 후안 마리 아르삭 등이 그 주인공들이다. 그런데 아무리 새로운 스타일의 요리법으로 음식을 만들어 낸다고 해도 이 요리들의 바탕이 되는 두 가지 원칙은 전통 바스크 요리법의 기본 테두리 안에 있다. 그것은 제철에 나오는 최고의 음식 재료를 사용한다는 것이다.

바스크 전통 요리 중 대표적인 것으로 '오징어 먹물 요리'와 '장어 새끼 요리'가 있다. 작고 도톰한 오징어에 잘게 다진 마늘과 양파를 넣고 노릇노릇하게 구운 뒤에 오징어 먹물에 담가 요리해 내는 '오징어 먹물 요리'는 시커먼 외형과 달리 맛은 정말 일품이다. 장어 새끼 요리는 주재료의 가격이 천문학적이라 비슷한 맛을 내는 재료들을 장어 모양으로 만들어 TV 선전까지 하면서 팔지만 아직 맛은 보지 못했다. 보기에 징그러워 멀리

바스크 자치 지역 음식 재료

바스크 자치 지역 해산물

했는데, 스페인 친구의 말을 빌리면, 셋이 먹다 둘이 죽어도 모른단다. 바스크인들의 요리법은 우리나라 전통 한식 요리법하고도 통하는 게 있다. 무엇보다 주재료의 맛과 질감을 그대로 살린다는 점이다. 소스는 주재료에서 채취한 것으로 한다고 하는데 오징어 요리에서뿐만 아니라 바스크 지역은 바다와 맞닿아 있는 곳이다 보니 싱싱한 어류가 풍성하고 그 어류를 이용한 요리는 바스크 요리의 꽃이다. 귀족 어종인 대구, 도미, 가다랑어에서부터 중산 어종인 가자미, 아귀, 농어 그리고 서민 어종인 정어리, 멸치에 이르기까지 모든 종류의 생선이 있고 이러한 생선에서 생선의 조직을 상하지 않게 하면서 진액을 꺼내 그것으로 기본 소스를 만든단다.

예로 대구 머리 부분에 있는 소량의 젤라틴을 채취하여 이 요리에 사용할 소스를 만드는데 이름도 재미있는 '필필' 소스다. 가다랑어의 배 부분에서도 진액을 빼낸다고 한다. 여기에 양념으로 들어가는 재료들의 부드러운 맛은 생선 자체의 맛을 더욱 살려 주는 듯하다. 해산물 종류도 다양한데 그중 털이 부숭부숭하게 난 일명 '바다 거미'라는, 킹 크랩 크기의 게의 살과 소스를 섞어 게 뚜껑에 담아 먹는 요리는 이곳이 아니면 맛보기 힘들다. 육류로는 어린 양고기와 소갈비 요리가 정말 멋진데 고기라면 당연히 이렇게 먹어야 되는 게 아닌가 싶다. 소갈비 구이는 두툼한 소갈비를 강한 석쇠 불에 올려놓고 윗부분에만 굵은 소금을 뿌린다. 불이 닿는 아래 부분이 진한 갈색으로 변하면 뒤집어 역시 센 불에 굽는다. 고기 안쪽은 피가 보일 정도로 내버려 둬야 한다. 겉이 다 익으면 뿌렸던 소금을 걷어 내고 프라이팬에 기름을 두르고 구운 감자와 이곳에서 생산되는 가늘고 길쭉하면서 매운 고추 '긴디야'를 중간 불에 익혀 간을 한 뒤 고기와 같이 먹는데, 이것이 이곳 시골 음식의 기본이라 하니 저렴하게 무슨 음식이든 밤새 즐길 수 있는 스페인답다는 생각을 했다.

야채 요리로는 종류도 다양한 콩에 스페인 햄이나 스페인 소시지인 초리소나 모르시

필필 소스로 만든 대구 요리

가지 요리

장어 새끼 요리

야를 넣어 요리한 수프와 알라바 지역의 명물인 감자와, 잎은 마늘잎을 닮았는데 뿌리는 파뿌리 같은, 물론 이곳 특산물인 푸에로를 넣어 만든 요리의 맛이 빼어나다. 이곳 들과 산에 지천으로 깔려 있는 버섯과 달걀로 만든 음식은 그 요리법이 간단하면서도 맛있다. 이 모든 음식에 술이 빠질 리 없다. 특히 알라바의 리오하 지역에서 생산되는 백포도주와 사과주인 시드라가 음식의 맛과 향을 한껏 돋우어 준다. 사과주는 주둥이가 길게 삐죽 튀어 나온 주전자로 먼 거리에서 잔으로 따르는 데, 술에 바람을 쐬기 위한 거란다. 후식으로 크림이 든 빵과 쿠키, 아이스크림이 나오는데, 이곳에서 생산되는 꿀과 우유로 만든 특식이다.

15

칸타브리아

칸타브리아 자치 지역

칸타브리아 자치 지역과 아스투리아스 자치 지역은 바스크 자치 지역처럼 칸타브리아 바다에 접해 있으면서 칸타브리아 산맥에 의해 해안과 분지로 나뉘어 있다. 각각 단 하나의 주, 산탄데르 주와 아스투리아스 주를 갖고 있으며 자연의 아름다움에서 이 두 지역을 능가하는 곳이 스페인에는 없다고 할 정도로 수려한 경관을 뽐낸다. 칸타브리아에는 72개의 해변이 있으며 290킬로미터나 되는 아스투리아스 해안의 곶과 강어귀는 초록의 계곡과 어울려 장관을 이룬다. '유럽의 산봉우리'라고 불리는 2,640미터 높이의 칸타브리아 산맥 최고봉에는 만년설이 쌓여 있다.

피레네 산맥에서처럼, 이 지역을 관통하는 칸타브리아 산맥에서 발견되는 어마어마한 크기의 동굴에는 구석기 시대에 그려진 것으로 추정되는 벽화가 남아 있다. 지금은 사라지고 없는 매머드와, 순록, 코뿔소, 들소 등이 그려져 있는데 그 생생한 묘사와 아름다운 색채, 입체감은 경탄을 자아낸다.

중세 기사단의 마을 카스트로 우리디알레스와 라레도

카스트로 우리디알레스는 칸타브리아 해안에 있는 항구들 중 가장 오래된 곳으로 구시가지로 가면 중세 유적들을 만날 수 있다. 중세 시대 세워진 요새와 기사단의 숙소였던 '산타 아나 성'과 고딕 양식의 '산타 마리아 성당'이 볼거리다. 파리의 노트르담 대성당을 생각나게 하는 이중 아치와 미완성의 탑과 조각물로 장식된 이 성당은 고기잡이 배들로 가득한, 한 폭의 그림처럼 펼쳐진 어항을 굽어보고 있다. 이곳 중세 기사단은 갈리시아에 있는 사도 야고보의 성지 산티아고 데 콤포스텔라로 가는 순례자들을 보호하고 성지에서의 중요한 임무를 수행할 사람들을 모집했다고 한다.

8월 중순이면 라레도에 있는 '살베 해변'으로 주민의 열 배가 넘는 관광객들이 몰려온다고 한다. 이들을 수용하기 위해 베니도름처럼 해변을 빙 둘러 아파트를 지었다. 이곳 항구는 스페인 내륙에서의 국토회복전쟁 당시 바닷길로 스페인 중심부로 갈 수 있는 유일한 통로였다. 그리고 16세기 한 베네치아 상인의 증언에 따르면 비스카야 만에 있는 항구들은 스페인의 우월한 해상권을 상징하는 것이었다고 한다. 그 당시 플랑드르나 영국 또는 지중해로 스페인의 포도주와 양모를 수출했던 배들이 라레도나 산 세바스티안,

칸타브리아 자치 지역의 해변

산탄데르 또는 라 코루냐에서 출발했다고 한다. 그래서 이 지역 해안가에 스페인 왕들의 후원 아래 교회들이 건축되기 시작했고 이는 성지 순례로 인하여 더욱 촉진되었다. 라레도에 있는 고딕 양식의 '아순시온 성모 성당'은 이러한 건축 붐의 일환이다.

1556년 카를로스 5세가 아들 펠리페 2세에게 왕위를 양도하고 엑스트라마두라에 있는 유스테 수도원으로 들어가기 위해 플랑드르에서 스페인으로 올 때 이곳 라레도로 들어왔다. 그는 누이인 마리아와 동행했는데 이 두 사람은 모두 열성적인 예술품 수집가였기에 이들이 소장하고 있던 예술품도 함께 이곳에 도착했다. 이 플랑드르 예술품은 450년 전 스페인의 다른 지역으로 옮겨졌고 그중 상당 부분이 스페인 박물관에 전시되어 있다.

여름 국제대학교 산탄데르

항구도시 산탄데르는 프랑스인들이 칸타브리아 해안의 동쪽 항구들을 약탈하기 시작한 18세기부터 중심 도시로 부상했다. 맑은 날에는 부두에서 칸타브리아 산맥을 볼 수 있다. 아름다운 카메요, 콘차, 사르디네로 해변을 둘러보고 구시가지로 들어오면 여름마다 외국인들을 위한 학문의 장이 되는 '메넨데스 펠라요 국제대학교'와 흰색의 멋진 카지노 건물이 보인다. 카지노 건물에서 북서쪽으로 난 페레다 길을 따라 달리다 보면 레이나 빅토리아 대로가 나온다. '막달레나 반도'에는 1912년 알폰소 13세에게 하사된 신고딕 양식의 스페인 왕실 하궁이 드넓은 정원 위에 세워져 있다. 하궁은 현재 메넨데스 펠라요 국제대학교의 일부로 사용되고 있다.

나는 산탄데르에서 서쪽으로 가나 우연찮게 들른 마을 코미야스를 아직도 잊지 못한다. 바닷가에 숙소를 잡았는데 옛날 귀족들이 사용했던 저택을 개조하여 만든 곳이었다. 외부의 웅장함에 비해 내부의 나무 계단과 커튼이 달린 나무 침대 및 집기 등은 영락없이 중세 시대를 연상시켰다. 물론 화장실과 식당은 현대식으로 바뀌었지만 가능한 한 옛것을 그대로 이용하고 있는 듯했다. 육중한 나무창틀의 창문은 지붕과 연결되어 있었다. 마침 마을 축제 기간이어서 하늘에서 터지는 폭죽이 밤하늘의 별과 함께 내 몸으로 마냥 떨어져 내리는 것을 볼 수 있었다. 새벽녘에야 잠깐 눈을 붙인 뒤 마을 이곳저곳 돌아다니다가 예기치 않게 가우디가 설계한 여름용 별장 '엘 카프리초'를 발견했다. 1883년에서 1885년에 걸쳐 지어졌다는 이 건물은 납작하게 눌러 만든 로마네스크 양식의 기둥 위

산탄데르

로 회교 사원풍의 탑이 있고 무데하르 양식을 본떠 벽돌로 두른 환상적인 외벽에는 꽃무늬 쇠창살로 장식한 전통적인 스페인풍 발코니가 있다. 옆에는 칸타브리아 주변 환경과 색조에 어울리는 신고딕 양식으로 지은 궁이 붙어 있는데, 가우디의 건축물이 다 그러하듯 가우디의 이 건물들에서도 역시 엄청난 상상력을 느낄 수 있었다.

알타미라 동굴

산티야나 델 마르에서 남쪽으로 2킬로미터 되는 지점에 구석기 시대 최초의 것이면서 가장 아름다운 동굴 벽화의 보고인 알타미라 동굴이 있다. 마르셀리노 데 사우투올라는 이 마을 근처에 살면서 이미 구석기 시대 예술품들을 발견하여 파리 국제 박람회에서 진품임을 인정받은 바 있다. 이 지역을 거닐다 딸의 놀란 소리에 달려가 보니 동굴 천장이 그림으로 가득했다고 한다. 1879년의 일이다. 황토와 망간 산화물과 숯, 그리고 철 탄산염 등을 이용하여 여러 가지 색으로 그린 들소, 사슴, 멧돼지와 말 등의 형상이 너무나 세세하고 훌륭해서 진짜로 판명되기까지 논란이 많았지만 결국 근처 다른 동굴들에서도 벽화가 발견됨으로써 억울함을 벗을 수 있었다. 다양한 색과 바위 자체의 부조를 이용하여 그렸기 때문에 실물과 다름없는 입체감이 느껴진다. 특히 바위의 부조를 교묘하게 이용하여 마치 조각한 듯한 착각을 불러일으키는 엎드려 있는 들소 그림은 최고의 작품으로 평가받고 있다. 주술적 의미를 갖고 있다고 여겨지는 이 형상들은 1만 5천 년 전의 것이며 길이가 2미터를 넘는 것도 있다. 천장 높이가 2미터가 되지 않기 때문에 이 형상들을 제대로 감상하려면 바닥에 등을 대고 누워야 한다. 동굴이 알려진 이후 수많은 사람들의 발길과 이들이 내뿜은 이산화탄소로 그림이 훼손되자 현재는 연구나 보호 관리 목적을 제외하고는 입장을 허락하지 않고 있다. 대신 그 옆에 관광객들을 위해 동굴의 내부를 그대로 재현해 놓았다. 알타미라 박물관까지 둘러보면 동굴 벽화를 충분히 감상할 수 있다. 종유석 동굴은 누구에게나 열려 있다. 이 동굴 안에 있는 벽화들은 스며들어 온 지하수가 만든 종유석들에 덮여 자연스레 보호되고 있다. 전 세계에 다채색 벽화로 중요한 동굴이 세 개가 있는데 그것은 알타미라와 티토 부스티요, 그리고 프랑스에 있는 라스코 동굴이다.

코미야스의 산 호세 초원

16

아스투리아스

아스투리아스 농가

아스투리아스 어촌

서쪽으로 갈수록 해안선의 기복이 점점 더 심해지는 걸 볼 수 있을 것이다. 모래 해변과 항구와 붉은 지붕의 하얀 담이 있는 마을들이 교대로 나타났다 사라진다. 30개의 자그마한 해변과 벼랑 위로 산책로가 있는 야네스 마을에서는 8월 16일에 '산로케'라는 지역 민속 축제가 열린다. 역사가 오래된 '페리코테'라는 민속춤을 감상할 수 있는 기회다. 여기서 얼마 되지 않는 비디아고 마을에는 페냐 투라라는 선사 시대 거석이 있다. 리바데세야에는 티토 부스티요 동굴이 있다. 사과주의 본고장이기도 하다. 특히 햄과 소시지류를 넣은 콩 요리인 '파바다'가 유명하며 차가운 강에서 건져 올린 송어나 신선한 연어를 이곳 대표 축산물인 돼지를 훈제한 기름으로 요리한 음식은 일품이다. 산양 젖으로 만든 치즈 '카브랄레스'와 생선 요리인 '칼데레타'도 메뉴에서 빠지면 서운할 이 지역 대표 먹거리다.

역사적 사건으로 보면 무엇보다 이 지역의 주도인 오비에도가 유명하다. 목초지와 옥수수 밭, 사과 과수원과 자그마한 산업 지대로 이루어진 오비에도는 스페인 '국토회복전쟁'의 본거지다. 여기서 얼마 되지 않는 거리에 있는 코바동가는 바로 그 발원지로, '코바동가 성전'과 로마식 교회 건물이 있다.

아스투리아스 자치 지역

아스투리아스 자치 지역의 산과 버섯과 곰

오비에도에서 차로 한 시간쯤 달리다 보면 아스투리아스와 레온을 잇는 파하레스 골짜기가 나오는데 이곳에 서면 아름다운 자연 경관을 한눈에 볼 수 있다.

파바다

오비에도 대성당

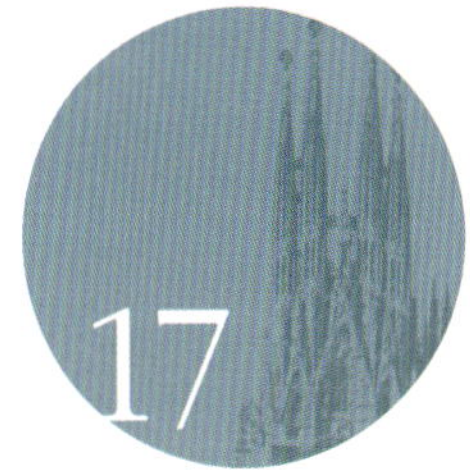

17

갈리시아

갈리시아 자치 지역

갈리시아는 기원전 1천 년에 스페인으로 들어온 켈트족이 원주민을 몰살하고 둥지를 튼 곳이다. 기원전 137년에 로마인이 들어오기 전까지 켈트족은 바람 많고 비 많은 이 땅에 살았다. 로마가 5세기 중엽에 북유럽 야만인들의 침입으로 망한 후 독립을 유지하다가 이후 8세기부터 10세기까지는 아스투리아스와 레온 왕 지배 아래 있었다. 라코루냐 주, 오렌세 주, 루고 주, 그리고 폰테베드라 주로 이루어진 갈리시아는 지형적인 여건으로 스페인의 다른 지역보다 무어인들의 영향이 미미했다. 이곳에서는 포르투갈어의 모어로 11세기에 탄생한 '가예고' 언어를 사용하는데, 이 언어로 씌어진 시는 13세기 스페인 서정시의 꽃이다. 갈리시아 지역의 서정미와 언어가 갖는 음악성과 부드러움이 시인의 정서와 한데 어우러지면서 애틋한 사랑시가 탄생한 것이다. 포르투갈이 스페인으로부터 완전히 독립된 1668년까지 포르투갈과 갈리시아는 가예고-포르투게스라는 같은 문화권에 속해 있었다.

갈리시아는 남쪽과 동쪽의 산과 북쪽과 서쪽의 대서양에 둘러싸여 스페인 본토와 고립되어 있다. 깎아지른 절벽과 산으로 인해 생긴 호수와 깊은 계곡, 조수가 밀려드는 강

라 코루냐

하구가 많아 해안선이 들쑥날쑥 복잡하다. '땅의 끝'이 있는 벼랑 위에 서면 발밑에 몰려드는 파도와 강한 바람에 정신이 아찔해진다. 봄과 여름에는 노랑, 주황, 녹색으로 차려입고 바다와 산으로, 겨울에는 늠름하게 서 있는 도시와 그림 같은 마을로 관광객을 불러모은다. 켈트족이 이곳에 들어오기 전, 원주민들이 살고 있던 '파요사스'라는 거주지가 안카레스와 루고와 같은 인적 드문 시골에 아직 남아 있다. 돌을 이용해 원추 모양으로 쌓고 짚으로 된 지붕을 덮은 파요사스에는 지금도 사람들이 동물들을 기르면서 함께 살고 있다. 갈리시아의 주민들은 결코 큰 규모로 모여서 산 적이 없다. 지금도 작고 외진 마을들에 뿔뿔이 흩어져 있다. 갈리시아인은 웨일스인, 브리튼인, 아일랜드인들처럼 켈트족 고유의 특성을 갖고 있는 듯하다. 이곳에서 태어난 여류 시인 로살리아 데 카스트로가 대변한 바와 같이 이들은 시와 음악과 예술에 남다른 재주가 있고 염세적이며 우울한 인생관을 갖고 있으며 죽음에 매혹당하고 안달루시아인만큼이나 자신들의 땅에 대한 애착이 유별나다. 그들은 대지를 자신들의 분신으로 여기며 세상을 범신론적인 입장에서 관조한다. 갈리시아 사람들은 스코틀랜드와 아일랜드의 전통악기인 백파이프를 불며 켈트족의 춤을 춘다.

비가 많아 침식이 심하고 물을 많이 머금지 못하는 이곳 토양은 농사에 적합하지 않다. 지면도 고르지 못해 땅이 작은 단위로 나뉘어 있다 보니 기계화 작업도 어렵다. 땅마저도 갈리시아 주민들의 성격을 닮은 듯 하나로 합치기가 어려운 것이다.

산티아고 데 콤포스텔라를 목적지로 하여 갈리시아를 여행하던 중 가까운 바닷가 마을로 들어갔는데, 라 토하였던 것으로 기억한다. 이틀 정도 묵을 생각으로 주변의 전원 풍경과 회색 돌로 지어진 건물들과 조화롭게 서 있던 아담한 호텔을 숙소로 잡았다. 방은 외관과 달리 널찍하고 깨끗했으며 특히 베란다에서는 건물 뒤에 위치한, 송림과 바위들로 둘러싸인 바다가 훤히 내려다보였다. 갈리시아는 어항과 항구 도시로 유명하다. 그중 로마 장군 카이사르가 프랑스에서 스페인으로 올 때 이용했던 라 코루냐는 북유럽과 중남미로 나가는 요충지이면서 규모와 크기에서 스페인에서 가장 큰 비고 다음 가는 어항이자 항구다. 그리고 18세기부터 스페인 해군 기지로 사용되고 있는 페롤은 독재자 프랑코의 고향이기도 하다. 이렇게 거창한 것 말고도 이름 없이 조용하고 아름다운 항구도시와 어항이 있는 마을들이 바닷가에 산재해 있다. 이 중에서 우연히 만난 게 이 마을이었다.

나는 회를 좋아하지 않지만 싱싱하고 다양한 생선들을 구경하는 건 무척 즐긴다. 광어를 어미 가자미로, 멸치를 정어리 새끼로 알고 있었던 내가 어떤 생선이 횟감이 될 수 있는지 알기나 했던가. 그런데도 아침부터 어시장을 찾아 헤맸다. 아침 일찍 돌아다니는 차는 다 어시장으로 가는 것으로 생각하고 무작정 좇아갔다가 쓰레기 처리장까지 구경한 적도 있다. 만일 내가 남자였다면 앞차 운전자는 아마도 잔뜩 겁을 먹었을 게다. 동양인이 인적이 드문 이른 시간에 계속 따라왔으니…. 다시 차를 돌려 물어물어 찾아 간 어시장은 생명력과 활기가 넘쳤다. 그곳 사람들이 나를 신기해 하듯 나는 이름 모를 생선들을 그렇게 구경했다. 결국 그 많은 생선들 중에서 내가 공들여 간택했던 것이 기막히게도 오징어였다. 내가 요리법까지 확실히 아는 건 그것뿐이었기 때문이다. 숙소 주인에게 오징어를 삶아 줄 수 있느냐고 했더니 '오징어 먹물 요리'가 맛있다며 점심으로 그 요리를 내놓았다. 포르투갈의 전통 대중음악으로 '파두'라는 게 있다. 포르투갈의 여인 아말리아 로드리게스로 인해 전 세계에 알려진 이 장르는 12현인 포르투갈 파두 기타의 청정한 울림과 함께 가슴이 저며 오는 애절한 노랫말과 리듬을 담고 있다. 바다로 나가는 남편이나 오빠나 연인에 대한 '사우다데', 즉 그리움을 절절하게 표현하거나 자연과 싸워야 할 숙명적인 인간들의 애환을 그리고 있다. 바다로

갈리시아 풍광

갈리시아 민속의상과 춤

나간 사람들이 살아 돌아오지 못할 요인은 늘 도사리고 있기 때문이다. 그래서 갈리시아와 포르투갈 바닷가 마을에는 어김없이 성당과 검은 복장의 여인네들이 있다. 내가 묵은 숙소의 주인도 바다에 아들과 남편을 묻었단다. 외로운 분이었기에 내게 더 친절했는지는 알 길 없으나 그분은 오징어로 재미를 본 다음 날 어마어마하게 큰 게로 대접했다. 월계수 잎을 넣고 삶은 뒤 둘이서 신나게 다리를 두드려 깨가며 멋지게 해치웠다. 다음 날은 주인이 먼저 어장에 가냐고 묻기에 사실 다른 곳을 구경하고 떠나려 했지만 혹시나 해서 그렇다고 하니 문어를 사오란다. 감자를 밑에 깔고 엑스트라 버진 올리브유에 굵은 소금과 고춧가루를 뿌린 갈리시아식 문어 요리를 해 준다고 했다. 그날 저녁은 아예 주인이 나를 바닷가 식당으로 데려갔다. 그 식당은 어항과 마주보고 앉아 있었는데 새벽에 들어온 생선을 식당 앞에 펼쳐 놓은 석쇠에 구워 손님 식탁에 내놓았다. 이름도 모르는 구운 생선을 그토록 달게 먹었던 적은 그날 이후로 지금까지 없다. 바닷가에 설치해 놓은 큰 통에서는 갓 잡아 온 문어를 삶아 내고 있었다. 결국 나는 그곳의 넉넉한 인심과 어물과 풍광 때문에 예정보다 3일을 더 머무르고 말았다. 그런데 나중에 알고 봤더니 그곳은 병들어 버린 당나귀가 치유될 정도로 병 치료에 효험이 있는 온천수의 고장이기도 했다. 지금 이 지역은 온천 관광으로 유명해졌다.

갈리시아식 문어 요리

갈리시아 자치 지역 술통

성자의 도시 산티아고 데 콤포스텔라

갈리시아를 찾는 사람들 중 전부가 산티아고 데 콤포스텔라를 목적지로 하고 있다고 할 정도로 이곳으로 오는 발길은 끊이지 않고 있다. 이곳에 있는 전설적인 성당을 보고자 세계 각지에서 사람들이 모여든다. 비행기나 기차, 자동차나 배를 이용하는 건 이해가 됐지만 도보나 자전거를 타고 유럽에서 피레네 산을 넘어 오는 사람들은 그야말로 경외의 대상이다. 이들은 꼭 종교적인 목적이 아니라 문화를 찾아 역사를 찾아 또는 자신을 찾기 위하여 '카미노 데 산티아고'라는 순례의 길을 걷는다.

산티아고 데 콤포스텔라의 대성당은 스페인의 수호 성자인 사도 야고보(스페인어로 산티아고)의 무덤을 보관하고 있는 곳이다. 성경에 의하면 야고보는 세배대와 살로메의 아들이며 사도 요한의 형제로 아버지와 함께 갈릴리 해안가에서 어업에 종사했다고 한다. 예수는 이들을 자신의 첫 번째 제자로 삼았다. 야고보는 12제자 중 예수가 가장 신임했던 3인 가운데 하나였으며 예수의 고뇌와 부활을 함께 했다고 한다. 여기까지가 역사적으로 사실로 받아들이고 있는 내용이며 성경에서 말하고 있는 전부다. 그런데 전통이자 전설처럼 내려오는 이야기에 의하면 서기 44년에 그는 예루살렘에서 순교를 당했고 그의 제자들이 유해를 스페인으로 가져와 이곳에 묻었다는 것이다. 밭에서 일하던 농부가 별이 이끄는 대로 따라가 봤더니 야고보의 무덤이 있었다고 한다. 812년에서 814년 사이의 일이다. 스페인 내 복음화가 야고보에 의해 이루어졌으며 갈리시아에서 선교사로 일했다는 이야기도 있다. 유대 왕 헤롯에게 41년에서 44년 사이에 참수됨으로써 순교하였는데 바다에 뿌려졌던 그의 시신을 천사들이 모아 지금의 이곳으로 옮겨 놓았다는 믿기지 않는 이야기도 있다. 여하튼 사도 야고보의 무덤이 발견된 후 그는 스페인 국토회복전쟁에서 기독교도들의 정신적인 지주가 되었다. 이 외에도 스페인이 지중해와 아메리카에서 전쟁을 할 때도 하얀 준마를 타고 무섭게 칼을 휘두르며 나타나 스페인 전사들을 격려했다고 전해지기도 한다.

물론 이러한 이야기에 대해서 이성의 세대를 사는 역사가들이 문제를 제기하지 않을 리가 없다. 전설적인 이야기에 대한 진위 여부는 차치하고서라도 정말 야고보가 스페인에 온 적이 있었던가에 대해서는 물음표를 던져 볼 만하다. 그 당시 이슬람교도들에게 주눅 들어 있던 스페인 기독교도들은 성자의 유해를 갖고 있다는 생각만으로도 그들에

산티아고 데 콤포스텔라 대성당

게 맞설 용기와 기독교인으로서의 자부심으로 무장할 수 있었을 것이다. 그래서 스페인 기독교도들은 "산티아고"라고 외치며 전투에 임했고 야고보에게 '마타모로스'('무어인들을 죽이는 자', 또는 '용기백배한 자'라는 뜻)라는 호칭을 부여했다.

무덤이 발견된 후 아스투리아스의 왕들의 즉각적인 후원과 스페인 군주들의 봉헌으로 이 지역은 '중세 기독교 세상의 빛'이 되었다. 아스투리아스의 알폰소 2세는 성자의 무덤 위에 벽돌로 성당을 짓게 했다. 알폰소 3세는 이 벽돌 건물을 돌 건물로 교체했다. 교황 레오 3세는 기독교 세계에 이 사건을 알렸다. 하지만 997년 코르도바 칼리프의 군 수장인 알 만수르 아부 하파르가 사도의 묘만 제외한 산티아고 데 콤포스텔라 도시 전체를 파괴해 버렸다. 지금의 대성당은 1078년 카스티야와 레온의 왕 알폰소 6세의 지시하에 지어진 것이다. 1271년에 로마네스크 양식의 건물이 완공되었고 1750년, 페르난도 카사스 이 노보아가 정면을 바로크 양식으로 바꾸면서 이를 '오브라도이로'라 이름하였다. 덕분에 성당 입구가 웅장하면서도 화려한 모습을 갖추게 되었다. 건물에서 번져 나오는 황금빛은 저녁노을에 더욱 선명해진다.

기독교인들은 죄의 사함을 받기 위해서나 성자의 은총을 입기 위해서 순례의 길인 '카미노 데 산티아고'를 걸어 스페인으로 온다. 노선은 두 가지다. 하나는 바스크의 이룬에서 시작하여 왼쪽으로 가는 직선로다. 바스크 지역의 사루아츠와 칸타브리아의 산티야나 델 마르와 아스쿠리아스의 오비에도를 지나 갈리시아의 몬도녜도를 거친다. 다른 하나는 나바라의 론세스바에스와 아라곤의 솜포르트에서 출발하여 이 두 길이 합쳐지는 나바라의 푸엔테 라 레이나를 통하는 방법이다. 길이 하나로 합쳐진 곳에서부터 리오하의 산토 도밍고 데 라 카사다와 카스티야 이 레온의 부르고스, 프로미스타, 카리온 데 라스 콘데스, 레온과 아스토르가를 지나 갈리시아의 엘 세브레이로를 지난다. 중세에 만들어진 이 여정은 단시간에 생긴 게 아님은 분명하다. 스페인 시인 안토니오 마차도가 걸으면 길이 된다고 했듯이 수많은 사람들이 수백 년에 걸쳐 오가며 만들어 낸 역사의 산물이다. 따라서 이 길 주변에는 중세 성당과 아름다운 수도원은 물론이요, 순례자들을 위한 역사적인 숙소나 사원들이 많다. 세계 각국에서 온 순례자들이 남겨 놓은 흔적 또한 훌륭한 문화 상품이 되고 있다. 교황 갈리스트 2세는 이곳 대성당에 로마 가톨릭 교회가 부여할 수 있는 최대의 특권을 주었고 7월 25일 '산티아고의 날'이 일요일과 겹치는 해를 '성자들의 해'로 선포했다. 그 이후 순례자들의 수가 엄청 불어났다. 성자들의 해에 산티아고 데 콤포스텔라를 순례하는 신자들은 완전한 죄 사함을 받든지 1년 동안 용서를 받는다고 한다.

기독교 성지 순례지로 로마와 예루살렘 다음으로 규모가 큰 곳이 산티아고 데 콤포스텔라다. 그리고 스페인 중세 문학서를 보면, 성자 야고보에 대한 이야기가 빠진 작품이 거의 없을 정도이며 그는 스페인뿐만 아니라 유럽, 중남미에도 많은 영향을 미쳤다. 매해 7월 25일 자정이 되면 어마어마한 폭죽이 하늘에 쏘아 올려진다. 성자 야고보를 기리는 축제 주간의 시작을 알리는 신호탄이다.

대성당

성당 안으로 들어가면 대제단을 주관하듯 서 있는 산티아고 입상에 먼저 눈이 간다. 그의 이미지에 어울리지 않게 아주 화려하게 치장되어 있다. 어떤 순례자들은 이 제단 뒤에 놓인 계단으로 올라가서 산티아고가 걸치고 있는 망토에 입을 맞추기도 한다. 대제단이 있는 자리가 9세기 성당 건물이 서 있던 곳이며 따라서 제단 바로 아래에 산티아고와 그의 두 제자 산테오도로와 산아타나시오의 유해를 보관하고 있는 지하 납골당이 있다. 성당에는 안으로 들어오는 주된 문 이외에 밖으로 나올 수 있는 문이 두 개가 있는데 하나는 은세공업(스페인어로 플라테리아)자들의 작업장이 있는 광장으로 나가는 문이라 해서 '푸에르타 데 라스 플라테리아스', 다른 하나는 24개의 좌상이 조각되어 있는 '성스러운 문'이라는 뜻의 '푸에르타 산타'라고 불린다. 이 문은 성자들의 해에만 열린다.

대성당 계단이 마주 보고 있는 정면 왼쪽으로 '라호이 궁정'이 있다. 프랑스 건축가 샤를 르모르가 설계한 18세기 건물로서 소박하지만 인상적이다. 지금은 시청관구로 사용되고 있다. 이곳에는 전투 복장을 하고 말을 탄 전사 산티아고의 청동상이 세워져 있다. 남쪽으로는 15세기에 현관이 지어지고 17세기에 완공된 산 헤로니모 학교가 있다. 북쪽으로는 '가톨릭 왕들의 호스텔'이 있다. 이사벨과 페르난도, 이 두 왕의 명령으로 1501년에 순례자들이 이용할 수 있는 숙박소 및 병원으로 지어졌으나 지금은 파라도르로 기능을 달리하고 있다. 은세공업자들의 작품이라 하여 플라테레스크 양식이라고 이름하는 우아한 정면 외벽과 쇠로 만든 장식품들과 예배당 내벽에 조각해 놓은 기둥들이 감탄을 자아낸다.

염세적 인간들의 마을 루고와 오렌세

산티아고 데 콤포스텔라에서 동쪽으로 95킬로미터 떨어진 곳에 루고가 있다. 전 세계에서 가장 보존 상태가 양호한 3세기 로마 시대 담이 이 도시를 10미터 높이에 2킬로미터 길이로 둘러싸고 있다. 루고에서 110킬로미터 가면 오렌세가 나온다. 루고의 내륙 지역과 더불어 스페인에서 가장 경제 수준이 낮은 지역이다. 앞서 갈리시아는 어류나 해산물

산티아고 데 콤포스텔라 산티아고 입상

의 천국인 반면 농업은 어렵다고 했는데 이곳에서는 거친 피부에 얼굴에는 주름이 가득한 농부들이 조그마한 소로 밭을 갈거나 짐승에게 줄 풀이 가득 실린 달구지를 힘겹게 끄는 모습을 쉽게 목격할 수 있다. 얼마 전까지만 해도 이곳에는 족장제가 힘을 발휘했으며 그 밑에서 일하는 소작농들은 힘든 생활에 지쳐 있었다.

스페인의 이민 5백년사에서 갈리시아만큼 사람들이 많이 떠나간 곳도 없다. 아메리카와의 무역으로 전성기를 맞이했던 항구도시 비고를 통하여 갈리시아 사람들은 더 나은 삶을 찾아 아메리카로 떠났다. 농업이 어렵고 소작료도 형편없다 보니 갈리시아 사람 세 명 중 한 명이 고향을 버리고 아르헨티나, 쿠바, 우루과이, 베네수엘라로 갔다. 신대륙 아메리카에서는 갈리시아에서 태어나지 않았다 하더라도 스페인 사람을 모두 '갈리시아 사람'이라고 부를 정도였다고 한다. 1911년에서 1965년 사이에는 거의 1백만 명의 갈리시아 지역민이 아메리카로 가는 배를 탔다. 쿠바의 영웅 피델 카스트로도 아메리카로 간 갈리시아인의 후손이다.

루고의 로마 시대 담

제2부

페르소나-역사 속 인물들

동양과 서양이 만나 만들어진 나라 스페인.
국민들의 외형에서부터 삶의 방식이나
사고가 아주 특이하면서도 다양한 까닭이 거기에 있다.

올라 에스파냐

1

스페인 제국 이전

스페인의 원주민은 기원전 1700년에 아프리카 북쪽에서 이베리아 반도로 건너온 이베로족이다. 여기에 북쪽에서 켈트족과 오랜 세월 동안 피가 섞이면서 켈트 이베로족이 되었다. 이후 로마의 지배와 게르만족의 이베리아 반도로의 이동으로 서로의 모습을 공유하게 되었다. 여기까지는 세계사를 공부하면 언제나 이야기되는 유럽의 공통되는 피 섞기 역사다. 이후 아랍 본토에서 도망쳐 나와 이베리아 반도에 화려한 보금자리를 튼 아랍인들의 피가 8백 년 동안 합쳐졌다. 이렇게 스페인은 동양과 서양이 만나 만들어진 나라이다 보니 국민들의 외형에서부터 삶의 방식이나 사고가 아주 특이하면서도 다양하다. 유대인과 집시들이 수백 년 동안 자기네 문화를 지키며 이베리아 땅에 거주해 왔다. 인종의 다양함만으로도 스페인 문화의 독창성이 느껴지지 않은가.

원주민

반도국가인 우리나라처럼 스페인도 포르투갈과 함께 이베리아라는 반도에 위치하고 있다. 마지막 빙하기 때 지브롤터를 기점으로 잘려 나갔다는 아프리카와는 14킬로미터밖에 떨어져 있지 않아 유럽의 다른 나라들과 달리 아프리카 북부로부터 많은 부족들이 이주해 왔다. 그중 최초로 들어온 부족이 이베로족이다. 이들은 스페인 남부의 에브로 강과 구아달키비르 강을 보고는 입을 다물지 못했다고 한다. 이 강들은 스페인에서 유일하게 배를 띄울 수 있는 풍부한 수량을 자랑한다. 사막과 다름없었던 자신들의 땅과 비교해 봤을 때 분명 이 스페인 강들은 그들에게 경이로움의 대상이었을 것이다. 그래서 이 반도를 '이베리아'라고 불렀다. '강들의 대지'라는 뜻이다. 이 대지는 동쪽으로는 지중해를, 서쪽으로는 대서양을 두고 있기 때문에 자연스레 수많은 이주민들과 상인들의 행로가 되었다.

이후 영국과 프랑스를 거쳐 켈트족이 반도로의 이주 물결을 이루었다. 켈트족은 반도 서북쪽, 스페인에서 물이 많아 산수가 수려하고 습한 지역인 갈리시아와 포르투갈에 정착했다. 이들은 거만한 목동들이었다고 전해지는데 간섭을 싫어했고 돈에 초연하였다고 하며 예술적 자질이 있었다고 한다. 철을 다룰 줄 아는 민족이었던 만큼 용병술에도 뛰어났다고 한다.

반면 이베로족은 온순한 기질의 농부이거나 순한 목동이었으며 외지의 사람들과 그들의 풍습에 아주 호의적이었다는데, 이 두 민족이 합쳐져서 지금 스페인 사람들 기질의 바탕을 이루고 있는 듯하다.

식민지를 건설했던 민족들

이후 스페인에는 많은 민족들이 왔다 갔다. 스페인의 광물이 탐났던 페니키아인들은 오늘날의 카디스 시를 스페인 해안가에 세워 자신들의 배의 닻을 순은으로 만들어서 돌아갔다. 반면 그들은 생선을 소금에 절이는 방법과 알파벳과 음악을 스페인에 놓고 갔다. 그리스인들도 탐욕에 있어서는 페니키아인들에 뒤지지 않았다. 그들은 태풍에 휩쓸려 우연히 스페인 해안가에 닿게 되었는데, 자기들 나라로 어느 민족보다도 더 많은 광물을 가져갔다고 한다. 기원전 7세기에는 그리스가 스페인에 식민도시를 세웠는데 지금의 헤로나와 말라가가 바로 그것이다. 물론 이들이 스페인에 내린 문화적 뿌리는 나름대로 깊고 넓게 퍼져 있다. 올리브나 포도를 전해 주었고 소에 대한 열정도 이들이 일깨웠으며 예술 면에서도 상당한 영향을 주었다.

당시 소돔과 고모라에 어울리는 도시가 카디스였다고 하는데 이곳에는 페니키아인, 그리스인, 켈트 이베로족, 이렇게 세 민족이 함께 섞여 살며 지상의 모든 열락을 누린 것으로 기록되어 있다. 물질적 풍요와 매혹적인 춤꾼들과 노랫소리가 떠날 줄을 몰랐다고 역사가들은 적고 있으며 성경에서 나오는 요나가 도피처이자 천국이라고 여겼던 다시스가 바로 그 옆에 자리 잡고 있었다고 한다. 스페인 시인 하신토 베르나게르의 깊은 정감과 기품을 담은 종교적인 서사시의 소재이자 스페인 근대 민족악파의 한 사람인 마누엘 파야가 장대한 서사적 칸타타로 곡을 붙여 노래했던 전설의 섬 아틀란티스도 카디스 옆에 있었다고 전해지고 있다.

그렇게 멋진 곳을 그 당시 힘을 뽐내던 부족들이 가만히 둘 리가 만무하다. 서 지중해의 지배권을 장악하기 위해 싸우고 있던 페니키아의 후손 카르타고와 로마는 세 차례에 걸친 포에니 전쟁을 일으켰다. 전쟁이 영웅을 만드는 건 지금이나 예나 마찬가지로 한니발과 스키피오라는 두 영웅을 여기서 만나게 된다. 시칠리아에서 로마에 패해 쫓겨난 카르타고인들은 아프리카 북부 지역에서 로마인들에게 복수할 준비를 단단히 하고 있었다. 지도를 보면 카르타고인들의 카르타고와 시칠리아는 지척 간이다. 그러나 카르타고인들은 시칠리아로 공격하지 않고 이베리아 반도를 동쪽으로 관통해서 피레네 산맥을 넘어 알프스를 지나 로마로 내려갔다. 이 과정에서 그들은 이베리아 반도의 원주민들을 자신들의 군대에 강제로 편입시키고 그들을 광산에서 노예처럼 부려 자신들의 전쟁 물자를 조달했다. 이렇게 막강해진 한니발의 코끼리 부대는 자기들보다 훨씬 우세한 로마의 군대를 이겼다. 하지만 13년 동안 진정한 의미의 완벽한 승리는 단 한 번도 거두지 못한 채 이탈리아 반도를 종횡무진하다 결국 기원전 204년에 로마에게 패하고 말았다. 로마군은 다시 이베리아 반도의 카르타고인들과 싸워야 했는데 이때 역사서에 나오는 스키피오 장군의 이름이 빛을 발했다. 스키피오 장군은 너무나 커 버린 자기를 로마 시민들이 두려워한다는 사실을 알고 스스로 유배의 길을 떠났다. 로마를 위해 목숨을 건 피비린내 나는 싸움에서 승리를 거둔 뒤 자기 민족에게 자유와 영광을 남긴 채 미련을 버리고 스스로 망명의 길에 오른 그를 두고 스페인 철학자 세네카는 루실리오에게 보내는 서간문에서 다음과 같이 적고 있다.

> 난 지금 스키피오가 옛날에 거처했던 시골집에서 쉬면서 그의 영혼을 기린 다음 자네에게 이 편지를 쓰고 있네. […] 그는 절제와 의무가 무엇인지를 너무나 훌륭히 보여 준 자일세. 난 이 점을 그가 자신의 조국을 지키고 있었을 때보다 자신의 조국을 떠난 후에 더 잘 보여 주었다고 절실히 느낀다네. 그는 갈림길에 서 있었지. 스키피오가 로마에 남을 것인가, 아니면 로마가 자유로워질 것인가. 그는 말했네. "난 로마의 모든 시민들이 똑같이 동등한 권리를 가지고 있다

> 고 믿기 때문에 우리의 법이나 관습들 어느 하나 사소한 것이라도 침해하지 않으려는 게 나의 바람이오. 아! 나의 조국이여, 내가 했던 일에서 최상의 것을 취해 다오. 그러나 내가 없이 말이다. 내가 너의 해방의 원인이었다면 나는 또한 이 해방의 증표가 될 것이다. 난 유배의 길로 떠난다. 내가 내 조국에 어울리는 것 이상으로 커 버렸다는 것이 사실이라면 말이다." 나라에게 부담을 주지 않기 위해 유배의 길을 택한 그의 관대함을 어찌 내가 존경하며 찬미하지 않겠는가. 난 그 집을 샅샅이 살펴보았네. '카르타고의 공포' 가 이 시골 조그마한 욕조에서 피곤한 몸을 쉬었고 이 더러운 지붕 밑에 서 있었으며 이 지저분한 바닥이 그의 체중을 지탱하고 있었다는 것을.

로마인 이야기

카르타고인을 몰아내기 위하여 이베리아 반도로 들어왔던 로마인은 프랑스를 수중에 넣고 스페인을 탐내기 시작했다. 온순하고 평화를 사랑했던 이베리아 반도의 원주민들은 자신들의 삶의 터전을 약탈하려는 자들에게는 격렬하게 대항했다. 스페인 내륙은 덥고 건조하기 때문에 물이 적고 말들이 쉴 나무 그늘조차도 없다. 이런 기후 조건에 익숙해 있던 이베리아인들은 장장 2백 년이란 긴 시간을 절망적으로 싸우면서 버텨 낼 수 있었다. 로마가 프랑스를 정복하는 데 7년밖에 걸리지 않은 것에 비하면 실로 엄청난 시간이다. 이베리아 원주민들이 로마인에 맞서 얼마나 끈질기게 저항했는지 단적으로 보여 주는 예가 로마의 누만시아 공략이다. 4천 명의 시민은 6만 명의 로마 군대에 대항하여 수년에 걸쳐 싸우면서 항복을 거부했다. 물자 전달 통로가 모두 막혀 결국 기근으로 패배하긴 했지만 자신들의 집을 모두 불태우고 그 불 속으로 몸을 던짐으로써 정신적으로는 결코 항복할 수 없음을 보여 주었다. 로마 장군은 이러한 광경을 목도하고 도시 전체를 불살랐다. 그 결과 지금은 그 도시가 소리아 근처에 위치했다는 기록만 남아 있으나 이러한 투항은 훗날 침략자들에 맞서 자신의 조국을 지키기 위해 싸우는 스페인인들에게 상징적인 가치로 영속되었다. 그런데 불행하게도 이러한 이베리아 원주민들의 애국심은 자신들의 담장을 넘지 못했다. 다른 도시들과의 결집력 부재는 비록 처음에는 로마가 반도를 쉽게 정복하지 못하는 데 도움이 되었지만 이베리아 원주민들의 속성을 파악한 로마인들은 바로 그점을 승리를 위한 전략으로 이용했다. 막강한 군대를 가진 로마 군대가 고립된 부족들을 하나하나 점령해 나가는 일은 식은 죽 먹기보다 쉬웠을 것이다. 결국 로마는 서기 19년에 스페인을 수중에 넣었다.

로마의 지배가 시작된 이후 카이사르가 통치를 하게 되면서 라틴어가 이베리아 반도로 들어왔다. 언어를 통한 통합정책이었다. 말이 통하자 그 다음에는 법과 관습이 재빨리 밀려들었다. 민족 말살 정책에서 한 민족의 언어가 왜, 얼마나 중요한지를 보여 주는 단적인 예다. 로마인들은 이베리아 반도에 '아득히 멀고 숨겨진 곳' 이라는 의미의 '이스파니아(Hispania)' 란 이름을 붙여 주었다. 이곳에서 로마인들은 이전 카르타고인들처럼 광맥 찾기에 주력했다. 목축과 풍부한 농산물, 특히 과일과 채소가 풍족한 스페인은 로마의 가장 번영한 식민지 중의 하나로, 로마 제국이 가장 많은 것을 가지고 갈 수 있는 곳이 되었다. 네로 황제가 통치하던 1세기에 로마에 들어온 기독교에 로마가 저항하면서 스페인에 수십 명의 순교자가 발생하기도 했지만 로마의 문명은 이베리아 반도에 급속하고도 강하게 퍼져 나갔다. 철학과 문학 분야에서 이 시기는 스페인의 황금기를 이루었다. 스페인인들의 기질 형성에 상당한 영향을 끼친 금욕주의 스토아 철학의 세네카와 시인이자 역사가인 루카누스, 시인인 마르티알리스, 수사학자 퀸틸리아누스 등이 모두 스페인 땅에서 태어났다.

게르만인 이야기

이 세상에 영원한 것은 없는가 보다. 그 막강하던 로마도 알프스산을 넘어온 게르만족 무리들의 약탈로 황폐하게 변해 갔다. 수에보족, 반달족, 알라노족 들은 피레네 산맥을 넘어 스페인을 공략했다. 그 당시 스페인에는 대지주들이 소유하던 군대만 있었기 때문에 그들은 용병술에 뛰어난 게르만족에게는 상대가 되지 못했다. 이들이 지나간 곳은 모두 폐허가 될 정도로 그들은 잔인한 야만인이었다.

415년에 스페인을 수중에 넣은 그들은 서로 동맹을 맺고 권력을 나눠 가졌지만 프랑스에서 스페인으로 들어온 서고트족이 왕국을 세울 때까지만 스페인에 존재할 수 있었다. 야만인이란 문명이나 문화가 없음을 의미하기도 한다. 하지만 게르만족은 로마의 용병으로 봉사했던 전력이 있어서 자신들이 로마화되는 데 어떠한 반감도 갖지 않았다. 군사적으로는 무소불위의 힘을 행사했지만 로마의 문화와 정치, 행정 및 법과 종교, 그리고 라틴어까지 받아들였다. 서고트족은 단지 20만 명이었지만, 스페인 서북쪽 지역인 갈리시아에 왕국을 이루고 있던 수에보족을 복속시키고 북쪽의 바스크인들도 지배함으로써 명실상부하게 로마로부터 독립한 하나의 국가라는 개념을 스페인 땅에 세웠다. 자신들의 종교였던 아리아교는 레카가레도 왕이 왕으로는 처음으로 기독교로 개종함으로써 잊히고 말았다. 레카가레도 왕의 개종은 야만인들에 대한 스페인-로마 문화의 승리이며 교회와 국가 간 제휴의 시작을 의미한다. 스페인 역사에 끊임없이 작용했던 정-교 관계의 출발이다.

이렇게 정착한 서고트족은 라틴어로 말하고 로마의 법으로 행정을 하면서 새로운 로마인이 되고자 했지만 선거로 왕을 뽑는 원칙은 절대로 포기하려 하지 않았다. 그들에게는 자신들의 왕을 자신들이 직접 뽑는 것이 큰 자랑이었다. 그러므로 누구나 능력만 있으면 왕으로 선출될 수 있었는데, 문제는 누구나 다 자기가 왕이 될 자격이 있다고 생각했다는 데 있다. 3백 년 동안 30명의 왕이 나왔고 그들 중 대부분이 피비린내 나는 권력싸움에서 잔인하게 죽임을 당함으로써 제명을 다하지 못했다.

유대인 이야기

권력욕은 예나 지금이나 다를 바 없을 것이다. 왕이 되고자 하는 자는 늘 있었으므로 왕을 위협하는 음모 또한 언제나 있을 수밖에 없었다. 그런데 역사를 살펴보면 음모와 배반의 이면에는 항상 희생양이 있기 마련이다. 스페인에서의 희생양은 유대인이었다. 유대인은 하드리아누스 황제가 집정하던 때인 117-138년 사이에 스페인으로 들어왔다. 로마가 지배할 당시 유대인들은 전적으로 자유로웠으며 근면하고 영리한 민족으로 평가받기까지 했다. 서고트족이 통치할 때에도 그들은 자유를 누렸다. 그러나 612년 시세부토 왕이 선출되고 난 후 처음으로 스페인에 반유대인 칙령이 내려졌다. 기독교도로 세례받지 않으면 스페인을 떠나야 했기 때문에 많은 유대인들은 개종을 했으며 개종을 하지 않고 스페인에 남아 있던 유대인들은 고문을 당하거나 전 재산을 몰수당한 뒤 뿔뿔이 흩어지고 말았다. 693년에는 개종하지 않은 유대인들의 시장 출입을 막았으며 기독교인들과의 상거래도 금지했다. 무어인들이 스페인에 들어왔을 때 유대인들이 이들과 제휴한 이유를 충분히 이해할 수 있을 것이다.

아랍인 이야기

서고트족 왕국의 멸망은 예정되었던 일이라고 할 수 있다. 권력에 눈이 어두워 암투를 벌이고 무고한 민족에 대한 박해를 일삼으면서 멸망의 불씨를 키워 왔던 것이다. 702년, 위티사 왕이 권좌에 오르면서 선거로 왕을 선출하는 방식을 없애고 자신의 아들 아킬라에게 왕위를 넘겨주려 했다. 귀족들이 이러한 결정에 반기를 들자 왕은 벌로써 응징했다. 하지만 710년에 위티사 왕이 죽자 남쪽 서고트족이 로드리고 공작을 왕으로 추대했다. 북쪽 지역에 있던 아킬라는 로드리고가 왕위를 찬탈했다고 생각하여 아프리카 북쪽의 무어인들에게 도움을 청했다. 마호메트를 모시며 새로운 종교에 열광하고 있던 탕헤르의 수장 타릭은 그 부름에 신이 나서 응했다. 그는 1만 2천 명의 아프리카 북부 지역의 무어인인 베르베르족을 이끌고 지브롤터 해협을 건너 스페인으로 들어왔다. 수적으로 열세였던 로드리고 왕의 군대는 구아달레테 전투에서 패하고 왕은 익사했다. 이로써 왕은 사라졌고 도와주기 위해 왔던 타릭은 서고트족이 얼마나 분열되어 있는지를 알고 나서 자기의 두 가지 야망을 이루려 했다. 타릭은 자신의 종교를 스페인 땅에 전파하고 톨레도에 있는 솔로몬 왕의 보물을 수중에 넣고 싶었다. 그는 아무런 저항도 받지 않은 채 스페인을 손쉽게 정복했다. 스페인에서의 무어인의 역사는 이렇게 714년부터 기록된다. 권력에 대한 빗나간 욕심과 내분은 결국 나라를 망하게 하는 지름길임을 역사적 사건은 재확인시켜 주고 있다.

무어인들의 침략으로, 서고트족이 스페인 땅에서 이루어 놓았던 성과들은 무너지고 말았다. 종교는 물론 언어도 바뀌었다. 무어인들은 정치적으로나 종교적으로 다마스커스 왕이 지배하는 아랍에 속해 있었지만 스페인에서는 반란과 신흥 소왕국들 간의 싸움이 잦았다. 지금처럼 그 당시에도 무어인들 간에 차이가 있었다. 아랍 본토에서 도망 와서 스페인에 아랍 독립 왕국을 세운 무어인들과 이슬람교로 개종하고 스페인에 들어온 아프리카 북부족인, 마우리다니 출신의 베르베르족의 무어인이 있었다. 베르베르족은 아랍 귀족들로부터 제2급 시민으로 취급되어 한 세대 살더니 아랍 귀족들에게 대항하여 반란을 일으켰다. 이들이 이렇게 내분을 일으키고 있을 동안 무어인들에게 밀려 스페인 북쪽으로 도망갔던 서고트족 귀족들은 다시 모여 펠라요를 우두머리로 해서 무어인들에 맞서 싸울 준비를 했다. 이들은 722년 코바동가 전투에서 첫 승리를 거두었다. 이것이 스페인 '국토회복전쟁'의 시작이다. 펠라요와 그의 아들 페드로는 기독교 왕국을 북쪽 지역에 세우게 되는데 이를 기점으로 하여 739년에서 757년까지 펠라요의 손자이자 페드로의 아들인 알폰소 1세의 왕국이 갈리시아에서 칸타브리아에 걸쳐 건립되었다. 알폰소 2세는 오비에도를 수도로 하여 서고트족의 왕국을 다시 일으켜 세우고자 했다. 한편 무어인들은 피레네 산맥 너머까지 정복하려는 야욕을 가졌으나 프랑스에게 대패한 뒤 남쪽에 머무는 것으로 만족해야 했다.

반면 오메야 왕족의 왕자인 아브드 알 라흐만 1세는 아랍 본토의 다마스커스와는 별개의 독립 왕국을 코르도바에 세웠다. 스페인 땅에 '알 안달루스'라는 아랍 왕국이 새로이 탄생된 것이다.

유대인들의 운명

무어인들의 스페인 지배 역사에서, 특히 그 당시 문화 부흥기에 있어서 유대인들은 매우 중요한 위치를 차지한다. 서고트족에게서 박해를 받았던 유대인들에게 코르도바 왕국 시대는 짧은 전성기였다. 그곳의 탈무드 학교는 유럽 전역에 있는 유대인 사상가들을 불러 모았다.

그리고 이 당시 기독교 왕국에서의 그들에 대한 대우 또한 대단하였다. 행정관으로서 능력을 인정받아 왕의 신임을 샀기 때문에 왕실 금고를 맡아 관리했으며 궁전의 의사로도 일했다. 특히 13세기의 카스티야 왕인 현왕 알폰소 10세가 톨레도에 세운 번역학교에서 《성경》이나 《탈무드》, 《카발라》, 《코란》뿐만 아니라 동방의 주요한 저서들을 번역하는 일을 했다. 다시 말해 유럽 지식의 보고를 이루는 데 중요한 몫을 담당했다. 따라서 왕이나 귀족들의 보호를 받을 수 있었고 상인으로나 밀사, 대사로 활동하였다. 무어인들이나 기독교도들은 유대인들에게 재정을 관리하게 할 정도로 자기 민족보다 그들을 더 신임했다. 왕의 재정관도 유대인이었다. 이들은 정직하다는 평을 받았고 그로 인해 세금 징수원으로 고용되기도 했는데 이는 납세자인 서민들의 증오를 사기에 알맞은 일이었다. 그러나 그보다 먼저 이슬람교로 개종한 광신도들인 알모라비데스족과 알모아데스족이 아프리카 북쪽에서 스페인으로 들어오면서 유대인들은 기독교인들의 지역으로 추방되거나 죽임을 당했다.

십자군 전쟁의 파고가 스페인에도 일었으며 두려움과 증오가 전 유럽을 휩쓸었다. 페스트로 인하여 수백 명의 기독교 신자들이 죽자 그 잘못을 모두 유대인들에게 돌렸다. 기독교 수사들이 반유대주의를 설교함으로써 유대인 거주 지역은 불태워지고 유대인들은 살해되었다. 유대인들은 철저히 배척당했으며 자기가 하고 있던 일을 계속하기 위해서는 기독교로 개종하지 않으면 안 되었다. 14세기에는 유대인들의 경제, 사법권을 박탈해 버렸다. 이 이야기는 '종교 재판의 주역들' 부분에서 다시 만나게 될 것이다.

국토회복전쟁의 주인공들

여기까지 읽으면서 다음과 같은 의문을 품게 된 독자들도 있을 것이다. 스페인 땅에 무어인과 기독교도들이 함께 공존했다는 것인지, 코바동가 전투 이후 북쪽에서 왕국을 세운 기독교도들이 무어인들에 대항하는 전쟁은 더 이상 하지 않았는지 하는 것 들이다. 스페인 기독교도들의 자기 땅 찾기를 국토를 다시 정복한다는 뜻으로 '국토회복전쟁'이라 부른다. 이 전쟁은 750년 이상 걸렸는데 이 기간 동안 싸움만 있었던 것은 아니다. 공존과 화합의 시대도 있었다. 당시 스페인의 영웅, 정복자 엘 시드의 인생 역정을 보면 그것을 잘 알 수 있다. 기독교도 알폰소 6세가 엘시드의 전 재산을 몰수하고 쫓아내자 엘시드는 무어인 왕 밑에서 봉사하기도 했다. 기독교도들은 그를 시기하고 그의 딸들을 우롱했지만 무어인 친구는 상처 입은 그와 그의 가족을 보듬어 주었다. 그러나 전쟁은 전쟁이다. 국토회복전쟁은 침략자에 대항한 땅 찾기 싸움이기도 하고 이슬람교에 대항하여 기독교를 지키기 위한 종교 싸움이기도 하다. 9세기 중엽 기독교도들은 무어인들의 내부 분열을 이용하여 남쪽으로 내려가기 시작했다. 그러면서 무어인들의 반격에 대비하여 성곽을 쌓아 나갔다. 이들이 아스투리아스인들이다. 이들은 서고트족의 전통과 힘을 물려받았으며 무어인들의 침략으로부터 스페인을 지켜야 할 책임자들이라 자인했다. 현재 스페인 왕세자의 칭호가 '아스투리아스의 왕세자'가 된 것도 바로 여기서 연유한다. 무어인들은 밖으로 관심을 돌려 자신들 내부의 문제를 봉합하려 했다. 976년부터는 기독교 스페인 소왕국들인 아스투리아스와 레온, 나바라, 아라곤과 카탈루냐를 해마다 침략하여 행패를 부리고 노략질을 해 댔다. 985년에는 바르셀로나를 불살랐고, 주민들은 죽임을 당하든지 노예가 되었다. 3년 뒤에는 부르고스와 레온을 약탈했다. 스페인인들이 가장 숭앙하는 성지들 중의 하나인, 성자 야고보의 무덤이 있는 산티아고 데 콤포스텔라의 대성당도 파괴했다. 무어인들은 부서진 대성당의 문과 종을 스페인 노예들을 시켜 코르도바로 나르게 했고 이것을 이슬람 사원의 천장과 등을 만드는 데 사용했다. 이때 모로코가 스페인 내 아랍 왕국인 알 안달루스에 편입되었다.

1002년에 기독교 왕국들은 반격에 나서 1031년에 코르도바가 스페인 기독교도들의 수중에 떨어지면서 알 안달루스의 영광은 종말을 고하게 된다.

국토회복전쟁은 무어인과 기독교도들 간의 싸움만은 아니다. 여러 개로 나눠진 소왕국들에서 볼 수 있듯이 기독교도들 간에도 싸움이 있었고 무어인들 간에도 전쟁이 있었다. 코르도바 왕국의 멸망으로 무어인들은 여러 소왕국으로 분열되었고 종국에 가서는 스페인에서 완전히 축출되었다. 스페인인들은 무어 왕국의 분열을 이용하여 서고트족 지배 당시의 수도였던 톨레도를 1085년에 재정복할 수 있었다. 무어인들에게는 엄청난 손실이었으나 이로써 스페인이 남쪽으로 국경을 확장할 수 있는 기반이 마련되었다.

한편 기독교 소왕국들 중의 하나인 아라곤 왕국은 사라고사를 정복하고 카탈루냐 왕국은 레리다와 타라고나를 정복했다. 아라곤 왕의 딸이 바르셀로나 백작 라몬 베렌게르와 결혼함으로써 카탈루냐와 아라곤은 1151년 하나의 왕국이 되었다.

물론 무어인들의 저항은 만만치 않았다. 기독교 왕국들의 공격에 맞서기 위하여 모로코에 도움을 청했고 이에 서아프리카 사하라 지역에 살던, 이슬람교로 개종한 알모라비데스족이 달려왔다. 이베리아 반도로 들어온 이들은 빼앗겼던 영토를 회복하면서 50년을 스페인에서 살았지만 12세기 중엽 다시 기독교도들에게 밀려 안달루시아의 상당 부분을 잃었다. 그러자 알모라비데스족보다 덜 문명화된 아프리카 북부 알모아데스족이 그들의 본거지인 모로코의 산악 지대를 버리고 1195년에 스페인을 공격해 왔다. 그들이 그곳에 살던 기독교도들과 유대인들을 내쫓자 이에 맞서 교황 인노켄티우스 3세가 십자군을 소집하였고 이에 따라 유럽 전역의 기독교 왕국에서 기사들을 보내 왔다. 1212년의 나바스 데 톨로사 전투는 안달루시아 북쪽 경계선에서 기독교 왕국들이 정복을 재개할 수 있는 길을 열어 주었다. 발레아레스 군도와 발렌시아를 정복한 정복자 하이메 1세에 이어 성자 페르난도 3세는 카스티야와 레온을 하나의 왕국으로 묶었으며 코르도바와 하엔과 세비야를 차례로 수중에 넣었다. 정복하는 데는 한 해 하고도 보름이 걸린 세비야에는 이슬람 사원의 탑이었지만 지금은 히랄다라는 이름으로 불리는 탑이 이 역사적 사건의 증인으로 서 있다. 기독교도들은 그 도시를 유유히 관통하며 흐르는 구아달키비르 강을 배로 봉쇄하여 물자 수송을 막고 집과 과수원과 포도밭을 불살랐다. 초토화된 이슬람 사원은 전쟁이 문명 파괴의 원흉임을 여실히 보여 주는 예다. 폐허가 된 세비야에는 히랄다 탑만이 외로이 서 있을 뿐이었다. 지금은 그 탑이 서 있는 자리 옆에 웅장하고도 화려한 가톨릭 대성당이 관광객을 부르고 있다. 이러한 전쟁을 기독교 쪽에서는 성전이라고 했다. 이 전투로 스페인에서의 무어인들의 힘은 극도로 약화되어 13세기 말에는 단지 그라나다와 말라가, 그리고 카디스와 알메리아만이 무어인의 수중에 남게 되었다.

스페인에 있던 무어인들은 무어인들의 최후의 왕국 그라나다로 모두 숨어들었다. 마지막으로 남은 이 무어 왕국을 정복하기는 식은 죽 먹기보다 쉬운 일이었겠지만 기독교 왕국 내 왕과 귀족 간의 피비린내 나는 권력 다툼으로 인해 150년이란 세월을 흘려 보내야만 했다. 잔인한 왕이라는 별명을 가진 페드로 1세는 유대인들의 도움을 받으며 1350년에서 1369년까지 지배하면서 아내와 형제, 친척과 친구까지 죽이는 피의 정책을 펼쳤다. 결국 귀족들이 왕권에 대항하는 내전이 일어났고 페드로 1세는 자신의 이복동생이자 귀족들의 도움을 얻은 엔리케 데 트라스타마라에게 목숨을 잃었다. 이후 트라스타마라 가문이 카스티야를 다스리게 되면서 왕의 편이었던 유대인들에 대한 모진 박해가 시작되었고 배반과 음모의 불안한 정치는 이후에도 계속되었다.

15세기 초에 이르러서야 아라곤과 카탈루냐, 그리고 발렌시아 왕국들은 카스티야의 왕자 돈 페르난도를 왕으로 선출했고 그의 두 아들 알폰소 5세와 후안 2세가 그 뒤를 이었으며 후안 2세의 아들 페르난도 2세가 그 다음을 이었다. 이 페르난도 2세가 카스티야의 이사벨 여왕과 1469년 혼인함으로써 카스티야와 아라곤은 하나의 왕관 아래 합치게 된다. 하나의 왕국이 아니라 하나의 왕관이다. 이 말은 각각의 정부가 독립적으로 존재하며 후계자 또한 각각의 왕위를 물려받도록 했음을 뜻한다. 이들을 '가톨릭 왕들'이라 부른다

종교 재판의 주역들

인간이 인간에게 해서는 안 될 일들이 많지만 가장 모순적인 범죄는 종교라는 이름으로 같은 인간을 증오하고 죽이는 일인 것 같다. 이슬람교나 가톨릭교, 기독교의 뿌리는 모두 유대교이며 이 모든 종교의 기본은 사랑이다. 세 종교 모두 오직 하나의 신을 믿으며

그 신의 지상 절대 명령은 사랑의 실천이다. 신이 인간에게 이 땅에서의 삶을 허락하신 이유가 '사랑' 때문인데 못난 인간들은 그 신의 이름으로 인간들에 대한 증오와 미움과 복수만을 키우고 있는 것이다. 이렇게 자신들의 이기심과 편견을 신앙이라는 이름으로 포장한 사건이 종교재판이다. 페르난도 왕과 이사벨 여왕, 즉 '가톨릭 왕들'은 정치 전략으로서 이와 같은 일을 저질렀다. 소왕국으로 분열된 영토들을 하나로 합치고 자신들이 중심이 되어 통치를 해 나가기 위해서는 지금까지 스페인 땅을 밟은 여러 민족들을 하나의 종교로 묶는 일이 시급했다. 그래서 이들은 1478년에 교황 식스투스 4세로부터 종교재판소 설치를 허가받아 국민들이 순수한 기독교도인지 또는 개종한 유대인과 무어인들이 진정으로 기독교도가 되었는지를 감시하고 판단하는 기구로 이용했다. 그런데 그 판단 방법이 참으로 비인간적이고 공정하지 못하였다. 스페인 종교 재판은 고발과 밀고를 받아들였다. 피고는 변호인은 물론, 자신에게 씌워진 죄를 변론할 기회조차 갖지 못했다. 그저 고문으로 고백만을 강요당할 뿐이었다. 이러한 체제하에서 수천 명의 유대인들이 참수형이나 교수형, 또는 화형에 처해졌다. 스페인의 두뇌를 이루고 있던 또 다른 수천 명의 유대인들은 자신의 터전을 버리고 떠나야만 했다. 단지 확실하게 개종했다고 생각되는 유대인들만이 스페인에 머물 수 있었는데, 이들 대부분은 바로 정부 요직이나 교회에서 중요한 자리를 차지하고 있던 유대인들이었다. 1483년에는 유대인들에게 안달루시아와 사라고사를 떠나라는 명령이 내려졌다.

그때까지도 무어인들은 자기들의 왕국을 갖고 살고 있었다. '가톨릭 왕들'이 이를 그냥 둘 리가 없었다. 그라나다 공략이 시작된 지 11년이 지난 1492년 1월 2일, 최후의 무어인 보압딜 왕은 항복하고 그라나다의 열쇠를 이사벨과 페르난도 왕에게 넘겨주었다. 그런데 이 전쟁에 소모된 비용을 유대인에게서 빌렸다는 사실이 아이러니하지 않은가. 돈을 댄 유대인은 가톨릭 왕들에게 추방만은 말아 달라고 간청했지만 결국 그 역시 스페인 땅에서 쫓겨나고 말았다.

그라나다를 정복한 지 두 달 뒤 '가톨릭 왕들'은 개종한 유대인 가문의 자식이자 첫 번째 종교 재판 총괄자인 토마스 데 토르케마다의 충고를 받아들여 개종하지 않은 유대인들을 모두 스페인 땅에서 떠나도록 했다. 스페인 국민들은 이 명령에 크게 기뻐했다. 정치가들의 책략으로 유대인들에 대한 국민들의 증오가 커져 있었기 때문이다. 스페인 왕이나 귀족들은 재정이 어려울 때마다 유대인들에게 돈을 빌렸고 그 대신 유대인들에게 국민들로부터 직접 세금을 거둘 수 있는 권리를 부여했다. 쫓겨 다니는 민족이다 보니 동산에 연연할 수밖에 없고 또 간접적으로 부자가 되기를 권고하는《탈무드》를 정신, 문화의 원천으로 받드는 유대인들은 왕에게 빌려 준 돈의 이자를 챙겨야 했기 때문에 서민들의 세 부담은 커질 수밖에 없었다. 그러므로 유대인들이 누렸던 부나 권력이 국민들 눈에 곱게 보일 리 없었을 것이다. 더군다나 부자가 천국에 가는 것은 낙타가 바늘구멍에 들어가는 것만큼 어렵다고 가르치는《성서》의 내용을 생활신조로 하던 기독교도들 사이에서는 금전 거래에 이자라는 건 없었다.

인간은 증세의 정도만 다를 뿐 누구나 편집증 환자인 것 같다. 힘없는 자는 힘 있는 자를 공격하지 못한다. 자기보다 더 힘없는 자를 짓밟을 뿐이다. 20세기 스페인 지성 오르테가는 군중은 당나귀처럼 분별없이 발길질을 해 댄다고 했다. 유대인 추방령이 떨어진 후 유대인 거주지와 집들에는 불길이 잦아들 날이 없었다. 유대인들의 집 창문은 축제 때 터지는 폭죽처럼 돌에 맞아 터졌다. 길 가던 유대인의 얼굴은 기독교도들이 뱉은 침과 돌에 맞은 상처에서 흘러내린 피로 범벅이 되었다. 물론 이 당시에도 유대인들은 복장에다 유대인 표시를 하고 다녀야 했다. 스페인에서 정치적으로, 또는 상업적, 행정적, 재정적으로 유대인이 어느 때보다 절실하게 필요했던 시점에 오히려 17만 명의 유대인을 추방한 것은 두고두고 후회할 일이었음을 역사가 증거하고 있다. 지금의 인구로 보면 17만 명이라는 인구는 저잣거리 말로 새발의 피다. 하지만 당시 백만 단위로 세어지던 머릿수에서 그 정도의 유대인들이 빠져나갔다는 것은 스페인의 브레인이 모두 빠져나간 것과 마찬가지였다. 그나마 남아 있던 유대인들은 조상이 유대인이었다는 사실이 발각될까 봐, 또는 혹시 의심이라도 받을까 봐 가슴을 졸이며, 유대인이 담당했던 분야에서 완전히 손을 뗐다. 이리하여 스페인 땅에는 농사나 지으면서 순수 기독교인임을 최고의 자랑거리로 삼는 사람들, 그리고 유대인들이 하던 일을 경시하고, 똑똑하면 유대인으로 오해받을까 봐 오히려 무식을 드러내는 사람들만이 남게 되었다. 스페인을 떠나지 않은 개종한 유대인은 30만 명이었다. 그들은 새로운 믿음을 증명해 보여야 했기 때문에 개종한 무고한 유대인들을 고발하기에 이른다. 하지만 이 모든 것에도 불구하고 스페인 문화의 황금세기는 이들이 없었으면 불가능했을 것이다.

스페인계 유대인 세파르디

기독교로 개종하기를 거부했던 유대인들은 지금으로부터 약 1천8백 년 전에 스페인에 들어온 것처럼, 또다시 그 세월만큼 닦아 놓은 삶의 터전을 버리고 아프리카 북쪽이나 그리스, 터키, 팔레스타인, 이집트로 뿔뿔이 흩어졌다. 지금 이들의 후손을 세파르디, 즉 스페인계 유대인이라고 한다. 이들은 아직도 스페인어 '라디노'를 사용하며 스페인에서 살았던 조상들의 문화를 간직하고 있다. 이들은 유대인 공동체 속에서 어릴 때부터 《탈무드》로 교육받은 유대인은 아니다. 그렇다고 스페인인도 아니다. 아무도 기억하지 않던 이들 존재를 세상에 알린 사람은 자유주의 사상가 풀리도였다. 그가 1905년에 발표한 책 《조국이 없는 스페인인들과 스페인계 유대 민족》은 스페인과 스페인계 유대 민족을 다시 합쳐 보자는 운동의 도화선이 되었다. 1992년은 '가톨릭 왕들'이 단일 민족의 꿈을 갖고 스페인 땅에서 유대교를 뿌리 뽑아 버린 지 5백 년이 되는 해였다. 스페인에는 스페인 정부가 수여하는, 노벨상 격인 '아스투리아스 왕세자 상'이 있다. 1990년에 세계에 흩어져 있는 스페인계 유대인 공동체에 화합의 의미로 이 상이 수여되었다. 수여식 때 왕세자가 행한 연설문을 이 자리에서 되새겨 본다.

> 가슴에 사무치는 위대한 스페인 가족들인 그들은 5백 년 전 손에 집 열쇠를 쥐고 이베리아 반도를 떠났습니다. 자신의 땅으로부터 멀리 떨어진 곳에서 스페인계 유대인이 되어 여정의 스페인인으로 살아왔습니다. 그들은 우리와 똑같은 열정으로 그들 조상의 문화유산과 언어유산을 간직했습니다. 5세기가 지난 지금, 이 상으로 이제 시작된 화합의 문을 열기를 바랍니다. 그들의 옛 조국의 문을 영원히 열어 주면서 그들이 자신들의 뿌리와 재회하러 오기를 초대합니다.

우리 한민족 역시 이들보다 비록 짧기는 하지만 과거 불행했던 역사로 인해 세계 175개국에 흩어져 살고 있다. 이들은 스페인에서의 유대인들과 달리 우리와 피를 나눈 동포들이다. 멕시코에서, 중국에서, 러시아에서 아직도 이 나라들의 소수 민족 정책의 희생자로 그들은 가슴에 한을 품고 살아가고 있다. 이들의 평안하고 영구한 삶의 터전을 마련하는 정책이 확고하게 자리 잡기를 바랄 뿐이다.

3월 11일 마드리드 아토차 역 테러

스페인 땅을 떠나야 했던 이들은 유대인만이 아니었다. 개종하지 않은 이슬람교도들도 8백 년 동안 뿌리 내린 삶의 터전을 버리고 빈손으로 나가야 했다. 순수 기독교만을 고집하던, 종교의 통일은 스페인 땅에 실현되었다. 그러나 알 안달루스 제국의 무어인들이 꽃피웠던 화려했던 문화, 문명은 흔적으로 아직도 존재한다. 스페인인들이 그들로부터 오직 건축이나 예술품, 또는 언어나 스페인 지역 반을 차지하는 지명만을 물려받은 것은 아니다. 아직도 그들의 유산은 스페인 사회가 무어 민족이나 이슬람교와 관계될 때면 꾸준히 언급되면서 과거에 대한 인식과 현재의 삶 사이에 늘 간섭되어 나타나곤 한다.

2004년 2백여 명의 인명을 앗아 가고 1천5백 명의 부상자를 낸 스페인 마드리드 아토차 역 열차 테러 사건은 알카에다와 연결된 모로코인들에 의해 저질러진 비극이다. 이 말은 오늘날 스페인과 무어인 세계의 만남은 주로 모로코와의 관계에서 이루어지며 이 둘의 만남이 결코 아름답지 못함을 뜻한다. 모로코가 알 안달루스 왕국에 병합된 이후 스페인은 모로코의 식민지 군인들을 1934년에 일어난 스페인 아스투리아스 폭동 진압에 투입했고 1936년에서 1939년에 걸쳐 있었던 스페인 내전에도 불렀다. 1956년 스페인령이었던 모로코가 독립하고자 하는 과정에서, 그리고 스페인령이었던 사하라가 1975년에 식민지에서 벗어나려 할 때도 그들을 이용했다. 이후 1970년대 말부터 스페인 대도시로 이주해 오는 모로코 노동자들 문제와 특히 생선과 레몬 생산으로 인해 빚어지고 있는 최근의 상업 마찰 등이 이 둘 간의 만남을 결코 순탄지 못하게 하고 있다.

스페인인과 무어인과의 관계에 대한 연구는 '스페인의 아프리카주의'라는 이름으로 19세기 중엽부터 스페인 정부의 주도하에 시작되었다. 그리고 이후에 일어난 무어인들의 스페인으로의 이주가 종교의 자유가 인정되지 않았던 때에 이루어졌다는 점에서 역사의 모순이 또다시 나타나고 있다. 특히 모로코 군대의 힘을 얻어 내전에서 승리를 거둔 프랑코 장군은 코르도바에 있는 콜럼버스 정원에 무어인 기도소를 지어 주었으며 세비야에 내전에서 싸우다 죽은 그들의 묏자리를 쓸 수 있도록 허락했다. 프랑코는 무어인들에게 "무어 민족과의 전통적인 우정"이라며 재회를 옹호하는 연설을 하기도 했다. 아이러니한 것은 프랑코 정권이 가톨릭을 국교로 하여 다른 종교 의식을 공적으로 제한했음에

마드리드 아토차 역

도 불구하고 스페인과 이슬람 문화 연구를 위한 기관들이 프랑코 정권하에서 속속 만들어졌다는 점이다.

드디어 1967년에 종교에 대한 자유가 처음으로 입법화되었다. 물론 스페인은 여전히 가톨릭 국가였지만 이 법으로 모로코와 사우디아라비아계의 이슬람 공동체 조직들이 스페인에 만들어지면서 1971년에 첫 번째 현대식 모스크가 마드리드에 세워졌다. 프랑코가 죽은 후 종교의 자유는 새로운 궤도로 들어가 1980년 새로운 종교 자유법이 승인되고 명실 공히 이슬람교와 가톨릭교가 서로 조화를 이루며 공존하기 시작했다. 1990년에는 17개의 '스페인 내 이슬람 공동체 연맹'이 만들어지면서 이슬람교가 법적으로 인정받고 스페인에 다시 뿌리를 내리는 계기가 되었다. 그러한 공동체가 있는 곳에서는 이슬람교 기도소와 예배의식과 관련된 공간들이 안정적으로 그 수를 늘려 가고 있다. 물론 그 단체들 주관하에 이루어지는 교육의 교과과정에 이슬람 종교 교육도 포함시킬 수 있도록 스페인 정부는 허락했다. 아랍어는 그리스어, 히브리어 등과 함께 스페인 국립대학교의 선택 과목 중의 하나다. 현재 스페인 내 이슬람 조직은 갈수록 그 수가 늘어나 120여 개에 이르고 있으며 아무런 충돌 없이 서로의 종교를 존경하며 최대한 자유롭게 각자의 종교의식을 치르고 있다.

그런데 마드리드 열차 사건이 스페인에 거주하는 모로코인 테러범에 의해 일어났다는 사실은 무엇을 의미하는 것일까. 테러가 일어난 이유보다 테러의 주범들이 테러를 저지르기 위하여 스페인에 온 모로코인이 아니라 스페인인들과 함께 살아온 이민 세대라는 데 초점을 맞춰 보자. 왜 이들은 배낭에 폭탄을 짊어지고 가까운 이웃을 정신적, 육체적 공황 속으로 몰아 넣었을까.

종교적인 이유로 무어인들을 스페인에서 내쫓은 1492년 이후 다시 스페인 땅으로의 문은 열어 주었지만 그곳에 들어간 무어인들은 자신들만의 영역에 머물러 있었다. 특히 스페인은 17개의 자치 지역으로 나뉘어져 각각 상당히 독립된 체제를 유지하고 있다. 이는 현재 120여 개에 이르는 이슬람 공동체 역시 또 하나의 독립 단체로서 스페인 사회의 인정을 받고는 있지만, 달리 보면 스페인 사회의 무관심을 반영하는 것이며 이슬람 쪽에서 가톨릭을 배척하는 것이기도 하다. 이로 인해 그들은 그들만의 문화 속에서 스페인인들과 어울려 사는 방법을 찾지 못하고 자기들의 세계에만 갇혀 살았다. 스페인 이민 세대가 정말 스페인 사람과 동화되어 살았더라면 아무리 알카에다가 성전이라고 부추겨도 자신들의 삶의 터전에 피를 부르지는 않았을 것이다.

2

스페인 제국의 탄생

콜럼버스와 가톨릭 왕들

15세기 말 해양을 제패했던 나라는 포르투갈이다. 아프리카 쪽 대서양을 개발하여 아소레스와 카보 베르데 섬 등이 포르투갈 상인들의 식민지가 되었다. 그러던 와중에 포르투갈의 수장을 모시고 있던 제노바 출신의 콜럼버스가 한창 기세를 올리고 있던 이사벨 여왕과 페르난도 왕에게 동양으로 가는 가장 빠른 서쪽 항로를 찾는 일에 경제적 후원을 요청했다. 그리고 새로운 영토를 찾을 경우 콜럼버스 가문에 영구적인 식민지 총독 직을 보장해 줄 것과 통상 이익의 10%를 가질 수 있도록 하는 협정을 요구했다. 대신 그는 왕들에게 새로운 영토와 막대한 부와 하느님의 신자들을 약속했다. 그의 요청은 그 당시 지식의 전당이던 스페인의 살라망카 대학에서 7년 동안 보류되었다. 드디어 무어인들의 마지막 왕국인 그라나다를 정복한 카스티야의 이사벨 여왕은 그 기세와 국력을 콜럼버스가 제안한 해양 개척에 사용하기로 했다. 이리하여 1492년 10월 12일 콜럼버스 일행은 두 달 열흘간의 지루한 항해 끝에 바하마 군도의 산살바도르 섬에 닻을 내리게 되었다. 교황청은 스페인 왕들에게 1494년에 또 다른 항해를 원조하도록 이 새로운 세계의 소유권을 허락했고 이어 에르난 코르테스가 아스텍 문명의 멕시코를, 프란시스코 피사로가 잉카 문명의 페루를 정복하면서 스페인은 아메리카에 막대한 제국을 세워 나갔다. 스페인 사람들이 엄청난 비용을 소요하면서 신세계 개척에 몰두한 데에는 두 가지 요인이 작용했다고 볼 수 있다. 하나는 권력과 부와 영토에 대한 욕심이며, 또 다른 하나는 인신 공양을 하던 아메리카 인디오들에게 하느님의 가르침을 전해야 한다는 종교적 사명이었다. 세월이 흐름에 따라 야생의 벌판에 교회와 대학이 세워지면서 도시가 형성되어 나갔다.

카를로스 1세(1516-1556)와 1520년 혁명

미치광이 후아나

1504년 이사벨 여왕은 자신의 자리를 딸 후아나에게 물려주었다. 후아나는 1496년 오스트리아의 대공작인 펠리페 왕자와 결혼했다. 하지만 미남이라는 별칭까지 있던 남편 펠리페 왕자의 갑작스런 죽음으로 후아나는 심각한 우울증에 시달려야 했고 그로 인해 정신질환 증세까지 보였다. 그래서 후아나는 '미치광이 후아나'라는 별명을 얻게 되었고 아버지인 페르난도 왕이 카스티야까지 집정해야만 했다.

페르난도 왕이 집정하는 동안 스페인은 지금 이탈리아의 시칠리아, 세르데냐, 나폴리 왕국(1504), 그리고 스페인의 나바라(1512)를 수중에 넣었다. 페르난도 왕의 딸 카탈리나 공주가 영국의 헨리 8세와, 딸 마리아 공주가 포르투갈의 왕 마누엘과, 후아나가 오스트리아의 황제 막시밀리안 1세의 아들 펠리페와 결혼함으로써 스페인의 유럽 내 입지는 확고해졌다.

1516년 페르난도 왕이 죽자 왕위는 후아나와 펠리페의 아들이자 페르난도 왕의 외손자인 카를로스에게 넘어갔다. 카를로스는 오스트리아에서 합스부르크가의 영토와 독일 남부의 영토를 물려받게 되어 있었지만 통치 경험은 물론이고 스페인어 구사 능력도 없었다. 1517년 카를로스 왕이 신하들과 함께 스페인에 왔을 때 스페인의 귀족들은 플랑드르인들이 정치나 종교에서 주요한 자리들을 차지하는 것을 영 못마땅해 했다. 설상가상으로 카를로스 왕은 교회와 귀족에게 새로운 세금을 부과했고 물건 매입세까지 올렸다. 1519년 할아버지 막시밀리안 1세가 죽자 카를로스는 신성로마 제국의 황제, 카를 5세로 등극하게 되었다. 스페인에서는 카를로스 1세의 이름으로

카를로스 1세

군림하던 이 황제의 독일 외유 중, 불만에 가득 찬 스페인 국민들이 왕에 대항한 반란을 일으켰다. 1520년에서 1521년에 걸쳐 일어난 이 반란의 중요성을 알아보려면 당시 유럽 국가 내 패권 구도를 먼저 이해해야 할 것 같다. 근대로 발을 내디딜 시점에 있던 유럽에서는 중세보다 훨씬 막강해진 국가 조직을 운영하던 군주, 그리고 영지를 소유하고 신하를 부리며 봉건지주로서의 지위를 유지하고자 했던 귀족, 그리고 경제력을 바탕으로 도시에서 막강한 영향력을 행사하던 부유해진 부르주아, 이 세 세력이 우위를 차지하기 위해 다툼을 벌이고 있었다. 독일에서는 봉건지주들인 귀족이 승리했으며 북이탈리아에서는 도시국가 체제하에서 부유한 부르주아들이 화려한 궁정을 짓고 귀족처럼 살았다. 군주는 프랑스와 영국 그리고 스페인에서 승리했다. 스페인은 막강한 군주에 의한 근대적 의미의 국가를 이루어 가고 있었다. 그런데 카를로스 1세와 그의 측근들이 벌인 정책을 스페인 국민들이 모두 불만스러워하는 가운데 도시의 부유한 부르주아들과 플랑드르인들의 관습과 사고를 두려운 눈으로 보았던 일부 승려들과 국민이 스페인 카스티야 지방의 일부 공동체들과 발렌시아 직업조합들을 부추겨 혁명을 일으켰다. 바야돌릿, 세고비아, 아빌라, 살라망카, 마드리드, 톨레도 등은 산업과 수공예업이 발달한 도시들이다. 이들은 조직적인 조합 활동과 자금력, 군사력을 바탕으로 혁명을 도왔다. 반면 상업도시들인 부르고스와 코르도바, 세비야는 반란을 돕지 않았을 뿐만 아니라 오히려 반대했다. 상인들은 조합을 형성하고 있지 않았으며 좀더 개방된 사고를 가지고 있어서 외국의 영향을 그리 두려워하지 않았다. 반란을 일으킨 자들은 카를로스 1세를 내몰고 카스티야 영토의 소유주인 '미치광이 후아나'를 그 자리에 올리려 했다. 물론 카스티야 출신이 아닌 사람은 행정직에 오를 수 없으며 선전포고를 할 수 있는 권한은 왕이 아니라 의회에 있음도 선포했다. 귀족들은 늘 왕이 불만스러웠지만 막상 반란에 가담하기는 망설였다. 결국 귀족들은 왕 편에 섰고 왕의 군대는 1521년 카스티야의 혁명군을 진압했으며 혁명을 주도했던 우두머리들은 사형에 처해졌다. 왕권은 다시 섰으며 왕은 귀족들이 도와준 것에 대한 보답으로 그들의 세금을 감면해 주고 상당한 자치권을 허락해 주었다. 귀족들이 자신들의 돈과 권력에 대한 욕심으로 민족을 배반한 꼴이 되어 버렸다. 이렇게 이 일은 외형상 민족주의 움직임으로 보이지만 내용을 보면 반란의 주체인 부르주아 계급의 패배를 의미한다. 이들이 하던 산업의 쇠퇴를 뜻하며 이 일은 스페인 경제의 후퇴라는 치명적인 결과를 가져왔다. 결국 스페인은 산업과 수공업의 쇠락으로 신대륙에 보내야 할 물건들을 외국에서 사들여야만 했다.

1522년부터 카를로스 1세는 변했다. 플랑드르 측근들을 멀리하고 스페인인들을 믿었다. 스페인어로 연설할 수 있을 만큼 스페인어도 배웠다. 그렇다고 자신이 스페인인이라고 생각한 적은 없었다. 물론 독일인도 플랑드르인도 이탈리아인이라고도 생각하지 않았다. 그는 유럽인이었고 민족에 대한 구체적인 생각도 갖고 있지 않았다. 그에게서 굳이 스페인 사람의 면모를 찾는다면 모험을 좋아하고 명예에 집착하고 가톨릭과 군주에 충성하는 이상주의자가 되고자 했다는 점일 것이다. 그와 스페인 국민들의 모험심과 대범함은 스페인을 역사상 최고의 국가로 만들어 놓았지만 이는 훗날 추락의 동기로 작용하기도 한다.

스페인의 문제는 경제만이 아니었다. 독일에서 시작하여 스위스, 영국으로 불던 마르틴 루터의 종교개혁 바람은 교황을 불안하게 했고 교황은 카를로스 1세를 소환하여 이러한 움직임을 막도록 지시했다. 카를로스 1세는 종교회의를 소집하고 구교 단체들을 도우면서 그 부름에 응했다. 특히 이그나시오 로욜라가 세운 '예수회'는 교황을 왕보다 우선하는 단체로, 그곳에 지원을 집중했다. 이렇게 스페인은 종교개혁에 반대하는 '반종교개혁'을 진행시키면서 금서 목록을 작성하여 신교 사상에 물들 수 있는 어떠한 움직임도 허용하지 않았으며 동시에 에라스무스의 인본주의 사상을 이교도로 내몰았다. 신교의 움직임은 정치적인 의미도 갖고 있었다. 독일의 귀족들은 자신들의 세력을 유지하기 위하여 근대 유형의 군주 국가를 강요하는 제국의 권위에 반대했다. 그래서 카를로스 1세가 루터를 체포하면, 독일 귀족들은 그를 풀어 줬다. 그래서 왕은 종교적으로만이 아닌 군사적으로도 해결책을 모색해야만 했다. 하지만 구교와 신교와의 분리는 막을 도리가 없었다.

1547년 카를로스 1세는 뮐베르크 전투에서 자신의 정책에 반대하며 반란을 일으킨 독일 귀족들을 제거했다. 1530년 이후로 카를로스 1세가 맛본 가장 행복한 순간이었다. 그는 정말 자신이 제국의 진정한 주인이라 느꼈다. 이때 그는 '중재국으로서의 제국' 역할에 대한 생각을 품게 된다. 이는 세계 지배를 목적으로 하는 제국이 아니라 로마 때부터 내려온 황제의 명성에 걸맞은, 존경을 받는 제국을 의미한다. 황제는 세상의 주인으로서가 아니라 권위를 갖고 다른 군주들에게 조언하며 서로 간의 평화를 유지시키는 세상의 중재자이기를 원했다. 하지만 적대 관계에 있던 프랑스와 자국의 이익 쟁취에 혈안이 되어 있던 다른 군주들은 스페인이 '힘이 있는 제국'이 되지 않는 한 존경은 물론 중재국으로서의 역할도 할 수 없음을 깨닫게 했다. 힘이 없으면 권리도 없다는 진리를 깨우치게 한 것이다. 그러나 카를로스 1세는 세상을 정복하는 것으로 그 힘을 얻으려 하지는 않았다. 다른 군주들이 황제의 힘을 두려워하여 중재를 받아들이도록 했다. 그래서 그는 스페인과 독일이 뭉칠 필요가 있음을 느꼈다. 하나의 국가가 되는 것이 아니라 힘을 합치는 전략이었다. 봉건체제하 여러 영주들에 의해 갈라져 있던 나라 독일을 군주 국가로 통일시킨다는 것은 꿈에서라도 불가능한 일이었다. 왕은 군사적으로 독일의 귀족들을 이겼지만 군사력 이외에 정치 수완까지 발휘해야 했다. 1550년 카를로스 1세는 자신의 아들인, 미래의 스페인 왕 펠리페 2세를 독일로 데려갔다. 하지만 융통성 없고 독일말도 잘 못하는 펠리페 2세가 독일의 마음에 들 리가 없었다. 영주들은 자신들의 권리를 양보하기를 거부했다. 봉건체제의 나라가 하룻밤 사이에 단일 국가로 통일되는 일이 쉬울 리 없었다.

1551년 모든 의욕이 꺾인 카를로스 왕은 손가락 하나 움직일 수 없을 정도로 전신이 마비되었다. 반면 독일 영주들은 다시 반란을 일으켰고 프랑스의 새로운 왕 앙리 2세는 카를로스 왕의 계획을 차단할 목적으로 이들과 동맹을 맺었다. 확실한 버팀목이 없어 어찌할 줄 모르던 왕은 절망에 싸여 이탈리아로 도피했고 결국 그의 꿈은 산산이 부서졌다. 이후 1556년 자신의 동생 페르난도에게 말썽 많던 신성 로마 제국을 넘겨주고 스페인과 스페인 소유의 영토(현재의 네덜란드, 벨기에, 룩셈부르크, 프랑스 북동쪽 일부, 프랑스와 스위스 사이에 있는 보르고냐 백작령, 이탈리아 북쪽 영토, 나폴리, 시칠리아, 밀라노)를 자신의 아들 펠리페 2세에게 물려주고는 왕위에서 물러났다.

스페인인의 상징 이달고

자연적인 조건에서 볼 때 스페인은 결코 부국이 아니다. 대지는 대체로 건조하고 황량하여, 프랑스는 씨를 뿌리면 10배의 수확을 올리지만 스페인은 3배의 수확도 거두기가 힘들다. 그런데 대부분의 인구가 농사에 종사하고 있었고 일부 고위 귀족들이 대부분의 땅을 소유하고 있었다. 귀족의 수는 생각만큼 많지도 않았다. 공작, 후작, 백작은 75명 정도였고 남작과 자작 약간 명에 하급귀족인 기사와 이달고가 있었다. 이 하급귀족들은 돈보다 명예에 집착하는 이들이었다. 스페인 최고의 걸작《돈키호테》의 원제목은 '기지에 찬 이달고, 돈키호테 데 라 만차' 다. '이달고'를 정의해 보면 다음과 같다. 이상주의자, 열성 가톨릭 신자, 모험가, 큰 공을 세우기를 좋아하는 자, 대범한 자, 경제에는 무관심한 자. 이러한 이달고가 스페인 16, 17세기의 사고를 지배했고, 이는 사람들에게 위대함과 영광을 찾아 나아가게 한 추진력이었다. 이달고라는 하위 작위의 수는 후대로 내려오면서 스페인 평민 상당수가 포함될 정도로 많아졌고 이들의 삶의 방식이 스페인 사람을 정의하는 데 큰 몫을 했다. 그래서 카를로스 1세와 함께 스페인에 왔던 플랑드르인들과 독일인들은 스페인 사람들을 가난하고 수수하고 고지식하며 자존심과 고집이 세어 으스대기 좋아하며 유머감각이 부족하다고 비난했다. 반대로 스페인 사람들은 플랑드르인들을 우쭐대고 화려하고 경박하며 익살스럽다고 놀렸다. 이들의 평가가 정확한지는 모르겠지만 스페인 사람들은 풍부한 수확물을 주지 못하는 거친 땅과 힘든 삶 때문에 상당히 금욕적이며 궁핍한 삶을 잘 견뎌 내 왔다. 그래서 그 힘들고 어려운 신대륙 발견과 정복 그리고 세계 일주 등과 같은 대과업도 이루어 낼 수 있었다고 본다. 국토회복전쟁의 영웅으로 떠받들어진 이달고들이 전쟁이 끝난 뒤 할 수 있는 일이란 종교에 파묻혀 과거의 영광을 자랑하고 무게 잡는 것밖에 없었을 것이다. 하지만 아무리 천성적으로 종교심이 깊다 하더라도 삶이 꼭 신앙과 일치되라는 법은 없다고 본다. 스페인 사람들의 종교관이 삶을 위해 있는 만큼, 그들은 삶을 즐길 줄을 안다. 그 당시 문학서를 보면 알 수 있듯이 유머감각도 뛰어나다.

진정한 스페인 역사의 시작—펠리페 2세(1556-1598)

펠리페 2세

그는 외향적인 아버지와는 달리 내성적이고 무뚝뚝하며 소심하고 복잡한 성격의 소유자로 알려져 있다. 1998년, 그가 죽은 지 4백 년이 지난 뒤 한 학회 연구에서 그의 성향을 두 가지로 정리했다. 소심하고 자기가 해야 할 일에 매여 노예와 같이 살았으며 이런 것을 다른 이들에게도 강요한 협소한 인간이었다라는 평가와, 소심한 성격이 남들에게 발각될까 봐 외향적 성격의 소유자로 보이도록 일부러 더 자신의 임무에 집착했다는, 그래서 그는 사실 아주 감성적인 사람이었다는 평가다. 후자의 평가를 증명할 만한 예는 많다. 그는 글에 뛰어난 재주가 있었고 예술과 수학과 동물을 사랑했다. 그리고 누구와도 평화롭게 지내기를 원했다. 하지만 종교적인 면에서, 그리고 자기 권력을 유지하고 자기에게 맡겨진 영토를 지키는 일에서는 절대 양보란 없었다. 그래서 수많은 전쟁을 치러야 했고 그런 일에 많은 돈을 낭비해야 했다.

사실 스페인의 역사는 펠리페 2세로부터 시작되었다고 해도 과언이 아니다. 부왕 카를로스와 달리 그의 유일한 관심은 스페인이었기 때문에 스페인을 위해 모든 노력을 기울였으며 그 결과 스페인은 대제국으로서 주도권을 행사할 수 있었다. 그는 스페인에서 태어났고 스페인 신하들만을 주위에 두고 있었다. 물론 차갑고 굼뜬 성격과 파란 눈은 스페인인의 특성에 맞지 않았지만 그는 늘 자신을 스페인인으로 생각했고 자신의 이상을 스페인의 이상과 동일시했다. 집정 기간의 대부분을 스페인 밖에서 보냈던 아버지와는 달리 영국 공주와 결혼했던 왕자 시절과 네덜란드에서 치른 프랑스와의 전쟁 기간만을 제외하고는 스페인을 떠난 적이 없었다. 마드리드를 수도로 정하고 그곳에서 모든 것을 다스렸다. 프랑스어와 영어, 그리고 약간의 독일어도 할 줄 알았지만 그 당시 상당수 유럽인들이 알았던 스페인어만을 고집했다. 그는 유행하던 화려한 옷을 지양하고 검은색의 소박한 옷을 즐겨 입었다. 그러자 귀족들도 모두 그를 따랐다. 이후 유럽의 기사들도 모두 그처럼 검은 옷을 입었다. 여행을 싫어해서 우리나라의 파발마처럼 30킬로미터

마다 말을 교체하며 달리는 통행수단도 개발했다. 이런 방법으로 문제가 있는 곳에 직접 가기보다 왕이 있는 곳으로 모든 문제들이 도달하도록 했다. 그는 필리핀에서 일어난 문제든 키프로스에서 일어난 문제든 모두 마드리드에서 처리했다.

그는 산하에 그 당시 유럽의 다른 국가들과는 달리 지금의 행정부처럼 많은 조직을 두도록 조직 구조를 개편했다. 행정 절차가 복잡하고 까다로워 시간이 많이 소요되었지만 확실한 결정을 내릴 수 있는 장점이 있었으며 레판토 해전을 승리로 이끈 것도 그런 절차 덕분이었다고 한다. 이후 다른 유럽 국가들은 이런 체제를 차용했다.

그의 집정 초기 시절은 평온했다. 유럽 내 스페인 패권을 인정한 평화 협정(1559)을 맺었고 첫 부인과 사별한 뒤 프랑스의 이사벨 공주와 결혼하여 프랑스와 우호적인 관계를 유지하면서 전쟁보다는 외교를 통해 다른 나라와 우호적인 관계를 유지했다.

그러나 첫 번째 문제는 나라 안에서 일어났다. 겉으로만 기독교로 개종한 무어인들인 모리스코인들은 여전히 자기들의 언어와 종교와 문화를 유지하고 있었다. 부왕 카를로스 1세는 이들에게 스페인인들과 동화되어 살게끔 40년의 말미를 주었다. 그러나 이 기간이 끝날 시점인 1565년 스페인 중심부에 무어인들의 왕국이 탄생되는 듯했다. 이에 펠리페 2세의 이복동생인 돈 후안은 모리스코인들을 스페인 전역으로 분산시켰으나 그들과 스페인 사람들 간의 평화적인 공존은 이미 불가능해져 있었다. 이들은 여전히 자신들의 정체성과 관습을 고집하고 있었다.

두 번째 문제는 네덜란드에서 일어났다. 그곳 귀족들이 이전 유럽의 왕이었던 카를로스 1세가 아닌, 스페인만의 왕인 펠리페 2세에게 종속되기를 거부하면서 자신들만의 패권과 권력을 갖기를 원했다. 종교개혁 바람이 그 지역에서도 일어나사 펠리페 2세는 가톨릭을 더욱 강요했다. 그러자 귀족들은 스페인이란 이름으로 행해지고 있던 정치에 반대하기 위한 수단으로 종교를 이용했다. 스페인은 반란을 일으킨 귀족들을 강력하게 진압했다. 일단 위험이 사라지고 스페인은 한숨을 돌리는 듯싶었지만 이어 지중해 연안을 괴롭히던 터키인들을 물리치기 위하여 다시 힘을 모아 레판도 해전을 치러야만 했다. 1571년 이 전투에서 승리한 뒤 유럽과 지중해에서의 스페인 패권은 확실하게 정착된 것 같아 보였다. 그러나 영국과 프랑스가 가만히 있을 리가 없었다. 스페인의 패권을 빼앗기 위해 필사적으로 달려들었다. 이들은 네덜란드에 다시 불기 시작한 신교 바람에 부채질을 하며 군사적으로 도왔고, 특히 영국은 신대륙을 오가는 스페인 상선을 산발적으로 공격하기 시작했다. 공개적인 전쟁은 아니었지만 결과는 심각했다. 영국은 전함이 아닌 해적선을 이용하여 아메리카에서 스페인으로 가는 금은보화들을 모두 약탈했다. 스페인이 네덜란드로 파견한 군대를 먹여 살릴 금고가 신대륙에서 스페인에 닿기도 전에 영국 해적들이 이를 모두 빼앗아 가고 말았다. 그 결과 군인들은 월급은 물론 물자까지 공급받지 못하게 되자 결국 네덜란드의 반란 세력과 협상을 해야만 했다.

경제 악화가 문제였다. 막대한 금은보화 창고인 아메리카 신대륙을 소유하고 있던 스페인이 어떻게 그렇게까지 궁핍한 지경에 이르게 되었는지 도저히 이해하기 어려울 것이다. 이유는 간단하다. 국가의 진정한 부는 금만이 아니라 노동에서 생산되는 생산품이라는 사실을 늦게서야 이해하기 시작했기 때문이다. 신대륙에서 가져온 부는 산업이나 기술개발에 사용되지 못하였다. 산업을 담당할 부르주아 계급은 카를로스 1세 때 반란의 주역으로 탄압되었고, 또한 종교적 이유로 상업과 산업은 좋게 받아들여지지 못했다. 이상주의가 만연하던 그 시대에는 장사꾼이라 하면 전당포 주인이나 고리 대금업자쯤으로 여겨졌다. 노동에 대한 가치도 인정받지 못하던 시대였다. 사람들은 일을 하여 돈을 버는 것보다 동냥하며 사는 것을 더 선호했고, 사회 분위기상 금력이 있는 사람은 적선하기를 좋아했다. 상업으로 돈을 번 상인들은 산업에서 큰 이윤을 기대할 수 없게 되자 그 돈으로 땅을 사들여 그 땅을 임대하며 살았다. 신대륙으로부터 들여 온 엄청난 양의 금은보화로 인해 노동의 중요성을 무시되었고 이로써 경제 위기까지 초래된 것이다. 생산품은 부족한데 그에 비해 돈은 많으니 인플레이션이 일어날 수밖에 없었다. 생산물을 늘리고 상업을 촉진시키려 해도 유럽에서 가장 물가가 비싼 스페인은 더 싼 가격에 더 많은 물건을 생산하는 유럽의 다른 나라들과 경쟁이 되지 못했다. 결국 신대륙에서 받은 금은보화에 상응하는 대가로 신대륙에 보내 줘야 하는 상품의 대부분을 스페인은 외국에서 구입해야 했다. 그러니 외국기업들은 배가 부른데 스페인은 막강한 군사비 지출까지 떠안아 아사 직전까지 가게 된 것이다. 그나마 괜찮은 수입을 올리고 있던 스페인의 질 좋은 양모 수출도 영국의 라 만차 운하 지역의 지배권 확장으로 독일과 네덜란드 시장으로의 수출로가 막혀 버렸다. 스페인의 유일한 선택은 악조건에 이윤을 적게 내면서 이탈리아를 통하여 수출하는 길밖에 없었다.

경제적인 위기에는 종교적 요인도 한몫했다. 신교도들, 특히 칼뱅주의자들은 이윤을 남기는 사업은 덕스러운 행위일 뿐만 아니라 신이 내리는 은총과 같은 것으로 여기는 반면 가톨릭교도들은 그런 행위를 두려운 눈으로 바라보았다. 상업에 재능을 갖고 있는 스페인 상인들도 많았지만 이들은 신의 은총을 잃느니 차라리 돈을 잃는 것을 더 가치 있는 삶으로 여기며 살았다. 이런 종교적인 영향 때문에 지금도 가톨릭 국가들에서는 자본주의가 강하게 뿌리내리지 못했다.

이렇게 스페인은 신대륙에서 받은 막대한 자본으로 생산력은 키우지 못하고 외국에서 물건을 구입하고 돈을 내주어야 하는 나라가 되어 버렸다. 은화가 유럽 시장을 점령했다. 스페인 은화로 가득 채운 주머니 때문에 익사한 터키 선원에 대한 이야기도 떠돌았다. 18세기 영국 여행자는 인도네시아 장사꾼들이 스페인 은화로 거래하는 것을 목격했다고 한다. 생산을 늘리고 금은보화의 유입을 제한하는 정책이 그 당시에는 의미가 없었던 모양이다. 그 결과 국가는 지불유예를 선언하기에 이르고 은행들이 내리 파산하면서 스페인 경제는 옛날로 돌아가기 불가능할 정도로 상태가 악화되었다.

1578년부터 1580년, 2년 동안 스페인은 그때까지의 패권을 지키기 위해 사력을 다했다. 아시아와 아프리카에 영토를 갖고 있던 포르투갈을 병합함으로써 펠리페 2세는 명실 공히 세계 5대륙에 지배권을 갖고 있는 사상 최초의 왕이 되었다. '해가 지지 않는 나라' 라는 말이 틀리지 않아 보였다. 다스려야 할 영토가 넓어진 만큼 새로이 늘어난 어마어마한 책임감은, 늘어나는 영토와 반비례로 추락하고만 있던 경제적인 상황과 함께 왕의 두 어깨를 짓눌렀다. 1567년부터 왕을 괴롭혀 왔던 네덜란드의 악몽도 끝날 것 같았다. 그래서 스페인은 더욱더 해상에서 지배권을 넓혀 가면서 네덜란드의 신교 움직임을 부추기며 바다에서는 해적질로 스페인을 괴롭히고 있던 영국에게 전쟁을 선포했다. 레판도에서 스페인을 승리로 이끈, 스페인 역사상 가장 훌륭한 장군으로 평가되는 돈 알바로 데 바산은 그때 이미 죽고 없었다. 그런데 북대서양에서의 항해 경험도 별로 없던 메디나 시도니아 공작에게 무적함대를 지휘하게 한 것이 왕의 실수였다. 조종하기 쉽고 빠르며 가벼운 영국 배들에 비해 크고 느린 거함들로 1588년 8월, 간만의 차이가 없고 모래가 깔린 얕은 하구를 지나가려 한 게 잘못이었다. 결국 북쪽 바다로 퇴각하여 영국 해안을 에워싸려 했으나 날씨가 여의치 않았다. 결국 스페인은 영국군과 싸운 게 아니라 험악한 기후와 싸우다 무적함대의 대부분을 상실했다.

싸움은 프랑스와도 있었다. 가톨릭과 칼뱅파 간의 종교전쟁을 치르고 있던 와중에 반스페인 세력인 프랑스의 앙리 4세가 프랑스 왕위에 오르자 스페인은 프랑스를 공략하기로 했다. 1591년에 파리로 들어간 스페인 군대는 아주 약삭빠른 앙리 4세에게 가톨릭으로의 개종 약속을 받아 내고 물러났다. 1598년, 최소한 종교적인 면에서는 목적을 이룩한 펠리페 2세는 자기가 만들어 낸 통치체제에 지쳐 사망했다. 스페인 또한 이미 많이 쇠락해 있었다.

총신 정치의 시작 – 펠리페 3세(1598-1621)

펠리페 3세는 펠리페 2세와 너무나 달랐다. 정치를 싫어했다. 처음부터 정치는 자신의 총신 레르마 공작에게 맡겼다. 총신 정치의 시작이다. 17세기는 왕들이 자신들을 대신해서 통치할 신하들을 두었는데 이런 현상은 스페인에서뿐만 아니라 유럽의 다른 나라에서도 나타났다. 이유는 너무나 간단하다. 펠리페 2세는 편지를 쓰고 방문을 받고 국무회의를 주관하고 모든 지역에서 일어나는 일에 대한 보고를 듣고 독서를 하면서 최소한 하루 14시간을 집무실에서 보냈다고 한다. 그렇게 일하며 만들어 낸 복잡한 정치체제는 펠리페 3세에게 엄청난 고통이었을 것이다. 문제는 레르마 공작도 일을 싫어했다는 데 있

펠리페 3세

다. 그는 대규모 축제 행사에 엄청난 돈을 지출했다. 뿐만 아니라 자신도 어마어마한 부자가 되었다. 펠리페 2세 말기는 고갈된 스페인 국력을 회복하기에 절호의 기회였다. 1598년에서 1618년까지의 20년 동안 유럽은 말 그대로 평화의 세월이었다. 그 당시 모든 군주들이 펠리페 3세처럼 게으르고 축제를 좋아하는, 얼마간의 한량 기질을 갖고 있었던 것 같다. 전쟁 비용으로 빠져나가던 돈을 비축할 절호의 기회였으나 수많은 축제와 몇 명만의 배를 채운 부패한 행정에 돈을 쏟아 부었다. 이러한 상황에서 그나마 스페인이 유럽에서 아직도 패권을 유지하고 그 명성이 실추되지 않은 건 무엇보다 스페인 지배하의 영토에서 통치하고 있던 위대한 정치가들과 외국에 나가 있던 스페인 대사들 덕분이라고 역사는 기록하고 있다.

펠리페 3세 때 일어난 가장 중요한 사건은 1609년의 모리스코인들의 추방이다. 발렌시아 인구의 3분의 1인 12만 명이 발렌시아를 떠났고 아라곤 지역에서 7만 명, 안달루시아에서 8만 명, 카스티야에서 3만 명, 이렇게 총 30만 명이 스페인에서 나갔다. 인구가 감소하고 있던 당시, 30만 명이란 숫자는 적은 게 아니다. 무엇보다 그들의 재능이 십분 발휘됐던 농업이 치명적인 타격을 입었다. 특히 스페인의 곡창 지대인 발렌시아의 농토는 그대로 버려졌다. 가톨릭교도들에게 땅을 주었지만 대부분이 거부했다. 이유는 간단했다. 땅 주인 밑에서 일하는 노예가 되기 싫었기 때문이다. 금융과 재정의 귀재인 유대인들이 빠져나간 스페인에서 이제 농업에 남다른 재능을 가졌던 무어인들마저 떠나갔다. 버려진 땅은 따가운 태양 아래서 불모지가 되었고 건초를 뜯는 양들만이 그 수를 늘리고 있었다. 스페인 땅에 남은 순수한 가톨릭교도들은 그 양을 모는 목동으로서의 삶에 만족했다. 스페인 자체 산업이라고 부를 수 있는 것은 원시 모습 그대로 제공되는 것을 거두는 일 이외에는 없었다. 그래서 원자재를 팔아 눈이 돌아갈 정도의 비싼 완제품을 사는 데 돈을 사용해야 했고, 이어 대제국이라는 명분 아래 수없이 치러야 했던 전쟁으로 인한 빚 때문에 아메리카에서 들여온 금은보화는 외국 은행에 모두 차압당했다. 금융업에 대한 지식도, 상업에 대한 기술도 없던 스페인은 이렇게 신대륙에서 가져온 재물까지 스페인이 아니라 유럽 산업을 일으키는 근간으로 넘겨주고 있었다. 이처럼 스페인 제국이 이름만으로 존재하는, 모래 위에 세운 성곽이자 햇빛 속에 사라지는 안개처럼 허무한 한 순간의 존재로 있을 수밖에 없었던 가장 중요한 이유는 스페인 땅에 그 모든 것을 운영할 만한 인적 자원이 없었기 때문이다. 결국 1618년 경제 위기가 닥쳐 왔다. 그때 유럽에서는 30년전쟁이 일어났다. 독일 황제 자리를 두고 오스트리아가의 가톨릭교도인 페르난도 2세와 루터파 페데리코 5세 간에 벌어진 전쟁에서 스페인은 신교도들에게 제국의 주인 자리를 맡길 수 없다고 했다. 결국 독일은 오스트리아가의 손에 맡겨졌으나 이 전쟁이 스페인에 가져온 여파는 매우 컸다.

펠리페 4세(1621-1665)

펠리페 3세는 젊은 나이에 병으로 죽고 열여섯 살의 아들 펠리페 4세가 왕위를 물려받았다. 펠리페 4세는 아버지와 달리 예술을 사랑하고 정치에 많은 관심을 가졌지만 유약한 성품으로 인해 자기와 모든 면에서 반대 성향인 올리바레스 총신에게 결정권을 맡기고 말았다. 총신은 현재 정부 부처와 같은 조직들을 만들어 부패 척결을 위한 효율적인 행정을 펼치려 했고, 경제 발전을 도모하기 위하여 상업과 수공업을 장려하고 수입 억제 정책을 폈다. 인구 감소를 막기 위하여 결혼과 출산을 장려하고 이민을 받아들였다. 그 당시에는 생각지도 못한 개인적인 문제에 국가가 간섭하는, 국가 간섭주의가 등장하였다.

펠리페 4세

대외적으로 올리바레스 총신은 무모한 자신의 기질을 유감없이 발휘했다. 그러나 위대한 스페인을 만들기 위한 정책은 오히려 스페인을 더욱더 쇠약하게 만들었고 그 결과 민중의 미움을 사서 자리에서 물러나야만 했다. 캘리포니아에서 파타고니아까지 이르는 아메리카 땅 확보, 아프리카, 필리핀, 그리고 유럽의 5개국에 걸친 스페인 통치는 펠리페 4세를 '위대한 펠리페'로, '세계의 펠리페'로까지 불리게 했다. 마드리드에 '부엔 레티로 공원'(1630)을 만들었고, 이 공원에서는 스페인 황금세기 최대의 문화 향연이 벌어졌다.

스페인 국민극의 아버지인 로페 데 베가, 《인생은 꿈입니다》의 칼데론, 《돈 후안》의 창조자 티르소 데 몰리나의 작품들이 상연되고 케베도와 공고라와 그라시안은 생애 최고의 작품을 탄생시켰다. 펠리페 4세는 벨라스케스를 자신의 궁정 화가로 임명하여 〈궁녀들〉과 〈실 짜는 처녀들〉 및 가장 훌륭한 궁정 가족 초상화를 그리게 했다. 리베라, 무리요도 이 당시 화가들이다. 프란시스코 수아레스의 철학서는 대학의 필독서가 되었다. 런던 도서관은 스페인 서적들로 넘쳐났고 파리 극장에서는 스페인 극이 상연되었다. 군사적, 경제적으로는 비록 노쇠하여 지쳐 있었지만 스페인의 문화는 세계 어느 나라에서도 본 적 없는 황금세기를 구가하고 있었다.

올리바레스

올리바레스 총신의 대외 정책 중 선왕 때 일어난 30년전쟁의 결말이 맺어졌다. 오스트리아가가 왕권을 잡고 가톨릭이 승리하자 스페인의 유럽 내 패권을 늘 경계하고 있던 프랑스는 네덜란드와 독일 내 신교 세력과 동맹을 맺었다. 인구가 스페인의 두 배나 되고 경제적으로 풍요를 누리고 있던 프랑스가 스페인에 전쟁을 선포했다. 단기전으로 끝내려고 했던 올리바레스는 처음에는 승리를 거두는 것 같았으나 전쟁 비용이 모자라 전쟁을 계속할 수가 없었다. 더군다나 스페인 본국에서 반란이 일어나 왕권이 난도질 당할 지경에 이르게 되자 올리바레스는 사임했다. 돈 루이스 데 아로가 그 자리를 대신했으나 상황은 나아지지 않았고 1643년 스페인은 쓰라린 패배를 맛보게 되었다. 이후 1648년의 베스트팔렌 조약 체결은 스페인에게 세계에서의 패권의 상실을 인정하고 새로운 현실을 받아들이도록 한 잔인한 일이었다.

1640년에 일어난 스페인 내 반란은, 나라는 망해 가도록 내버려 두면서 전쟁 자금 모으기에 급급하여 국민들에게 세금을 강요하고 통합 정책을 펼치던 카스티야 왕국에 스페인 내 다른 왕국들이 대항한 사건이다. 카탈루냐는 카스티야로부터 해방되고 싶었다. 그래서 프랑스의 루이 13세에게 도움을 청했다. 그 결과 1652년까지 프랑스 왕에게 속하게 되었다. 1640년 말에는 포르투갈이 반란을 일으켰다. 기울어져 가는 스페인에서 얻을 게 없다고 생각한 것이다. 그들은 자신들의 왕을 선출했다. 프랑스와 카탈루냐와 전쟁 중에 있던 스페인은 그런 사태를 방관할 수밖에 없었고 결국 포르투갈은 스페인으로부터 영원히 독립되어 버렸다. 아라곤과 안달루시아 지방에서도 반란이 일어났지만 포르투갈처럼 민중의 힘을 전적으로 얻지 못하여 실패하고 말았다. 나폴리와 시칠리아에서 일어난 반란은 국민들의 뜻을 좀더 얻은 편이었지만 결국 평화롭게 진압되었다. 이런 일련의 반란들은 그때까지 세상에서 가장 존경받던 스페인이 패망의 늪으로 떨어지도록 한 가장 중요한 요소들 중의 하나였음에 틀림없다. 역사를 거슬러 보면 적은 항상 가장 가까운 데 있다.

스페인 몰락의 원인

프랑스와의 30년전쟁에 쏟아 부은 엄청난 군비로 스페인은 지쳤다. 그러나 스페인 제국의 패망의 징조는 그 이전에서부터 나타났고 그러한 사실을 스페인인들도 잘 알고 있었다. 하지만 나락으로 떨어지는 것을 두 눈으로 보면서도 그것을 막을 줄을 몰랐고 쇠락의 결과를 최소화할 줄도 몰랐다.

인구의 감소와 농업 위주의 경제 기반으로는 산업을 일으킬 수 없을 뿐만 아니라, 더 많은 인구와 좋은 기후를 가진 나라들을 당해 낼 수 없는 일이다. 스페인의 문화적 황금세기는 칼데론과 무리요가 죽은 1680년까지 지속되었지만 군사력은 1643년까지만 막강했다고 볼 수 있다. 그러나 경제는 그 이전에, 특히 1635년부터 쇠약해지기 시작했고 인구는 1600년부터 감소하기 시작했다.

16세기에 9백만에서 1천만에 이르던 인구는 17세기에 들면서 노동 인구인 30만 명의 모리스코인들의 추방과 전쟁으로 인한 10만 명의 군인들의 죽음, 그리고 아메리카 신대륙으로의 40만 명의 이주, 특히 150만 명이 죽은 페스트와 세 차례 걸쳐 스페인을 강타한 콜레라로 인해 750만 명으로 줄었다.

이미 16세기부터 나타나기 시작했던 경제 쇠락의 요인은 무엇보다 스페인 내 기업이 많지 않았다는 점이다. 그래서 아메리카로 물건을 보내려면 완제품을 외국에서 사 와야 했다. 여기에 신대륙에서 유입된, 넘쳐 나는 금은보화로 인플레이션이 일어나자 스페인은 유럽에서 가장 물가가 비싼 나라가 되어 버렸고 그 결과 국가 경쟁력을 상실하고 말았던 것이다. 17세기에 경제 상황이 더 악화되었던 이유는 신대륙에서 들어오던 은의 양이 급속히 감소했기 때문이다. 멕시코와 페루 광산에서 캘 수 있는 은의 양이 1670년대에, 예전의 10분의 1에 그치고 말았다. 물론 스페인이 신대륙에 제공할 물건도 별로 없었다. 이제 신대륙이 필요로 하는 물건은 외국 기업들이 직접 팔았고 스페인은 농산물만을 보냈다. 하지만 신대륙으로 간 스페인인들이 곧 땅을 경작하여 대농장을 만들어 농산물 재배를 시작했으므로 스페인으로부터 농산물을 사들일 필요도 없어졌다. 신대륙은 자신들의 경제력을 키우면서 더 이상 스페인으로부터 물건을 수입하지 않아도 되었다. 은의 유입이 줄어들자 스페인 정부는 구리돈이나 구리와 은을 섞은 금속을 화폐로 사용하도록 했고 그러니 돈 가치는 당연히 떨어질 수밖에 없었다. 상품 구입가에 맞춰 돈 가치를 내리자 물가는 내려갔지만 망하는 사람들이 속출했다. 100을 갖고 있는 줄 알았는데 막상 쓰려고 하니 50밖에 되지 않는 상황에서는 어느 누구도 투자를 하지 않았을 것이다. 이렇게 17세기는 스페인 경제가 절망적이고도 혼란한 인플레와 디플레의 연속선상에 있게 되었고 이것이 스페인 패망에 결정타가 되었다.

물론 갖가지 세금에 대한 불만과 현실을 망각한 채 이루어질 수 없는 이상만을 좇고 있다는 생각에서 오는 무력감, 그리고 총신 체제와 부패에 대한 반감 또한 패망의 요인이었다. 17세기 말에는 정치와 사고방식을 바꾸어야 한다는 생각이 이미 만연하고 있었다.

드디어 스페인은 1648년 베스트팔렌 조약으로 유럽에서의 패권을 포기해야만 했다. 이제는 강국들 사이에서 '패권'이라는 용어가 아니라 '균형'이라는 용어가 대두되었다. 이러한 결과 앞에 스페인은 물질적인 상실감보다 심리적 상실감이 훨씬 더 컸다. 물질적으로 잃은 것은 네덜란드와 몇 개의 작은 주뿐이었지만 세상을 통치하려던 그들의 꿈은 영원히 물거품처럼 사라졌기 때문이었다. 1659년 피레네 조약으로 스페인과 프랑스 양국 간의 국경선이 그어졌고 이는 지금까지 지속되고 있다. 이제 스페인은 정말 지쳐 버렸다. 아니 그보다 국민의 사기가 땅에 곤두박질했다. 그들의 낙관주의는 잔인한 환멸만을 남긴 채 땅으로 추락하고 말았다. 세르반테스가 창조한 스페인 영혼의 두 상징인,

돈키호테의 이상주의 정신은 이제 현실적이고 실용주의자인 산초가 대신해야 했다. 원대하지만 불가능한 꿈은 더 이상 품을 수 없었다. 귀족들은 전투를 위한 교육을 받지 않았고 징병 장교들이 젊은이들에게로 접근하면 이들은 시골로 도망가 버렸다. 군인을 모으려면 극빈층 젊은이들에게로 가야만 했다. 군인들은 이미 포르투갈과의 싸움에서 더 이상 싸울 의욕을 보이지 않았다. 이전에는 생각으로도 있을 수 없는 일이었다. 한편 영국과 프랑스의 도움을 받은 포르투갈은 다시는 스페인에 병합되지 않았다. 1665년의 일이다.

오스트리아 가문의 종말 – 카를로스 2세(1665-1700)

이상주의자 돈키호테처럼 환멸과 슬픔에 찌들어 펠리페 4세는 죽었다. 그의 아들 카를로스 2세가 네 살 때였다. 어린 그를 대신하여 어머니 도냐 마리아나 데 오스트리아가 섭정을 시작했다. 스페인 역사에서 가장 슬픈 시기로 기록되는 35년의 세월이다. 패망으로 치달은 노정의 종착점에 이른, 가난과 환멸의 세월이다. 이제 남은 건 다시 일어서는 일뿐이었다. 예전처럼 전쟁에 막대한 물자나 인력을 사용할 일도 없어졌고 인구는 줄어들 대로 줄어들어 더 이상의 감소도 일어나지 않았다. 1680년부터 경제가 회복될 기미를 보이면서 지나간 일들이 한순간의 꿈이었음을 깨달은 스페인 사람들의 머릿속에는 새로운 이상과 계획의 씨앗이 뿌려지기 시작했다.

도냐 마리아나는 사실상 통치할 능력이 없었기 때문에 여러 명의 총신들에게 나랏일을 맡겼다. 그중 꺼져 가는 스페인의 목숨을 다시 살려 회복의 길로 들어서게 한 데에는 총신 돈 후안 호세의 공로가 컸다. 사람들을 그를 '나라를 살린 사람'이라고 부른다. 물론 귀족들은 그를 증오했다. 펠리페 4세 때는 훌륭한 군인이었던 그가 훌륭한 정치가로 변모한 것이다. 귀족의 역할을 축소하고 생산업과 기업을 장려하고 후원해 주었다. 산업과 상업을 촉진시키며 정책의 주안점을 경제 회복에 두었다. 특히 그의 사고는 실용주의 노선에서 움직였다. 훌륭한 물리학자, 공학자, 수학자로서 대학보다 더 혁신적인 '아카데미'를 세우고 이끌었다. 혜성의 궤도를 측정한 천문학자 사라고사, 뉴턴이 그 시대 최고의 인물이라고 찬양한 수학자 오메리케, 물리학자 비센테 토스카, 식물군에 대한 분류를 새로이 한 식물학자 살바도로, 그리고 의사 사파타가 이 시기의 인물들이다.

스페인 사람들의 사고에 무언가 중요한 변화가 일어나고 있다는 징조였다. 아직 오스트리아가가 집정하고 있었지만 부르봉 왕가가 새로운 시대를 예고하고 있음을 스페인인들은 감지할 수 있었다.

카를로스 2세

문제는 병약했던 카를로스 2세를 이을 후손이 없었다는 데 있었다. 그를 이어 스페인의 왕권을 계승할 유력한 후보자로 오스트리아가의 카를로스 대공작과 프랑스의 루이 14세의 손자인 부르봉 왕가의 펠리페 왕자가 있었다. 카를로스 2세 말기 프랑스의 영향은 실로 막강했다. 복장까지 프랑스식으로 바뀌고 있었다. 대주교 포르토카레로는 왕위를 부르봉 왕가에게 넘겨줄 것을 왕에게 조언했다. 부르봉 왕가가 집정하게 된다는 것은 새로운 시대의 도래를 의미하는 일이었다.

3

18세기의 스페인 사람들

심오한 종교적인 열의와 무모할 정도의 이상주의와 아주 특별한 명예관에 사로잡혀 살던 17세기의 스페인은 이성과 상식이 통하는 부르봉 왕가의 18세기로 발을 내디뎠다. 물론 스페인은 그들의 종교관과 전통적 가치 질서는 버리지 않았지만 이제는 실질적이고 물질적인 것, 또 눈에 보이는 것에 더 많은 애착을 가지게 되었다. 부르봉 왕가의 군주들이나 대신들은 현실주의자들이었기 때문에 불가능한 꿈을 좇아 위험한 모험으로 몸을 날리는 사람들이 아니었다. 이러한 사고를 갖고 들어온 부르봉 왕가의 스페인 통치는 그저 주어지는 것 또한 아니었다.

계승전쟁과 그 결과

프랑스 부르봉 왕가가 스페인을 통치하게 되면 유럽에서 일고 있던 '균형'의 미학을 무너뜨리는 결과가 초래될 수 있다는 것을 스페인과 유럽의 다른 국가들이 모를 리 없었다. 그래서 카를로스 2세는 왕위는 부르봉 왕가에게 넘겨주나 스페인이 프랑스에 예속되어서는 안 됨을 유언으로 분명히 해 두었다. 이 일은 프랑스 펠리페 5세가 프랑스 왕위와 스페인 왕위를 동시에 가질 수 없음을 의미한다. 하지만 그럴 수도 있다는 가능성을 염두에 둔 오스트리아가와 영국, 네덜란드, 포르투갈이 동맹을 맺어 오스트리아가의 대공작 카를로스를 스페인 왕으로 올리기 위한 전쟁을 시작했다. 이것이 스페인은 결코 생각지도 원하지도 않았던 왕위계승전쟁(1701-14)이다. 스페인 지배권을 두고 강대국 간에 벌어진 세계 전쟁이었다. 그런데 이 전쟁은 스페인 내란으로 그 성격으로 변질되었다. 카탈루냐, 아라곤, 발렌시아와 발레아레스 군도가 오스트리아 가를 지지하고 나섰기 때문이다. 반면 카스티야는 부르봉 왕가 편이었다. 펠리페 5세는 중앙 집권 체제를 옹호하며 귀족보다 중산층을 지원하기를 원했기 때문이었다.

계승전쟁의 복잡한 과정 중에서 특이할 만한 사건은 1704년 영국의 스페인 땅 지브롤터 점령이다. 동맹국으로 스페인에 온 루크 장군은 지브롤터를 영국의 이름으로 차지하고 주저앉아 버렸다. 그 이후 지금까지 그 땅은 영국령으로 남아 있다.

전쟁에서 오스트리아가가 승리를 거두고 스페인의 왕위를 차지하려는 순간 오스트리아가의 황제 레오폴트 1세가 죽고 그의 아들 호세까지 죽자 제국의 왕위가 대공작 카를로스에게 떨어지게 생겼다. 동맹국들이 이런 결과를 원할 리 없었다. 부르봉 왕가도 마찬가지였다. 결국 서로의 이해관계 속에 1713년 위트레흐트 조약이 맺어지고 유럽의 새로운 지리, 정치 파노라마가 그려지게 되었다. 스페인은 전쟁에서 지지는 않았지만 이전에 맺은 어떤 협정에서도 볼 수 없을 만큼 많은 영토를 잃었다. 벨기에, 룩셈부르크, 밀라노, 카르데냐, 나폴리와 시칠리아, 그리고 스페인 본토의 지브롤터와 메노르카 섬을 빼앗겼다.

펠리페 5세(1700-1746)

펠리페 5세

부르봉 왕가의 첫 주자 펠리페 5세는 중앙 집권체제 하에서 스페인 모든 지역에 아메리카와의 사유 무역을 허락하고 카스티야 이외의 지역이 카스티야에 내던 세금을 면제했다. 이러한 정책으로 가장 이익을 본 곳이 카탈루냐다. 14세기 위기 이후 추락하기만 하던 카탈루냐는 이때부터 스페인에서 가장 산업이 발달하고 부유한 지역으로 변모하기 시작했다.

스페인은 잃어버린 이탈리아 영토에 대한 미련을 버리지 못하고 있었다. 1733년 프랑스와 손을 잡고 1735년 나폴리와 시칠리아를 되찾았다.

경제적인 면에 있어서는 가능한 대로 많은 것을 수출하고 꼭 필요한 것만을 수입하는 '중상주의', '영리주의' 원칙을 고집했다. 상업을 장려하기 위해 국가가 개입하여 '왕립 회사'나 '왕립 공장'에서 천, 유리, 도자기와 무기도 만들었다. 개인 사업도 장려하면서 국가가 거대한 사업체로 변모했다. 마드리드에만 다섯 개의 조합이 있었고 자본주의 기업체로서 아메리카와 교역하기 위해 자체적으로 배도 보유했다. 조선소도 만들어 대서양 항로를 확보하면서 다시 막강한 해양 국가로 변신했다. 이러한 스페인의 변화를 스페인의 방해꾼인 영국은 매서운 눈초리로 감시하고 있었다.

페르난도 6세(1746-1759)

페르난도 6세는 정치와 행정에 그리 탁월한 재능을 갖고 있지 못했지만 훌륭한 인재를 발탁하는 데는 뛰어난 수완을 발휘했다. 그가 등용한 두 정치인 카르바할과 엔세나다는 상호 존중하며 평화 정책을 유지하고 신대륙과의 무역을 확실히 한다는 원칙에 서로 동의하고 있었다. 특히 엔세나다는 훌륭한 재정가로서 국가 총 대지 장부와 국가 재산 목록을 만들었다. 이 결과 국가 수입이 1748년 금화 5,300이던 것이 1754년에 금화 9천으로까지 늘었다. 이렇게 국고가 늘게 된 원인을 세무 정책의 압박으로만 돌리기에는 부족함이 있어 보인다. 스페인 국민들이 세금을 그만큼 더 냈다는 사실은 그들이 더 부유해졌다는 증거이기도 하다. 이후 카르바할이 죽고 엔세나다가 자리에서 물러나면서 페르난도 6세가 불러들인 사람은 아일랜드 출신 라카르도 월이다. 그는 친영국파 사람이었다. 그는 스페인 병기정책을 소홀히 했을 뿐만 아니라 영국에게 많은 것을 양보했다. 이때 영국과 프랑스 간의 7년전쟁이 일어났다. 그는 어느 편도 들지 않는 중립 정책을 고수했지만 이 전쟁은 아무런 보호도 받고 있지 못하고 함대마저 거의 포기하고 있던 아메리카 내 스페인 영토를 위험에 빠뜨렸다.

페르난도 6세

카를로스 3세(1759-1788)

카를로스 3세

카를로스 3세는 스페인이 더 이상 중립 정책을 유지할 수 없음을 깨달았다. 물론 전쟁을 좋아해서가 아니라 아메리카 내 스페인 영토가 위험해질 정도로 영국의 입지가 점점 더 커지고 있던 상황을 염려했기 때문이다. 영국이 퀘벡 시를 정복했을 때 스페인은 이전에 사용했던 '균형'이라는 말을 영국에 상기시켰다. 카를로스 3세는 스페인 주재 영국대사에게 '아메리카에서의 균형 상실'에 대한 우려를 런던에 전달하도록 했으나 영국 정부의 대답은 곱지 않았다. 그래서 카를로스 3세는 프랑스와 '가족 협정'으로 동맹을 맺을 생각을 했다. 이런 사실을 안 영국은 스페인의 취약한 군사 상황을 이용해 스페인에 전쟁을 선포하고 스페인 영토였던 쿠바와 필리핀을 장악해 버렸다. 프랑스도 영국에 져서 캐나다와 인도 내의 영토를 잃었다. 스페인은 플로리다를 내주는 대신 쿠바를 되찾았다.

계몽 전제정치

카를로스 3세는 '최대 다수를 위한 최대의 행복' 추구라는 기치하에 가능한 대로 모든 시민들이 번영하고 행복할 수 있는 정치체세를 모색했나. 행성의 요율성과 사회 복지와 경제 발전, 다양한 서비스와 문화 유포를 정책의 주안점으로 설정했다. 그러나 선의와 박애 정신에 입각하여 정책을 펴더라도 그러한 개혁을 추진하기 위해서는 강력한 권력을 담보하는 '전제주의'가 요구된다고 생각했던 것 같다. 사실 '계몽'과 '전제주의'는 상반되는 용어다. 분명 어울리지 않는 동거이지만 그 당시에는 그것이 유행이었을 것이다. 따라서 이 새로운 철학은 이전의 왕들이 가졌던 초인간적인 권력을 '국가의 봉사자' 수준으로 강등시켰다. 왕의 권력은 신하들을 행복하게 해 줄 때만 정당화될 수 있고 '공동의 선'을 추구하는 군주가 아니라는 생각이 분명해지면 혁명도 일어날 수 있음을 의미한다.

위와 같은 원칙하에 왕은 사회 변화를 주도했다. 그중 가장 특이할 만한 사항은 귀족의 특권과 하급귀족 이달고의 수를 줄이는 일이었다. 오스트리아 왕가 시절의 기사 작위인 '이달고'는 18세기에는 더 이상 쓸모없는 것이 되어 버렸다. 이달고는 전쟁 이외의 일은 할 줄도 몰랐고 하려고 하지도 않았다. 18세기 중엽부터는 이 작위가 귀족에서부터 유래된 것이 아니면 모두 취소해 버렸다(국토회복전쟁 당시 전쟁에 참여했던 '평민기사' 직의 후손도 이달고라는 작위를 가졌다). 그 결과 이달고 작위 수가 30년 만에 반으로 줄었다. 물론 이러한 정책에 불만을 품은 자들도 있었다. 특히 바스크인들은 귀족성의 요인으로, 아주 오래된 역사를 갖고 있고 오래된 언어를 말한다는 점에서 자신들을 모두 이달고라고 여겼다. 하지만 이들은 근면하며 노동을 즐기는 사람들로서, 단지 세금을 내지 않기 위하여 그런 직위를 가지려 했을 뿐 사실 그들에게 이달고 작위 자체는 큰 의미가 없었다. 오히려 이달고라는 작위를 가지면 일을 해서는 안 되며 할 수도 없다는 불편함도 있었기 때문에 모두가 이 작위를 가지려고 했던 것은 아니었다. 이윤을 남기는 일을 하기 위해서 이 작위를 무효화해 주기를 요구한 사람들도 있었다. 카를로스 3세 정부는 나라의 부를 늘리기 위해 일을 하는 사람은 어떻게든 도와주려 했고 그렇지 않는 자들에게는 많은 어려움이 따르게 했다. 가끔 이러한 정책이 오해를 불러일으키기도 했는데 대표적인 것이 집시와의 문제였다. 페르난도 6세나 카를로스 3세가 집시들에게 제약을 가한 이유는 그들이 집시라서 그런 게 아니라 일을 하지 않았기 때문이었다. 그들에게 일을 가르치려 했지만 결과는 늘 좋지 않았다.

18세기의 왕들은 모두 경제 발전에 특별한 관심을 가졌다. 페르난도 6세 때까지 국가 주도하에 시장주의 정책이 펼쳐졌다면 카를로스 3세 때는 생산, 판매, 수출입 모두를 개인의 자유 경쟁에 맡겼다. 국가는 경제 발전을 저해하는 장애물을 없애고 용이하게 일을 할 수 있게끔 도로와 항구 건설 및 세금 면제 등의 작은 역할만 했다. 이러한 자유경제 체제는 지금까지 시행되고 있으며 이러한 체제하에서 개인과 나라의 부는 늘어나기 마련이다. 하지만 이 체제는 부의 분배가 제대로 되지 않는다는 위험성을 안고 있다. 모두가 같은 능력을 갖고 있지 않으며 같은 수단을 사용할 수도 없기 때문에 자유만으로 다 부자가 될 수는 없다.

그 당시 경제 발전을 저해하는 두 가지 요소가 있었다. 한 가지는 하나의 귀족가문과 하나의 교회와 하나의 도시와 하나의 장손가에 스페인 국토 70%가 속해 있었다는 것이다. 요즘 말하는 부동산의 집중화였다. 이러한 땅은 팔 수도 분배할 수도 없었다. 문제가 된 국토는 바로 알바 공작 영토였고 도미니크 교단의 땅이었고 코르도바 성당의 대지였으며 바야돌릿 시 소유지였고 에스피노사 데 라 푸엔테 가문의 땅이었다. 이 땅은 이 조직 안에서 세습되며 그런 권리를 뺏을 수도 없었다. 스페인 계몽가인 가스파르 멜초르 데 호베야노스는 이러한 세습영토 제도를 철회할 것을 농경 개혁 안으로 제안했지만 법을 바꾸기는 어려웠다.

나머지 하나는 조합이었다. 같은 업에 종사하는 노동자들이 똘똘 뭉쳐 자기들만의 규정을 만들고 일을 하기 전에 가격과 제품의 질을 먼저 정해 놓았다. 당연히 경쟁을 할 수 없는 체제였다. 거둬들인 수익금을 골고루 나눠 가졌기 때문에 기업가의 착취는 있을 수 없었다. 이런 제도하에서 수공업은 그런 대로 유지될지 모르지만 진정한 산업의 발전은 기대하기 어려웠다. 이렇게 해서 굶어 죽는 사람은 없겠지만 어느 누구도 부자가 될 수는 없었다. 이에 개혁자 페드로 로드리게스 캄포마네스는 자유 산업 체제를 개혁안으로 내놓았다. 어느 사업체든 자기들이 원하는 제품을 만들 수 있고 원하는 가격과 질로 물건을 팔 수 있도록 하자는 제안이었다. 그러면 좋은 질의 제품을 더 싼 가격에 공급하려고 경쟁을 하게 되는데 이것이 바로 자본주의 경제 체제의 기본이다. 현대에 들어 경이로운 경제 발전을 이룬 산업 유형인 자본주의 체제는 물론 사회적, 경제적인 불평등이 그 반대급부이기는 하지만 18세기에는 이러한 부작용을 예견하지 못했다.

스페인의 대서양 정책 – 플로리다 블랑카 백작

1775년 미국의 13개 식민지가 영국에 대항하여 반란을 일으켰다. 미국의 독립전쟁이 시작된 것이다. 세계에서 두 번째의 해상권을 갖고 있던 스페인으로서는 영국에게 보복할 수 있는 좋은 기회였다. 하지만 플로리다 블랑카 백작은 '피할 수 없는 전쟁을 대비하여 준비는 하지만 전쟁은 가능한 대로 피한다'라는 정치관을 갖고 있었다. 오히려 프랑스가 미국의 독립 의지를 간파하고 1778년에 영국과 전쟁을 벌였다. 망설였던 스페인은 프랑스와의 가족 협정 때문에 프랑스와 함께 전쟁에 참여했다. 일단 전쟁이 시작되자 스페인은 적극적으로 미국을 도왔다. 플로리다를 포함한 멕시코 만 북부 해안 모두를 정복했다. 지금은 우습게 들릴지 모르겠지만 경제적으로도 미국을 도왔다. 무기와 탄약도 제공했다. 하지만 지브롤터를 되찾으려는 노력은 허사로 돌아갔다. 1783년 미국의 독립을 인정한 영국은 프랑스가 점령하지 않은 캐나다 지역을 차지하는 것으로 만족해야 했다. 스페인은 현재 미국 땅인 루이지애나, 벤사콜라, 플로리다로 영토를 넓혔고 미시시피 항해권을 얻었다. 이후 미국 서쪽 텍사스, 애리조나, 콜로라도, 캘리포니아도 스페인 땅이 되었다. 스페인의 후니페로가 샌프란시스코와 샌디에이고를 세웠다. 스페인의 태평양 원정은 캐나다와 알래스카 해안까지 이르렀다. 동시에 파타고니아를 식민지로 하면서 아메리카에 새로운 부 왕국을 건립하여 수도를 부에노스아이레스로 정했다.

카를로스 3세 말기 스페인은 다시 일어섰다. 스페인 국기의 주황빛이 도는 붉은색과 노란색은 충만한 생명력의 소생을 상징하는 양 그 당시에 정해진 것이다. 스페인은 17세기 이후 처음으로 행복과 번영과 힘으로 충만한 시대에 들어선 것 같았다.

카를로스 4세(1788-1808)

18세기의 이성적인 사고는 후반기에 들면서 구체제의 원칙들을 뿌리째 뽑아내기 시작했다. 합리적 사고를 가진 사상가의 눈에는 한 명의 인간이 모든 권력을 소유하고 나머지 사람들은 그에게 모두 복종해야 한다는 사실이 너무나 터무니없어 보였다. 프랑스인 루소는 주권재민을 옹호했다. 이제 왕은 투표로 선출된 의회를 통하여 상정되는 국민의 뜻을 실행에 옮기는 사람일 뿐이었다. 역시 프랑스인 몽테스키외는 권력을 입법, 사법, 행정으로 분립하여, 법을 만드는 사람은 통치할 수 없고 통치하는 사람은 만들어 놓은 법을 실행만 하도록 함으로써 권력의 집중을 막고자 했다. 이렇게 계몽주의자들은 프랑스혁명이 일어나기 전부터 '주권재민'과 '권력 분립'이라는 자신들의 이론을 세상에 내놓고 있었다. 그들이 바라는 방향으로 개혁이 이루어지고 있기도 했다. 영국에서는 아무런 잡음도 없이 천천히 구체제에서 신체제로의 변화가 진행되어 나가고 있었다. 프랑스는 심각한 사회적, 경제적인 위기가 피비린내 나는 소요를 통해 혁명으로 터지고 말았다. 이러한 폭력 사태가 유럽 국가들을 흔들어 놓은 건 당연한 일이다.

프랑스혁명이 일어난 것은 스페인의 카를로스 4세 때였다. 카를로스 4세는 별로 똑똑하지 못했고 그의 대신들인 플로리다 블랑카와 아란다도 그러했던 것 같다. 이 두 사람은 프랑스의 루이 16세가 목숨을 유지하기를 원했고 프랑스혁명의 여파가 스페인으로 들어오지 못하게 막으려 했다. 하지만 루이 16세는 결국 단두대의 이슬로 사라졌고 프랑스혁명론이 스페인에도 침투했다. 이때 스페인 다수의 의견을 대변하는 '국내당'을 창설하자는 아이디어를 왕에게 제공한, 수완이 좋은 야심가 고도이가 국가 제1서기관으로 임명되었다. 이 당시 스페인 사람들의 사고는 깨어 있어서 한 개인이 국가의 권력을 쥐고 흔든다는 사실을 용납할 수가 없었음에도 불구하고 고도이는 25세의 나이로 아둔하고 심약한 카를로스 4세의 모든 권력을 수중에 넣었다. 가능한 대로 요직은 다 맡았고 그에 따라 봉급도 다 챙겼다. 고야의 그림에서도 알 수 있듯이 고도이가 국민들의 미움을 산 것은 당연했다. 그러나 스페인 국민들은 조국이 프랑스식 혁명으로 상처받는 일은 원하지 않았다. 프랑스와 유사한 통치체제를 갖기를 바라지만 그것을 폭력으로 얻는 것은 싫었다. 고도이에게 힘을 넘겨준 왕에 대한 미움이 고도이 때문에 더 커져 가고 있었다.

카를로스 4세

숙적인 영국과의 싸움은 1805년 트라팔가 해전으로 결정이 났다. 프랑스와의 동맹은 아무런 쓸모가 없었다. 나폴레옹 보나파르트의 출현으로 오히려 스페인 국민들의 심기는 더욱 불편해졌다. 하지만 프랑스와의 관계를 어찌해야 할지를 몰랐다. 프랑스와의 동맹을 깨면 프랑스나 영국의 공격을 받을 건 분명하고 그렇다고 독자적으로 영국을 막을 군대나 함대도 없었기 때문이다. 여기에 경제 위기가 닥쳤다. 1765년까지만 해도 안정세에 있던 물가가 상승하기 시작했는데 마침 그때 전쟁이 일어났다. 전쟁에 소요되는 어마어마한 물자에 처음으로 지폐가 사용되어야 할 필요성이 등장했다. 1797년에는 나라에 금속 돈이 부족해져 지폐 사용을 의무화했다. 판매자는 구매자가 지불하는 지폐를 받아야 했다. 그러자 판매자는 물가를 엄청 올렸다. 12년 만에 물가가 배로 뛰고 경제 위기가 닥쳤다. 경제 위기는 당연히 정치 위기를 동반하기 마련이다.

4

위기의 19세기

조제프 보나파르트

나폴레옹은 호시탐탐 스페인을 침략할 기회를 엿보고 있었다. 마침 스페인에서 1808년 3월 17일 고도이를 내쫓기 위한 아랑후에스 반란이 일어났다. 혼자 남겨졌다고 생각한 카를로스 4세는 이틀 뒤 아들 페르난도 7세에게 왕위를 물려주었다. 나폴레옹은 이 두 사람을 프랑스의 바욘으로 데리고 가 스페인 왕위를 포기할 것을 강요한 뒤 자신의 형에게 스페인 왕위를 넘겼다. 나폴레옹은 스페인 국민들이 쉽게 프랑스의 계략에 넘어오지 않을 것을 알았다. 그래서 그는 더 나은 정부의 통치하에 스페인이 더욱더 번영할 것이며 시민들은 더 많은 자유를 누릴 것이라는 분홍빛 약속들로 스페인 국민들을 회유하려 했다. 대부분의 스페인 사람들은 이 말을 믿지 않았지만 지식인들과 반 고도이파 사람들은 새로운 상황을 받아들였다. 이들이 친프랑스파 사람들이다.

이들은 스페인에 변화를 원했다. 바욘에서 새로운 스페인 법이 제정되고 의회를 약속하고 귀족과 승직의 특권을 줄였다. 후견인 나폴레옹으로부터 독립하여 훌륭한 스페인 왕이 되고자 한 조제프 보나파르트는 스페인 국민들의 뜻에 맞는 정책을 펼치려 했다. 그리고 주로 지식인들로 이루어진 친프랑스파 사람들은 개혁이 쉽게 그리고 효율적으로 이루어질 수 있을 것이라고 믿었다. 그들은 혁명도 전통도 원하지 않는 온건파들로, 변화를 원하지만 사회가 적응해 나갈 수 있도록 변화의 속도를 조절할 수 있기를 원했다. 하지만 스페인 국민들이 프랑스 체제를 전혀 받아들이려 하지 않았기 때문에 그들의 계획은 실패하고 말았다. 곧이어 프랑스로부터 독립하고자 스페인 국민들이 봉기한 독립전쟁이 일어났다. 6년 동안 스페인 땅을 피로 물들인 결과 스페인에는 안정된 권력도 없었고 프랑스화도 이루어지지 않았다.

게릴라 전법으로 나선 스페인 국민들에게 시달리던 프랑스 군대는 영국의 웰링턴 공작이 이끈 군대와 힘을 합친 스페인 군대와의 정규전에서 패하여 1814년 나폴레옹은 평화 협정에 조인해야 했다. 스페인의 승리는 믿기지 않았으며 또한 스페인 역시 믿기지 않을 정도로 분열되어 있었다.

볼리바르와 산 마르틴 장군

1812년 스페인 남부 지역 카디스에서는 이상적이며 완벽한 스페인 자유주의의 초석이 되는 헌법이 만들어지고 있었고 아메리카에서는 그러한 스페인 내 변화를 거부하는 회의가 페르난도 7세의 이름으로 소집되었다. 그런데 이 모임은 곧 스페인으로부터 독립하고자 하는 움직임으로 바뀌기 시작했다. 아메리카는 자기들의 독립을 위해 당시 스페인 상황을 이용했다. 스페인 카디스 의회에서 결정된 내용들, 즉 왕보다 국가를 우선한다는 원칙과 권력 분립, 선거를 통한 국민 대표의 선출 및 스페인 모든 자치 지역들 간의 동등권, 법 앞에 만인은 평등하다는 의식 및 자유 경제체제 등을 각자 상황에 적용시켰다. 여기에 미국이 영국으로부터 독립한 것도 한몫을 했다.

독립전쟁을 막 끝낸 스페인으로서는 아메리카 독립 움직임을 막을 여력이 없었다. 베네수엘라의 독립을 이끈 볼리바르는 불리질 수 있었지만 독립의 바람은 아르헨티나의 산 마르틴 장군의 힘에 입어 멕시코까지 불었다. 하지만 스페인은 더 많은 군대와 돈을 보낼 수 없었다. 1810년에서 1825년까지, 15년 사이에 쿠바와 푸에르토리코와 필리핀을 제외한 모든 영토가 독립했다. 막대한 자원 유입국이었던 아메리카의 독립은 스페인 경세를 파국으로 치닫게 했고 그나마 있던 사회 간섭 자본들이 독립전쟁으로 부서져 버렸다. 페르난도 7세가 스페인으로 돌아와 등극을 선서할 때 걸쳐야 했던 망토와 왕관도 프랑스인들이 가지고 가 버려 성왕 페르난도 동상에서 벗겨 와야 할 정도였다. 독립전쟁의 영웅 카스타뇨스의 월급은 6개월이나 밀렸으며 일부 공무원들은 월급을 받기까지 3년을 기다려야 했다. 행정은 전혀 돌아가지를 않았다.

더 기가 막힌 일은 돈이 없었다. 페르난도 7세는 고도이로 인해 겪었던 인플레이션이 두려워 단지 금화나 은화만을 유통시키려 했다. 하지만 이제 아메리카로부터 더 이상 금은보화는 들어오지 않았다. 돈을 가진 자는 유통시키려 하기보다 비축하려고만 들었다. 인플레이션의 반대 현상인 디플레이션이 일어났다. 생산자는 자신의 제품을 팔아야 했기 때문에 물가는 갈수록 내려갔지만 돈을 가진 자는 가능한 한 모든 수단을 동원해서 돈을 지키려고만 했다. 돈 가치는 갈수록 높아져 1820년의 물가는 1814년에 절반으로 내려앉았고 1830년에는 3분의 1로 내려갔다. 물가가 낮아진다고 해서 구매자에게 마냥 좋은 것만은 아니다. 돈이 돈을 번다는데 돈이 없으니 돈을 벌 수가 없었다. 투자한 만큼 이윤이 따라 주지 못했기 때문에 땅은 불모지로 버려졌다. 공장도 버려졌다. 수요가 없으니 생산이 될 리 없었다. 스페인은 전례 없는 쇠락의 세월을 견뎌 내고 있었다. 마을에서는 물물교환이 이루어졌다. 의자를 주고 밀을 받고 등자를 우유와 맞바꾸었다.

페르난도 7세(1813-1833)

페르난도 7세

페르난도 7세는 악마보다도 더 무섭다는 혁명을 피하기 위하여 1812년 자유주의 헌법을 인정하였고 따라서 스페인은 자유국가로 변모하는 듯했다. 그러나 자유주의자들이 온건파와 급진파로 나뉘면서 불협화음이 잦아졌다. 정부에 영향력을 행사하려는 사회 비밀 조직들이 난무하고 급진적인 '애국단체'들도 증가했다. 이런 와중에 페르난도 7세는 입장을 바꿔 자유주의자들에게 등을 돌리고 절대군주제를 그리워하기 시작했다. 보수 경향의 게릴라들이 형성되면서 나라는 내란의 상황으로 접어들게 되었다. 도시와 농촌, 즉 중산층, 수공업자와 농민, 이렇게 둘로 갈라져 자유주의와 전통 보수주의로 맞붙었다. 그런 이념 분쟁에는 사회적, 종교적 의미도 함께 담겨 있다. 원래 결집력이 약한 스페인 사람들은 상황이 어려울 때 힘을 합치지 못했다. 결국 프러시아, 오스트리아, 프랑스, 러시아의 간섭으로 스페인은 전통 보수주의 국가로 돌아갔고 스페인 내 자유주의자들은 추방을 당하거나 총살형에 처해졌다. 나라는 다시 절대 왕정체제로 돌아갔다.

혁명이라면 어떠한 가치를 내세우건 무조건 두려워했던 페르난도 7세는 마지막 집정 기간에는 절대 왕정도 아니고 급진 자유주의도 아닌 중도 정책을 모색하여 정치에서는 온건 절대주의를, 행정과 경제에는 온건 자유주의 노선을 걸었다. 땅을 분배하는 시도도 해 보고 예산처를 만들어 공공자금도 합리적으로 분배한 덕분에 재정 상태도 나아졌다. 상거래 규약을 공시하고 마드리드 주식 시장도 열었다. 1827년부터 경제는 다시 회복세로 돌아섰다. 쿠바는 스페인이 아메리카에서 상실한 것의 일부분을 보상해 주었다. 10년 동안 설탕과 코코아, 담배 생산량이 두 배로 늘었다. 스페인을 대표하는 백포도주인 세리주의 질도 좋아지고 생산량도 늘어났으며 철도 준설 계획도 세워졌다. 카탈루냐는 다시 방직업과 양모 생산 중심지로 떠올랐고 섬유 기술은 점점 발전하고 있었다. 방직 공장과 용광로 건설에 거금의 투자도 이루어졌다. 이렇게 페르난도 7세 말기에는 지난 세월의 궁핍을 잊을 정도로 경제가 좋아지고 있었다. 하지만 사후 왕위계승 문제로 인한 대립이 내란으로 터지면서 이러한 경제적 호기의 흐름은 끊어지고 만다.

마리아 크리스티나와 에스파르테로

페르난도 7세는 1833년에 죽었다. 왕위를 두고 구체제를 옹호하는 동생 카를로스와 신체제를 주장하는 왕의 세 살배기 딸 이사벨 두 사람이 대립하게 되었다. 1837년 카를로스가 마드리드 입성을 눈앞에 두고 있었다. 하지만 수하에 능력이 있는 인물이 없었던 까닭에 마드리드를 정복하지는 못했다. 그 이후 카를로스는 1839년 이사벨 2세를 인정하고 스스로 스페인을 떠났다. 이사벨 2세(1833-1868 재위)가 여왕이 됨으로써 스페인에서는 자유주의가 승리하게 되었다.

자유주의는 19세기의 역사적인 현상일 뿐, 이 자유주의를 민주주의와 혼동해서는 안 된다. 자유주의자들은 국민을 믿지 못했다. 이들은 "모든 이들이 참여한 정부보다 우수한 소수로 이루어진 정부가 모든 국민에게 더 좋은 것"이라는 새로운 원칙을 세웠다. 이 원칙에 따라 선거인단은 국민이 아닌 뛰어난 인물이어야 하고 선택된 인물들은 더 특출

이사벨 2세

마리아 크리스티나

한 소수이어야만 했다. 법은 누구에게나 평등하지만 단지 3% 내지 5%만이 선거에 참여하고 선택될 수 있다는 논리였다. 그러나 자유주의자들은 그들 내에서 내홍을 일으킬 정치당의 출현을 예견하지는 못했다. 다양한 방법을 통한 사고의 자유를 인정하는 가운데 같은 방식으로 사고하는 사람들끼리 정당을 형성하면서, 이사벨을 대신한 어머니 마리아 크리스티나의 섭정 기간 동안 자유주의자들 간에는 불화가 잦았고 사회는 질서를 잃고 혼란에 빠지게 되었다. 결국 온건파 자유주의자였으나 진보 자유주의자로 변한 에스파르테로 장군이 쿠데타를 일으켜 마리아 크리스티나를 정권에서 내쫓게 된다.

자유주의자들은 귀족의 상속권을 해제하고 그들에게 땅을 팔 수 있는 권리를 주었다. 땅을 돈으로 바꿀 수 있는 좋은 기회로 귀족들은 그 돈을 스페인에서는 취약했던 중산계급의 힘을 키우는 데 투자했다. 반면 국가는 교회의 재산을 압류하여 경매에 내놓았다. 교단들이 스페인에서 쫓겨나고 많은 사제들이 카를로스 편이었다는 이유로 살해되었다. 경매된 땅은 부자들이 샀기 때문에 부동산의 집중 현상은 피할 수가 없었다. 이렇게 국가가 벌어들인 돈은 철로를 건설하거나 산업을 장려하는 데 사용되지 못했다. 땅을 부쳐 먹고 일정 금액을 주인에게 바쳤던 소작인들은 하루 임금 노동자로 전락해 버렸다. 재산을 모두 잃은 교회 성직자들은 생계를 잇기 위하여 무상교육을 유상교육으로 바꿈으로써 스페인 교육을 위기로 내몰았다.

처음에는 진보 자유주의자들이 환영했지만 훗날 그들이 에스파르테로에게 등을 돌린 이유는 그의 독단적인 성격 때문이다. 자기가 아니면 통치할 수 없다는 그의 생각은 군대의 장군으로서는 어떨지 모르지만 정치가로는 어림없는 일이다. 그는 국가의 대표와 행정부의 대표를 혼동했다. 그는 행정까지 간섭하고 나서면서 능력도 없는 측근들을 요직에 앉혔다. 이것만 해도 큰 실책인데 여전히 약한 스페인 경제 기반에도 불구하고 자유교역주의 정책을 내세워 외국 물건에 대한 세금을 완화하고 영국산 물건을 스페인 시장에 개방했다. 카탈루냐 산업체들의 피해는 막대했다. 결국 1842년 카탈루냐의 주도 바르셀로나에서 소요가 일어났고 그는 강력하게 진압했다. 소요는 그 이듬해 전국적으로 퍼졌다. 진보주의자들과 온건주의자들이 다 함께 가담했다. 결국 그는 자기가 좋아하던 영국으로 도망가고 어느 누구도 그를 이어 섭정을 할 엄두를 내지 못하자 13세의 나이로 이사벨이 왕위에 오르게 된다.

온건주의자들의 권력

온건파와 진보주의자들의 동맹은 오래가지 못했다. 이 둘은 양립할 수 없는 정치 강령과 사고를 갖고 있었다. 부유한 지주들과 군대 그리고 지식인들은 온건파를 지지했다. 온건파들 덕분에 스페인 역사에서 보기 드문 평화의 시기가 10년간 지속되었다. 이들은 스페인 은행을 세우고 세금과 금융정책을 개혁했다. 도로 사정도 좋아졌다. 항만을 건설하고 해상 수송 체계도 호전시켰다. 범신에서 증기선으로 바꾸었다. 제철 산업이 스페인 북부 지방에서 일어나고 방직 사업이 수작업에서 기계 작업으로 넘어갔다. 새로운 공무원 강령이 세워지고 행정을 정치에서 독립시켰다.

진보주의자들과 연합론자들

온건파 정치인들의 부패를 감지한, 같은 온건파 내의 오도넬 장군은 1854년 혁명을 시도했다. 그러나 이 혁명으로 다시 기회를 잡은 자들은 진보주의자들이었다. 혁명에 놀란 이사벨 2세가 이미 정계에서 은퇴한, 진보주의자들의 우상 에스파르테로를 다시 불러들였기 때문이다. 부패를 타파하고자 일으킨 온건파들의 혁명은 오히려 반대당에게 권력을 넘겨주는 결과를 초래하고 말았다. 진보주의자들이 집정한 2년 동안 경제는 위기에서 벗어났다. 투자가 늘었고 들여온 외국 자본으로 철도도 건설하였다. 도시 소유의 세습권을 해제하여 도시가 소유지를 나라에 팔도록 했다. 처음에는 국가로부터 받은 당장의 돈으로 만족했을지는 모르나 후에는 도시가 국가에 손을 내밀게 됨으로써 결국 중앙 체제를 강화하는 결과를 낳았다.

진보주의 정권의 약점이라면 사회 무질서를 막을 힘이 없다는 것이다. 땅 세습권 해제가 농부들을 소작농에서 날품팔이로 전락시켰기 때문에 농부들이 자주 반란을 일으켰다. 에스파르테로에 대항하여 다시 오도넬 장군이 일어났다.

오도넬 장군은 '자유와 질서'라는 기치하에 온건파와 진보파의 이념을 아우른 '자유연합'이라는 중도 경향의 당을 만들었다. 이 당은 1858년에서 1863년까지 짧은 기간이긴 하나 19세기의 그 어떤 당보다 번영했다. 그러나 중앙당으로서의 분명한 이데올로기가 없었다.

이사벨 여왕 말기, 온건파와 연합파가 교대로 정권을 잡았다. 서로 의견은 맞지 않았으나 큰 싸움은 없었다. 그러나 이들의 게임 밖에 있던 진보주의자들은 정부가 아니라 체제 자체를 바꾸어 보려는 시도를 하게 된다. 그러는 사이 네 번째 정당이 새로 등장하게 되는데, 바로 민주당이다. 보통선거와 인간의 권리를 옹호하는 이들은 대부분이 공화주의자들로 구성되어 있었다. 이들은 자유주의자들에게서는 찾아볼 수 없는 이데올로기를 가지고 있었다.

1866년 유럽을 덮친 경제 위기가 스페인에도 영향을 미쳤다. 대책 없이 벌인 거대한 사업 계획에 재정이 따라 주지 못한 탓이다. 낭만주의 기질이 낳은 병폐였다. 철도 사업도 광산업도 은행들도 줄줄이 망했다. 바르셀로나 주식거래소도 무너졌다. 기업가들도 줄줄이 도산했다. 1868년에는 농산물 수확까지 좋지 못해 물가가 오르자 월급이 깎이고 일자리를 잃은 노동자들은 식량을 사기도 힘들어졌다.

1866년에는 민주당과 진보자유당 사이에서 이사벨 여왕을 퇴위시키고 보통선거를 하여 국회를 소집하고 국회의 의결에 따라 집정하자는 오스텐데 협약이 이루어졌다. 이러한 상황에 1868년 이사벨 2세가 온건 자유주의자들에게 도움을 청하자 연합파들까지 오스텐데 협약에 동참하게 되었다. 민주당은 거의 대부분이 공화주의를 지지하는 사람들로 이루어져 있지만 진보, 연합파는 군주제를 옹호했다. 그래서 이제부터는 온건과 진보의 대결이 아니라 지식인들이 핵심을 이룬 공화파와 대중의 힘을 얻은 군주파의 대결로 역사는 흘러간다.

드디어 이사벨 2세를 퇴위시킬 혁명이 1868년 9월에 일어났다. 여왕이 떠난 자리에 군주제가 지속되기를 바라는 진보주의자 프림 장군이 들어앉았다. 그의 임무는 세습할 군주를 의회가 선출하게 하는 일이었다. 결국 이탈리아 왕의 아들인 아마데오 데 사보야가 스페인의 군주로 오게 된다. 이 군주가 스페인에 발을 디딘 날 프림 장군은 마드리드에서 살해됐다. 새로운 군주는 고아로 남아 자기를 좋아하지 않는 사람들에게 의지해야만 할 상황이 되어 버렸다. 이 왕은 스페인 국민들의 지지는 받았으나 테러의 위협에 처하기도 했으며 자신이 테러 분자들을 추적하기도 했다. 결국 스페인 정치가들과의 불화로 그는 1873년 1월 스페인을 떠나야 했다.

제1공화정—피 이 마르갈

피 이 마르갈

군주제를 옹호하는 사람들로 이루어진 의회가 공화정을 선포하는 웃지 못할 일이 벌어졌다. 다른 묘책이 없었기 때문에 공화체제를 옹호하는 사람이 없는 공화정이 이루어진 것이다. 이 체제가 11개월간 지속되는 동안 4명의 대통령이 있었다는 사실은 공화정 내에서도 얼마나 많은 분열이 있었는지를 가늠하게 한다. 내분 중, 연방제로 나라를 운영할 것을 주장한, 아주 흥미롭지만 실용성이 없는 생각으로 가득 찼던 지식인 피 이 마르갈 대통령의 정책은 스페인을 갈기갈기 찢어 놓고 스페인 국민을 지역 간의 대립으로 내몰았다. 스페인 북쪽에서는 다시 카를리스트 전쟁이 터졌고 쿠바에서는 반란이 일어났다. 지역 간 분쟁, 카를리스트 전쟁, 쿠바 반란이라는 3개의 내란이 동시에 터진 것이다. 이때만큼 스페인인들이 분열된 적은 없었다. 모든 체제가 실패했고 이제는 시험을 해 볼 체제도 없음을 깨달은 스페인은 결국 쿠데타를 통하여 이사벨 2세의 아들 알폰소 12세를 왕위에 올렸다.

왕정복고 체제—안토니오 카노바스

수많은 폭동과 반란으로 인해 모두 에너지가 고갈된 탓인지 스페인 왕정복고는 너무나 평화롭게 진행되었다. 모순의 극한에 이른 조화라고나 할까. 물론 이 시대는 낭만주의가 거하고 실증주의 사상이 도래하고 있기도 했다. 이성에 의한 합리적 행동을 추구하고, 충동적인 행동이나 이상론보다 실리적인 가치에 더 중요성을 두고자 하던 시대였다.

스페인에서도 현실주의, 실리주의 정치가가 등장한다. 바로 안토니오 카노바스다. 물론 다른 현실적인 정치가들이 없었다면 그의 개혁은 이루어질 수 없었을 것이다. 카노바스는 지난 세기 일어난 스페인의 소요 원인을 상호 비타협에서 찾았다. 그는 '정치란 가능한 것의 기술'로 '가능하지 않은 것은 모두 그릇된 것'이라고 생각했다. 그리고 어떤 정당이든 자신들의 정책을 완전히 이루려 해서는 안 된다고 했다. 그렇게 되면 다른 정당이 선택할 여지가 없어진다는 것이 그의 생각이었다. 야당은 바람직하지 못한 존재가 아니라 꼭 필요한 존재이며 여당에 맞서는 일이 야당의 의무라고 했다. 이런 논리로 야당에게 힘을 실어준 것이 카노바스의 큰 업적이다. 그는 가장 이상적인 정당 체제를 민주주의의 모범국가인 영국이나 미국식 양당 체제로 보았다. 두 정당 중 하나는 늘 절대다수가 될 것이며 그러면 방해받지 않고 정치를 할 수 있을 것이라고 보았다. 하지만 정권을 갖고 있다고 모든 걸 얻으려 해서는 안 되며 늘 야당을 염두에 두고 서로 합의하여 문제들을 해결해 나가야 한다고 생각했다. 싸움이나 혁명 대신 정연한 토론으로 합의에 이르러야 한다는 것이다. 그는 또 두 정당이 동시에 집권할 수 없으므로 영국의 보수당과 노동당(토리당과 휘그당)이나 미국의 공화당과 민주당처럼 돌아

안토니오 카노바스

가며 정권을 잡으면 야당이 혁명을 일으킬 생각을 하지 않을 것이라고 했다. 상식이 통하고 합의가 이루어지고 합리적인 토론과 인내, 그리고 상대에 대한 존경과 배려, 스포츠 정신에 입각한 승복, 이런 것들이 스페인을 몇 년간 소요가 없는 평화의 시기로 지내게 한 그의 정치 비법이었다.

알폰소 12세, 13세—카노바스와 사가스타

카노바스의 이론대로 왕은 자기에게 제출된 서류에 사인만 했을 뿐 입헌 군주제도하의 왕의 본분을 철저히 준수했다. 카노바스가 주도권을 잡았지만 그 또한 처음부터 영웅이 될 생각은 없었다. 그는 옛 연합파 사람들과 온건파 및 일부 진보주의자들을 모아 보수당을 만들었다. 그리고 진보주의자들과 급진주의자 그리고 전 민주당 사람들로 구성된 자유당을 만들도록 해서 대표로 사가스타를 추천했다. 이 두 사람은 한 번도 상대방을 이해한 적이 없었다. 성격도 너무나 반대였다. 말조차도 잘 섞지 않았다. 하지만 각자 다른 한쪽이 자신들의 존재만큼이나 꼭 필요하다고 인식하고 있었다. 새로운 법이 만들어지고 입법, 사법, 행정으로 3권 분립도 확실해졌다. 국회는 상, 하원을 두었다. 종교의 자유도 선포되었다.

알폰소 13세

알폰소 12세(1874-1885 재위)가 죽고, 태어나면서 왕이 된 그의 아들 알폰소 13세(1886-1931 재위)가 왕위를 물려받았다. 카노바스와 사가스타는 3, 4년을 주기로 정권을 교체했다. 나라는 기름 친 기계처럼 부드럽게 잘 돌아갔다. 하지만 정치인들에 의해 발명된 체제는 결점이 있기 마련이다. 집권당이 바뀔 때마다 국회는 해산되고 집권당의 의원들로 국회의석을 채우게 되었다. 선거를 통하여 정부를 바꾸는 것이 아니라 바뀐 정부가 선거 결과를 결정하는 우스운 꼴이 된 것이다. 두 정당 모두 온건파이다 보니 국민들에게는 마찬가지였다. 여하튼 잡음 없는, 정말 행복한 19세기의 마지막 시절이었다.

나라가 평화로우면 투자가들이 부상하기 마련이다. 인구도 1천6백만 명에서 2천만 명으로 늘었다. 농촌에서 도시로의 이주 때문에 도시도 성장했다. 유럽의 다른 나라들과 비교해 보면 스페인은 여전히 시골 분위기를 벗어나지는 못했지만 도시는 활기가 넘치고 유행을 만들어 내고 신문과 구경거리 등 문화와 오락이 있는 곳으로 변모하고 있었다. 1880-90년대에는 스페인이 세계 제1의 포도주 생산국이 되었다. 헤레스와 리오하 그리고 라 만차와 프리오라토 지역의 와인이 명성을 얻었다. 올리브 기름 생산도 60% 증가했다. 철 생산도 유럽에서 1위를 차지했다. 하지만 불행하게도 생산량의 85%는 수출이었고 15%만이 스페인 내 사업에 사용되었다. 구리 생산량 유럽 1위였다. 바르셀로나는 직물산업으로 발전을 거듭하여 1888년에는 세계 엑스포도 개최했다.

하지만 유럽에 새로운 경제 위기가 닥쳤다. 자국의 생산물을 보호하기 위하여 외국 산물은 가능한 대로 적게 수입하는 보호 무역주의 사상이 일기 시작한 것이다. 이러한 사상은 당연히 국제 관계를 해치기 마련이다. 스페인도 보호주의를 펴다 보니 미국과 무역을 하던 쿠바와의 관계가 어려워졌다.

1890년대에 들면서 사회 불안을 조장하는 두 가지 요소가 스페인에 나타나기 시작했다. 하나는 노동자들의 사회 저항운동이었다. 카를 마르크스의 사위인 폴 라파르게가 스페인에 사회주의를 전파했고 이는 스페인 내에서 그의 제자 파블로 이글레시아의 '사회노동당' 창당으로 이어졌다. 또 하나는 이탈리아의 파넬리가 들여온 무정부주의다. 일체의 정치조직이나 억압을 거부하면서 절대적으로 자유로운 사회를 실현하려는 움직임이다. 이를 추종하는 무정부주의자들은 사회주의 강령에서 한술 더 떠 '부자들한테도 좋은' 낙원을 건설한다는 구원의 혁명가로 자인하면서 파업과 테러를 일삼았고 사태는 결국 카노바스의 목숨까지 앗아간, 피를 부른 사회혁명으로 치달았다.

보호 무역 정책의 희생양이 된 쿠바의 중산층은 국가주의에 고무되어 1895년에 독립을 선포했다. 이 선언은 쿠바 내 반스페인파와 친스페인파 간의 내란으로 번졌다. 스페인은 30만 명의 군대를 쿠바에 보냈다. 반면 미국은 반스페인파를 원조했다. 그때 마침 카노바스가 살해당하자 자유당의 대표 사가스타가 정권을 잡았다. 그는 이 소요를 기존 정책을 완전히 바꿀 기회로 여기고 쿠바의 자치권을 인정했다. 스페인 통치하에 있지만 독립된 정부와 국회를 가질 수 있는 권한을 준 것이다. 스페인과 한판 전쟁을 벌일 생각만 하고 있던 미국에게는 별로 달가운 소식이 아니었다. 바하마 만에서 미국 전함 '메인호'가 침몰하자 미국은 스페인에 그 책임을 물어 전쟁을 선포했다. 자체 폭발로 가라앉은 배에 대한 책임 추궁으로 전쟁을 일으킨 나라는 역사상 미국이 처음이자 마지막 국가가 될 것이다. 새로이 떠오르는 신제국과 6천 킬로미터 떨어진 곳에서 오랫동안 전쟁을 치르기에는 스페인은 이미 너무 지쳐 있었다. 파리 조약으로 스페인은 쿠바와 푸에르토리코와 필리핀을 포기해야만 했다. 1898년의 일이다.

1900-1930년대의 스페인

98 정신의 주체들

1898년 이후 모든 것이 바뀌었다. 미국에 패한 사실이나 최후의 식민지 상실만을 이야기하는 것이 아니다. 스페인 국민들의 위기의식이 20세기의 포문을 열었다. 스페인이라는 나라는 어떤 나라인지, 왜 이렇게 되었는지, 앞으로 나아가야 할 길은 무엇인지 등에 대한 '문제의 스페인'을 말해야 할 시점에 다다랐다. 황금세기 대제국의 꿈이 무너지면서 가졌던 환멸은 더 이상 없었다. 오히려 1898년의 재앙은 스페인 국민들 자신이 처한 위기 상황을 좀더 잘 볼 수 있는 계기가 되었다.

여기에 유럽 전역에서 불고 있던 세기말의 위기의식이 가세했다. 실증주의에 대한 회의가 일고 '상식'이 공격받고 문학과 철학과 예술에서 '비합리성과 과격주의'가 지배하는 이유가 어디에 있는지를 알아야 할 때였다. 제1차 세계 대전은 하루아침에 일어났지만 원인은 그 이전부터 생겨났기 때문이다.

스페인의 대표적인 작가 그룹인 우나무노, 바로하, 바예 잉클란, 아소린, 마차도 등이 1898년의 국가재난 앞에서 공동으로 대처한 움직임을 문학사에서 '98 세대'라고 이름한다. 하지만 이들은 사실상 1898년 이전부터 문학 활동을 해 왔고 '98 재난'에 대해서는 거의 말이 없었으며 각자 나름대로의 문학 양식과 미적 감각으로 글을 쓰고 있었으므로 '세대'로 묶기에는 무리가 있다는 주장도 있다. 여하튼 이들은 스페인 문학사에서 '은 세대'를 이룰 만큼 문학적으로 양질의 결실을 맺으며 20세기 초 30년 동안 화려하게 군림했다.

이들 대부분은 스페인의 족장정치와 선거정치가 갖는 병폐들을 지적하고 스페인의 쇠미한 모습에 역점을 두고 글을 썼다. 그리고 스페인인들의 노동 경시 경향과 결속력 부족 및 공공문제에 대한 무관심과 67%에 육박하는 문맹률과 세속성과 무기력 등을 글로써 검열했다. 그들이 내놓은 해결책은 두 가지였다. 하나는 '유럽'이 되는 길이다. 유럽에서 스페인보다 더 잘 살고 문명화된 국가들을 모방하는 길이었다. 또 다른 하나는 스페인 고유의 것, 스페인의 진정한 모습, 스페인만이 갖고 있는 건전한 본질을 발견해 내는 일이었다. 이렇듯 20세기 초 스페인은 스페인적 유럽화를 위하여 비평가와 개혁가들이 일어난 시대였다고 볼 수 있을 것이다.

지역 자치주의 움직임

당시 두각을 드러낸 것이 중산층 혁명이었다. 충분한 교양과 경제 수준을 가지고도 지도층으로 편입되지 못하고 있던 이들이 몇 사람에게만 열려 있는 정치적 기회와, 상속제로 이루어지는 전통적인 씨족 지배 체제에 반기를 들었다. 이로 인해 사회 중간 계층이 수적으로 증가했다. 다음으로 중요한 사건은 노동자들의 부상이다. 이들이 이전보다 더 혁명적으로 된 것이 아니다. 노동 방법이 달라졌다. 조합의 노조원이 초기에는 3천 명이었으나 이제는 5만 7천 명이 되었다. 이는 노동자들의 사고에 심오한 변화가 일어나고 있음을 말해 주는 것이다.

다음으로 일어난 움직임은 개혁 정치가들의 등장이다. 변화와 위기의 시대에는 누구나 다 개혁가로 나서려고 하는지 스페인에서도 알폰소 13세 왕 자신부터 군림만 하는 존재에서 개혁의 실체로 새로운 이상을 실현해 보려 했다. 훌륭한 행정과 지방 분권화 및 '족장 정치'의 종결 등이 개혁하고자 나선 모든 사람들의 이슈였다. 그런데 문제는 모두가 하나같이 자기 방식대로였다는 것이다.

특히 지역주의의 등장은 스페인의 현대사에까지 막대한 영향을 미치고 있다. 결국 2005년에 카탈루냐가 '국가'를 선포함으로써 자체 조세권과 법 제정권을 갖게 되었다. 이전부터 주창한 그들의 꿈이 어느 정도 이루어진 셈이다. 평화로워 보이는 스페인에 드리운 검은 그림자가 있었으니, 그것은 바스크 자치 지역도 무장 독립 조직의 테러를 통하여 독립 움직임을 보인다는 것이다. 20세기에 들면서 시작된 지방 분권화는 개혁가들의 정책 일환이기도 했지만 지역주의 움직임은 이미 1898년 이전부터 있어 왔던 일이다. 다만 이제의 움직임은 이전보다 더 강력해서, 1898년의 패배로 추락한 스페인에서 가급적 빨리 빠져나오고자 하는 조급함이 있었던 것으로 보인다.

카탈루냐의 지방 분권 움직임은 낭만주의 후기 시점인 19세기 후반에 이미 시작되었다. 그들은 카탈루냐 언어와 문화 찾기 운동부터 시작했다. 그 당시 도시에서는 지식인들 중심으로 카스테야노, 즉 현재의 스페인어를 사용했고 시골에서는 카탈루냐 언어인 카탈란어를 사용했다. 그런데 '다를 수 있는 권리'를 주장하며 카탈란어로 신문을 발간했다. 카탈루냐의 시인 조안 마라갈은 "스페인은 카탈루냐 덕에 모습을 바꿔 재탄생될 것이다"라고 하면서 "위대한 스페인에 위대한 카탈루냐"를 예언했다. 이들은 카탈루냐 정당 '카탈란 리그'를 만들었고 뒤이어 급진적인 성격의 '카탈란 연대'를 창설했다. 그들이 지역 행정법을 만들면서 연방제의 초석을 놓을 때까지 마드리드의 정치가들은 그러한 움직임을 전혀 이해하지 못하고 있었다.

바스크 민족주의 움직임도 이미 19세기 낭만주의 때부터 자기 고유의 것에 열광하는 움직임에 고무되어 일어났으나 카탈루냐의 분권 움직임 때보다 동참한 사람의 수가 적었고 한 개인의 충동으로부터 시작되었다. 카를리스트파로 바스크 지역의 부유한 사업가의 아들 사비노 아라나가 그 장본인이다. 카를리스트파는 수구세력에 가톨릭을 옹호하는 사람들이었다. 바스크 지역은 신대륙 발견이나 함대 사령관 엘카노의 세계 최초의 세계일주 등으로 스페인이 제국으로 군림하는 데 공헌한 바가 큰 인물들이 태어난 곳이다. 16, 17, 18세기 스페인 함대 사령관 대부분이 바스크인들이었다. 스페인 왕의 비서는 꼭 바스크인이어야 된다는 전통도 꾸준히 지켜지고 있었다. 그런데 1892년 사비노가 바스크인들은 스페인인과 다르다고 생각한 것이다. 그래서 1895년에는 '바스크 민족당'의 초석도 놓았다.

갈리시아에서도 분립 움직임은 있었으나 매우 천천히 진행되었다. 발렌시아에서는 소규모로 일어났으나 곧 소멸되었고 안달루시아에서는 지역민들과의 공감대를 형성하지 못하여 곧 사라졌다. 그러니까 결국 걱정할 정도의 지방 분권 운동은 카탈루냐의 것밖에 없었다. 이 움직임이 20세기 초에는 그렇게 심각한 위기로 보이지 않았지만 훗날에 다시 일어날 것임은 틀림없었다.

제1차 세계대전과 체제의 위기

1914년 세계대전이 터졌다. 다행히 스페인 왕 알폰소 13세의 어머니는 오스트리아가 사람이고 부인은 영국인인 데다 본인은 평화주의자였기 때문에 적십자를 통하여 일을 처리하는 중립국으로서의 역할을 훌륭히 소화해 냈다. 전쟁에 가담한 나라들은 전쟁 물자를 스페인에서 조달했다. 철의 수출이 20배로 늘었다. 직물과 농산물 수출량도 증가했다. 세계 강대국들에게 아주 비싼 가격이나 금으로 스페인 물건을 사도록 강요하는 사치도 누릴 수 있었다. 스페인 역사상 한 번도 없었던 일이다. 4년 만에 스페인 금 보유량이 3배로 늘었다. 하지만 얻는 게 있으면 잃는 것도 있는 법이다. 돈은 많은데 물자를 수출하느라 국내에서는 물자 부족 현상이 일어나면서 인플레가 발생했다. 1919년 물가가 1913년의 두 배가 되었다. 봉급자들의 월급은 물가를 따라잡지 못했다. 군인들도 월급을 올려 줄 것을 요구했다. 사회 전반적으로 불만이 터져 나와 급기야 혁명적인 총파업으로까지 치달았다. 1백 명이나 사상자를 낸 이 파업 이외도 수많은 반란이 있었지만 각자 요구하는 바가 달랐기 때문에 어느 것도 성공을 거두지 못했다. 하지만 정부는 약해질 대로 약해졌고 국가의 권위는 밟으면 금방 부서져 버릴 마른 낙엽처럼 땅바닥에 뒹굴었다.

전쟁이 끝나자 상황은 더 나빠졌다. 반대 현상이 일어났기 때문이다. 물건은 많은데 외국에서는 스페인 물건을 사 가지 않았다. 공장이 문을 닫고 수많은 노동자가 거리에 나앉았다. 그러한 상황에서 가장 필요했던 정치가인 다토가 무정부주의자의 총에 사살되었다. 설상가상으로 이미 도덕적으로 해이해져 있던 스페인과 모로코와의 전쟁은 스페인 군대에게 치욕적인 결과를 안겨 주었다. 정치인들과 군인들은 결과를 놓고 이전투구만 하고 있었다. 알폰소 13세 왕의 퇴위가 다가오고 있었다.

프리모 데 리베라의 독재

1923년 9월, 미겔 프리모 데 리베라 장군은 자신에게 나라의 전권을 넘겨줄 것을 왕에게 요구했다. 무정부주의자들의 테러에 지쳐 있던 장군에게 힘을 실어 준 것은 카탈루냐의 중산층이었다. 알폰소 13세는 극적인 갈림길에 서 있었다. 프리모 데 리베라를 용납하지

프리모 데 리베라

않으면 쿠데타나 내란이 일어날 위험을 감수해야 했고 그를 용납하자니 나라가 독재 국가로 변할 것 같았다. 여론이 변화를 요구한다고 믿은 왕은 프리모 데 리베라의 요구를 받아들였다. 여론의 요구를 충족시킨다는 면에서는 왕의 선택은 옳을 수 있었다. 물론 독재 체제가 야기할 수 있는 결과를 생각하면 알폰소 13세의 선택은 처음부터 잘못된 것이었지만, 당시 대다수 스페인 국민들은 골치 아픈 문제들을 해결할 수 있는 강한 정치가를 받아들일 용의가 있었다. '98 위기'의 개혁자였던 호아킨 코스타는 '철인 외과 의사'의 필요성을 역설했다. 스페인 사람들은 정치가들이 손 놓고 있는 일들을 해결할 수 있는 누군가가 일시적으로나마 필요하다고 확신했다. 프리모 데 리베라는 박력 있는 군인에, 순발력을 갖춘 사람이었지만 별로 똑똑하지는 못했던 것 같다. 하지만 직관력은 뛰어났다. 그의 정책은 아주 간단했다. 군 지휘부를 만들어 4, 5개월 내로 10-15개의 문제를 해결할 것이라고 믿었다. 그는 문제만 해결하고 다시 곧 자신의 자리로 돌아갈 생각을 하고 있었다. 테러를 막고 질서를 회복했으며 경제도 좋아졌다. 일자리도 창출했고 부패한 정치인을 감옥에 넣고 족장에게 벌금도 물렸다. 처음엔 사람만 바꾸면 된다고 생각했는데 이제는 체제를 바꿀 필요를 느끼게 되었다. 스페인에 새로운 정치 체제를 심는 것과 사회적, 경제적으로 스페인을 발전시키겠다는 것의 두 가지 계획 중 후자는 분명 어느 누구도 의심할 바 없이 잘 진행되었다.

문제는 정치에서였다. 어떻게 새로운 체제를 만들어야 할지를 몰랐다. '애국 연합당'이 결성되고 리베라 장군이 당 대표가 되자 보수주의자에서 개혁 성향의 정치가에 이르는 모든 종류의 사람들이 그에게로 몰렸다. 새로운 법령을 제정하려 했지만 토론하는 데만 몇 년이 걸렸다. 그에겐 훌륭한 정치 감각은 물론 자신을 도와줄 브레인도 없었다. 이렇게 해서 그의 퇴임이 늦어지자 시간이 흐르면서 정책상의 모순이 생기고, 그가 밀어붙이는 일들을 반대하는 자들이 나타나기 시작했다.

경제가 순풍에 돛을 단 듯 나아갈 때는 모든 게 평온하다. 하지만 1929년 미국에서 시작된 경제 대공황은 유럽을 강타했고 기업들이 파산하고 사람들은 은행에서 돈을 모두

인출해 버렸다. 다시 실업자가 늘고 돈 가치는 떨어질 대로 떨어졌다. 그때까지 어느 정도 독재 체재를 정당화할 수 있었던 것은 경제적인 번영 때문이었는데 그 정당성의 이유가 사라져 버린 것이다. 1930년, 프리모 데 리베라는 물러났고 스페인은 다시 위기와 불안의 세월을 견뎌 내야 했다.

6

제2공화정과 내란(1931-1939)

마누엘 아사냐

1930년 1월, 독재 체제는 무너졌다. 1931년 4월에는 군주제가 무너졌다. 1년 3개월이라는 짧은 기간 안에 두 사건이 연달아 일어난 데는 그만한 동기가 있을 것이다. 계속해서 독재 체제를 유지할 수는 없는 노릇이었다. 그러나 새로운 체제를 개발해 내야 하는 과제도 해결하지 못했다. 그렇다고 이전으로 되돌아갈 수도 없는 일이었다. 아무리 위급한 상황이었다 하더라도 알폰소 13세가 애초에 독재 체제를 용납한 것이 실수였다. 스페인에 독재로의 가능성을 열어 놓았기 때문이다. 현 체제의 유지도, 과거로의 회귀도 국민의 뜻은 아니었다. 그렇다면 무엇이 남았을까? 공화정밖에 없었다. 군주제를 옹호했던 사람들도 아이디어가 고갈되어 버렸는지 어느 누구도 묘책을 내놓을 수가 없었다. 그러는 사이 공화당파 사람들은 점점 지지 세력을 얻어 가고 있었다.

1931년 4월 12일 시의회 선거가 치러졌다. 물론 이 투표로 정부 체제를 결정하는 것은 아니었지만 여론을 파악할 수는 있었다. 투표 결과 공화당파 시의원들보다 군주파 시의원들이 많이 당선됐다. 하지만 공화당파 사람들은 주요 도시에서 더 많은 표를 얻었다며 자신들이 선거에서 이겼다고 생각했다. 군주파 사람들은 독재 체제를 용납했던 알폰소 13세 왕에 대한 불만과 사기 저하로 이러한 공화당파의 득세 앞에 속수무책이었다. 왕은 망명을 택했다. 전혀 예상하지 못한 일은 아니었지만 여하튼 이렇게 해서 1931년 4월 14일 제2공화정이 선포되었다.

1931년에서 1936년까지 지속된 공화정은 스페인 역사에서 이상할 정도로 불안정한 시기였다. 이들은 민주 체제를 스페인에 뿌리내리고 싶었지만 그러기에는 너무나 많은 어려움이 있었다. 우선 그들 내부가 갈라져 있었다. 의견 일치를 볼 분위기가 전혀 조성되어 있지 않았다. 극단주의자들은 도와줄 의사가 도통 없었다. 여기저기서 일어나는 지역주의 움직임과 경제 위기, 사회 소요 등으로 한 정권이 유지되는 기간이 평균 3개월 정도였으니 계획한 개혁안들을 실행에 옮겨 보지도 못했다. 국민에 의해 선출된 국회와 이에 동의하고 보호해 주는 정부의 합법적인 권력이 있었지만 때로는 정부의 권력보다 더 막강하고 더 효과적인 거리의 권력이 동시에 존재했다. 정치에 관여하려는 스페인 국민들의 발작에 가까운 열망은 전례 없는 일이었다.

정치에는 무관심했고 국민의 4분의 1만이 투표에 참가했던 바로 이전 시절과 비교해 보면 시대 상황이 스페인 국민을 그토록 변하게 만든 것 같다. 나라를 구하려는 움직임과 대중들의 부상, 조합으로 조직되어 등장한 노동자들의 움직임, 정치색이 완연한 신문과 눈을 떠 가는 독자층, 정치에 무관심했던 사람들까지 동요하게 만든 독재 체제, 이 모든 것들에 스페인 국민은 예외 없이 자극받았다.

이러한 상황에서 국민들에게 존경받고 도덕적으로 권위를 갖춘 정치가가 없었다는 게 문제였다. 분열과 비타협은 갈수록 더 심해졌다. 비타협을 부추긴 데는 선거법이 한몫을 했다. 획득한 표수가 아무리 적어도 연합하여 정족수만 넘으면 권력을 잡을 수 있었다. 선거에 패한 이들은 늘 억울하다고 생각했고 결과에 승복하지 않았다. 악순환의 고리는 이렇다. 먼저 획득한 표수에 관계없이 연합한 그룹이 승리하면 다수표를 획득한 그룹이 불만을 품고 상대의 권력을 인정하지 않는다. 그러면 충돌이 일어나기 마련이고 이때 정부가 이를 진압하면 정부에 대항해 새로운 선거를 치러 반대 그룹이 승리를 하는 식이다. 이런 과정이 두 번 반복되고 세 번째 이르면서 충돌이 일어났고 그것이 스페인 내전으로 터졌다.

1931년에서 1933년까지는 마누엘 아사냐가 이끈 좌파 정권 시기였다. 그는 공화정 법을 만들고 농경법을 개혁하고 교육 개혁 및 반종교 정책도 추진했다. 그러나 그 효과는 별로 보지 못했다. 경제적인 어려움으로 국민들의 불만을 샀고 무정부주의자들과 사회주의자들이 만든 노조의 격렬한 반대에 고전했다. 경제 위기가 공화정의 잘못은 아니었다. 그렇다고 정치, 사회 투쟁이나 계속된 파업이 문제를 해결할 방책도 아니었다.

1934년에 아스투리아스에서 소요가 일어났다. 소요가 난폭해지자 강력하게 진압했다. 스페인 내전의 전초전이라고도 할 수 있는 상황에서 1936년 2월 선거가 치러졌다. 스페인 국민들은 갈수록 과격해져 중도파는 침몰했고 우파가 460만 표, 좌파가 450만 표를 얻었다. 그런데 의원 수에서 좌파가 263석을 차지함으로써 우파의 145석을 훨씬 웃돌았다. 스페인에 좌파의 인민전선 체제가 심어졌다. 극우와 극좌의 대립은 정부의 힘을 무색하게 만들면서 거리의 힘만을 키워 나가고 있었다. 공화정이 실패한 이유를 설명하기란 참으로 어렵다. 아마도 사람들이 공화정에서 기대했던 것이 너무 많았던 게 주요인이 아닐까 싶다. 물론 공화파 내 분열과 비타협, 그리고 예기치 않게 덮쳐 실업과 불만을 촉발시킨 경제 대공황 등을 그 이유로 들 수도 있다.

스페인 내전(1936-1939)

1936년 7월 13일 우파의 대표 호세 칼보 소텔로가 경찰 요원에 의해 살해되었다. 인민전선 체제를 무너뜨리기 위하여 호시탐탐 기회를 엿보고 있던, 그러나 봉기할 준비는 완전히 갖추고 있지 못했던 군부가 반란을 일으킬 호기였다. 7월 17, 18, 19일에는 행동으로 들어갔다. 반란군은 자신들이 이길 것이라 확신하고 있었으며 정부는 정부대로 그들을 진압할 수 있을 거라는 데 의심의 여지가 없었다. 그러나 이 두 가지 중 어느 것도 맞지 않았다. 군대와 군대가 맞서고 시민과 시민이 맞섰다. 지각 있는 스페인인들은 전쟁을 원하지 않았음에도 불구하고 어느 쪽에 동조하든 보복이 엄청나리라는 것을 알고 있었기 때문에 항복하려 하지 않았다. 결국 내전이 터지고 말았다.

전선에서의 싸움은 오히려 치열하지 않았다. 총격전이 없는 날이 한 달 가까이 지속됐다. 오히려 후방에서, 서로에게 쌓였던 증오가 잔인하게 드러났다. 역사적으로 보아서도 형제간의 전쟁은 특히 더 잔인하다. 군대는 군대대로 국민은 국민대로 찢겨져 서로에게 증오의 총부리를 겨누었다. 반란은 군대에서 시작되었지만 그 반란의 성공 여부는 민중들이 결정했다. 스페인 사람들이 이때보다 더 열광적으로 폭력을 행사한 적은 없었을 것이다. 양편의 모든 자원병들이 전쟁 찬가를 부르며 트럭을 타고 전선으로 향했다. 지금 생각해 보면 이해할 수 없는 일로 보이지만 그때 스페인 사람들은 그렇게 했다. 오늘날 이런 일이 일어난다면 다들 미쳤다고 할 것이다. 사실 전쟁은 제정신으로는 할 수 있는 일이 아니지 않은가.

각 편이 점령한 지역은 1936년 선거 지도와 일치했다. 우파가 승리를 거둔 지역은 반란군이 차지했고 좌파가 이긴 지역은 공화정부의 차지였다. 정부군은 사라고사와 세비야를 제외한 거의 모든 대도시 및 산업 지대와 스페인 은행에 비축되어 있던 자금, 그리고 해군력과 공군력의 대부분을 선점했다. 하지만 반란군인 국민당원들은 모로코 보호령에서 온 정예부대로 훈련이 잘 되어 있었다. 이들은 크리스마스 전에 전쟁을 끝낼 것이라고 생각했다. 하지만 정부군에 국제여단이 투입되고 국민당에는 이탈리아 자원병이 들어옴으로써 내전은 국제전으로 번지고 말았다.

공산주의 국가들, 그중에서도 소련이 공화당파를 돕고 파시스트 국가들인 이탈리아와 독일이 국민당파를 도움으로써 전쟁 초기에는 상상치도 못한 파시스트와 공산주의자들 간의 싸움 양상도 보였다. 스페인에 이제 민주주의는 사라졌다. 전쟁이 종결되면 과연 민주주의가 가능할지, 그것도 모를 일이었다. 공화당파 점령 지역에서는 내분이 잦았다. 지역 주민들은 자기들 뜻대로 행동했다. 그리고 공화당파를 이루고 있던 사회주의자, 공산주의자, 무정부주의자들도 서로 싸웠다. 반면 국민당파는 프랑코를 우두머리로 임명하고 그에게 전권을 부여함으로써 흩어져 있던 힘을 결집시켰다. 이것이 프랑코가 전쟁에서 이긴 결정적인 이유일 것 같다.

1939년 프랑코군은 공화당파의 본부인 카탈루냐와 마드리드를 공격했다. 전쟁은 그해 4월에 끝났다. 2년 9개월 동안 지속된 싸움에서 30만 명의 군인과 그에 버금가는 수의 시민이 죽었다. 150만 명이 부상당하고 50만 명이 추방됐다. 25만 채의 건물이 파괴되었다. 산업은 엉망이 되었고 농토는 황폐해졌다. 스페인 은행에 있던 돈은 패배한 자들이 소련으로 가지고 가 버렸다. 도덕상의 상처는 이에 견줄 바가 아니었다. 이유 없는 증오, 필요 없는 폭력 그리고 대화와 양보를 포기하고 저지른 어리석은 행동들에 대한 수치는 얼마나 오랜 세월이 지나야 잊히고 치유될 수 있을지 모를 일이었다.

7

프랑코 시대(1939-1975)

우리나라의 6 · 25전쟁보다 더 어처구니 없는 내전을 일으켜 형제를 죽이고 조국을 황폐하게 만든 스페인 국민이 가야 할 길은 과연 어디일까. 승자는 우쭐댔다. '스페인의 구원' 이라느니, '위대한 조국' 이라느니, '제국' 이라는 슬로건이 선전용으로 내걸렸다. 그들은 서로 병존할 수 없는 계획들을 제시했다. 패배자들은 보복의 날을 기다렸다. 눈앞에 나타난 세계 전쟁과 같은 역사적 상황이 앞으로 자신들의 희망을 실현시켜 줄지도 모른다고 생각했다. 망명지에 있던 이들은 더욱더 그런 생각에 집착했다. 이도 저도 아닌 사람들은 운명에 몸을 맡겼다. 살아남기 위하여 자신의 좌경 또는 공화당 색깔을 가능한 한 숨기려 했다. 세간에는 왕정이 다시 들어설 거라는 소문이 떠돌았다. 하지만 1941년에 알폰소 13세는 망명지에서 죽었다. 공화정으로의 복귀는 패배자가 승자로 바뀔 경우에만 가능한 일이다. 그렇다고 패자들이 모두 제2공화정 같은 공화정을 원한 것도 아니다.

프랑코뿐만 아니라 어느 누구도 생각하지 못했던 일은, 마땅한 해결책이 없어서 프랑코가 국가의 수장으로서 36년을 통치하게 되리라는 사실이었다. 스페인에서 역사적으로 왕가의 피를 받지 않은 사람이 그토록 오랜 세월을 국가 최고의 자리에 있은 적이 없었다. 권력을 가진 독재자는 자기가 원하는 만큼 권좌에 있을 수 있는 게 아니냐고 말할지도 모른다. 하지만 프리모 데 리베라의 경우는 달랐다. 거의 모든 국민이 그를 내몰았다. 물론 프랑코의 경우는 그와 다르다. 프랑코는 전쟁으로 권력을 잡았고 승리하여 권좌에 올랐다. 이뿐만도 아니다. 그 당시 특별한 상황이 그렇게 만들었을 수도 있다. 또 다른 내전을 두려워한 스페인 사람들은 이구동성으로 "지금은 전쟁만 빼고 뭐든"을 외쳤다. 여기에 프랑코의 수완과 스페인인들의 정치에 대한 무관심도 한몫했을 것이다. 본래 정치에는 무관심하던 스페인 국민이 1898년 이후부터 내전에 이르기까지 열정적으로 정치에 참여하면서 자신들의 행동 강령을 바꿨다면 이번에는 그와 반대로 움직였다. 이제 이들에게 '정치'라는 말은 아픈 상처를 건드리는 용어가 되어 버렸기 때문에 스페인 국민 대부분은 자기 일에 충실하고 미래를 설계하며 살고 싶었다. 스페인 내 반대 세력은 힘이 없었고 나라 밖 망명자들은 분열되어 있어서 프랑코 체제를 대체할 결정적인 안을 내놓을 수가 없었다. 한편 프랑코 체제에 대한 유엔의 제재는 오히려 스페인 국민들이 독재자에게 도움을 주는 역효과를 낳았다. 이러한 이유들로 인해 많은 사람들이 예상했던 것과 달리 프랑코 체제가 장기간 지속되었다.

프랑코

전후 계획 및 체제 – 프랑코

내전이 끝났을 때 유럽의 몇 국가들은 전체주의 체제하에 있었다. 이탈리아와 독일은 파시즘에, 소련은 공산주의 체제하에서 하나의 당과 한 인간에게 모두 빠져 있었다. 반면 영국과 프랑스는 복수당과 의회 제도를 운영하는 자유 민주주의 체제하에 있었다. 이처럼 스페인이 채택할 수 있는 모델은 있었지만 어떤 체제가 스페인에 맞을지는 그때까지 정말 모를 일이었다. 물론 세계 대전을 코앞에 두고 있던 시점이었으므로 앞으로 어떤 형태의 체제가 승리할지도 오리무중이었다. 이러한 불확실한 상황이 스페인 국민들의 생각을 마비시켜 놓았을 수도 있다. 드디어 1945년 연합군이 승리를 거두었다. 이제 세계에는 서로 상반되는 두 개의 모델, 즉 공산주의와 자유 민주주의만이 살아남았다. 그런데 스페인은 이 두 모델 중 어느 것과도 어울리기 어려웠다. 프랑코는 공산주의를 두려운 눈으로 바라보았다. 그러면서 서방 국가들에 맞서지 않으려 개혁을 약속하고 그중 몇 개는 실현해 나갔다.

스페인 내전이 발발했을 당시만 해도 전쟁 결과가 어떻든 간에 프랑코가 국가의 수장이 되리라고는 상상조차 못했다. 그 자신이 비정치인임을 천명했었고 실제로도 군인이자 훌륭한 전술가로 알려진, 정치하고는 거리가 먼 인물이었다. 둥근 얼굴에 작은 키, 약한 목소리에 말주변도 없었다고 한다. 그 당시 독재자들과 비교해 보면 그는 모든 면에서 소심했던 인물인 듯하다. 차가웠고 계산적이었으며 다른 사람들에게 말을 하게 했고 그는 마지막에 "그래요" 또는 "아니요"로 마침표를 찍었다고 한다. 결코 서두르는 법이 없었다고 하며 그의 어록에는 "때가 아니오" 또는 "기다려야 해요"가 가장 많이 기록될 정도였다고 하니, 토론을 좋아하는 다혈질의 스페인 국민들의 기질과는 너무나 상반된 인물이었는데 이러한 성격이 오히려 그에게 유리하게 작용했을 듯싶다. 감정의 기복이 적었고 심사숙고를 거듭한 후 결정을 내리는 프랑코의 업무 처리 방식은 '천천히'였다. 전쟁도 천천히 치렀고 정권을 잡은 후에도 모든 일을 천천히 진행시켜 나갔다.

그는 군인 정신이 투철한 애국자에 질서와 규율을 엄격하게 지키는 가톨릭 신자였다. 이렇게 보면 그를 도운 사람이나 조직들이 분명해진다. 우선 독재자 프리모 데 리베라의 아들인 호세 안토니오 프리모 데 리베라가 세운 팔랑헤 조직을 들 수 있다. 팔랑헤는 군주제보다 공화정을 선호하고 일당 체제를 옹호하였으며 의회를 혐오하고 하나의 노조로 선도되는 사회주의 정권을 권장하는, 강한 정부를 원했던 파시스트 유형의 당이다. 또한 이들과 반대 성향인, 스페인 전통과 가톨릭 교리에 입각한 군주제를 옹호하는 전통주의자들과 공화정 때부터 있어 온 우파 성향의 당들 그리고 교회, 중간자적 입장을 표명한 비정치, 반정치 성향의 사람들 역시 프랑코를 도왔다고 볼 수 있다. 프랑코의 "우리는 우파도 좌파도 아닙니다"라는 말이 보여 주듯 그는 중립적이며 분명한 성격이 없는 정치를 표방하며 반대 성향의 사람들을 강제로 통합했다. 그는 정당 체제가 스페인에는 치명적이라고 보아 모든 면에서 자유로워졌을 때조차도 정당의 존재만큼은 인정하지 않았다. 철저한 반공주의자였고 모든 사람들을 끌어안았다. 그는 자신의 원칙은 확고히 지키되 주어진 상황에 적응할 줄 아는 인물이었던 것 같다. 전쟁 종결 이후 초기 사법상의 제어 장치가 없었을 때를 제하고는 보통 다른 독재자들처럼 권력을 남용하지도 않았다고 한다.

이와 같이 그와 같은 편에서 싸운 자들의 도움과 반대편 사람들의 체념과 무관심은 프랑코가 대외적으로 곤경에 빠졌을 때조차도 내부의 큰 위협 없이 계속 정권을 유지할 수 있게 한 요인이 되었다고 볼 수 있을 것이다.

전후 스페인

스페인이 전쟁에서 입은 인적, 물적 손실은 엄청났다. 이제 이를 어떻게 회복할 것인지 하는 문제만 남았다. 스페인 은행 외화금고는 비어 있었고 상당 양의 은은 멕시코로 빼돌려졌다. 외국에 도움을 청할 수도 있었지만 내전이 끝난 지 3개월 뒤 1939년 9월에 세계 대전이 발발했다. 아무것도 남은 게 없는 스페인은 자신을 도왔던 이탈리아와 독일에 오히려 원조를 해야 할 형편이 되었다. 독일은 원자재로 보답해 줄 것을 요구했다. 그러자 스페인은 물자가 부족해져 인플레가 일어났다. 폭격으로 망가진 논밭에서 수확을 기대하기 어려웠으므로 식량 부족 문제도 심각했다. 게다가 세계 대전으로 인해 스페인 국민들의 화합은 더욱더 어려워지고 또 다른 내전의 기운마저 감돌았다. 내전에서의 패자들은 러시아, 프랑스, 멕시코 망명지에서 '망명 정부'를 조직했다. 세계 대전 초기 승전보를 울리던 독일이 유럽의 주인이 되는 것 같아 보였다. 그런 정세 속에서 프랑코는 독일이나 팔랑헤당이 싫었지만 팔랑헤당에 힘을 실어 줌으로써 시류에 조응해야만 했다. 그러나 연합군이 승리할 가능성이 높아지자 프랑코는 국민의 대표자가 없는 형식상의 국회를 만들고 1945년에는 인간의 기본권을 인정하는 특별법을 공표했다. 스페인 헌법이 아직 없었을 때였다.

한편 프랑코는 팔랑헤 조직을 배제하기 시작했다. 그들의 독일 나치식 인사법이 싫었고 노조원들의 은둔처가 되는 것도 싫었다. 그 당시 직업별 72개의 노조가 있었다. 이 노조들은 하나의 조직체로 통합되어 있었기 때문에 노조의 힘은 엄청났다. 프랑코는 사회안전 체제를 구축하기 위하여 가난한 자들의 주거 공간과 거대한 의료시설을 건설하는 등 사회복지제도의 초석을 놓았다.

국제적 고립

연합국의 눈에 들기 위해 시도했던 정치 개혁이나 사회 안전시설의 확충도 전쟁의 승자들 마음에 들지 않았다. 어쨌건 스페인은 독재 국가였기 때문이다. 승자들은 포츠담 회담으로 새로 조직되는 세계 기구에서 스페인을 제외시키자는 안건을 통과시켰다. 유엔 창설을 결정한 샌프란시스코 회담에서는 스페인을 유엔 회원국에서 제외시키기로 했다. 1946년 유엔은 스페인을 경제적, 외교적으로 고립시킬 것을 가결했다. 스페인 국민들은 자신들이 갖고 있던 이념에 관계없이 이러한 결정에 분노했다. 외국에 나가 있던 대사들은 모두 쫓겨났다. 프랑스는 스페인과의 국경을 봉쇄했다. 가장 기본적인 생활 물자인 석탄의 수입조차 거부당했다. 스페인보다 훨씬 더 가난했던 몇 아랍 국가들의 도움과 아르헨티나 페론 대통령이 밀을 보내 준 것이 그 당시 스페인이 외국과 맺은 관계의 전부이다. 세계는 평화의 축제 분위기 속에서 다시 일어서고 있던 반면 스페인은 전쟁이 만든 상처 위에 배고픔과 고립의 차가운 칼날을 마주하게 된 것이다. "스페인은 평화를 저해하는 위험한 나라"라는 유엔의 비난은 스페인 국민들의 눈물과 자존심에 또 다른 상처를 안겨 주었다. 이것으로도 부족했던지 1946년 이후 3년간 스페인에 가뭄이 들었다. 농작물은 말라죽고 저수지는 메말랐다. 수력 발전이 어려우니 산업을 일으킬 전력이 없었다. 석유도 없으니 이에 수반되는 악재들이야 글로 피력하지 않아도 상상할 수 있을 것이다.

하지만 생활이 궁핍하고 자존심은 바닥을 기어도 스페인인들은 평화로웠다. 공산주의자들의 시도도 실패했다. 어느 누구도 이제 전쟁을 반기지 않았다. 유엔의 스페인 봉쇄 정책으로 인하여 오히려 이득을 보기도 했다. 스페인 국민들은 벤젠과 알코올을 섞어서 자동차를 굴리고 담배와 콩을 심었다. '산타 페' 오토바이와 '탈고' 기차도 만들었다. '페가소' 트럭도 개발했다. 경제 수준은 아주 낮았지만 미래의 번영을 위한 초석을 놓아 가고 있었다. 유엔의 스페인 따돌리기 정책이 실패한 것이다. 특히 세계열강의 상징 체제인 자유 민주주의와 공산주의가 우리나라에서 1950년 6·25전쟁으로 격돌하자 공산주의에 위협을 느낀 서구 민주주의 국가들은 스페인에 화해의 손짓을 보냈다. 스페인 대사들은 다시 외국으로 나갔다. 1952년 스페인은 유네스코에 가입하고 1953년에는 스페인 내 미군 전략 기지 구축을 허용하면서 미국과 군사 동맹도 체결했다. 1955년에는 유엔에도 가입했다. 세계가 자국의 이익을 위해 움직인다는 진리를 다시 한 번 입증한 것이다.

발전의 시대

1960년에서 1973년까지 스페인은 현대사에서 가장 눈부시게 발전했다. 프랑코는 1964년 경제 개발 계획을 세우고 추진했다. 연 9%의 성장률을 보이며 일본, 캐나다와 함께 가장 많이 발전한 나라가 되었다. 중산층 가족들이 텔레비전을 구입하고 여행도 할 수 있을 정도의 '스페인 기적'이 이루어지고 있었다. 무엇보다 스페인 경제를 회생시킨 효자 종목은 관광이었다. 수백만 명의 외국인들이 스페인에 몰려왔고 이들은 자기들의 삶의 방식을 스페인 국민들에게 보여 주었다. 물론 많은 수는 아니었지만 외국으로 나간 스페인 사람들도 서구 유럽인들의 삶의 양식을 보고 배워 왔다. 문맹률도 1960년대 말 공식적으로는 0%가 되었다. 모든 아이들이 학교에 가고 고등학생 수가 10배로 증가했다. 1930년대 2만 명이던 대학생이 1975년에 50만 명이 되었다. 이렇게 스페인 사회는 변하고 있었다. 짧은 시간 안에 스페인 상황은 누가 봐도 극적으로 바뀌어 가고 있었다. 동부 유럽 국가들이 소련의 세력권에서 해방되었을 때 큰 어려움 없이 유럽 민주국가들의 삶에 동화될 수 있었던 이유 중에 유럽이라는 같은 대륙에 있었다는 사실이 큰 몫을 차지했을 것이다. 스페인 역시 민주주의의 모범 국가들이 모여 있는 서유럽 국가들과 함께 하고 있으면서 동시에 의회 민주주의의 뿌리가 영국보다도 깊었던 까닭에 큰 산고 없이 빠른 시간 내에 모범적인 민주주의 국가로 정착할 수 있었다고 본다. 하지만 프랑코는 높아진 경제 수준이 사고의 변화를 가져온다는 사실을 모르고 있었다. 경제 발전은 필연적으로 정치 발전 또한 가져오기 마련이다. 프랑코는 정당 체제의 민주주의를 허락하지 않았지만 역사의 요구에 역행할 수 없는 상황에서 민주주의로의 길을 걸을 수밖에 없었다. 1966년 새로운 언론법이 승인됨으로써 신문은 더 많은 자유를 얻었다. 나라의 대표와 정부의 대표를 분리시키는 '국가 조직법'도 발효됐다. 12월 선거로 기본권과 청원권도 인정받으면서 자유 체제로의 희망을 갖고 확실한 발걸음을 내디딘 것이다. 1968년과 1969년에는 파업과 학생 소요도 일어났다. 1969년 의회는 현재 스페인 왕인 후안 카를로스 데 부르봉 왕자를 프랑코 사후 스페인 왕으로 지명했다. 프랑코 체제 뒤 스페인이 왕정으로 복귀하리라는 것은 예측은 하고 있었지만 그것이 어떻게 어떤 과정으로 이루어질지는 아무도 모르고 있었던 때였다.

1966년에서 1975년 사이는 프랑코 체제 말기였다. 프랑코의 카리스마는 식지 않았지만 힘은 갈수록 약해지고 있었다. 공식적인 당은 없어도 정치 그룹이 형성되어 여론기관 역할을 했다. 체제 반대 경향의 신문과 잡지도 창간되었다. 경제는 순풍에 돛단 듯 나아가고 있었지만 노조가 아니면서도 노조보다 더 많은 영향력을 행사하는 노동자 위원회가 주도한 파업도 일어났다. 1960년대 말 이미 민주주의 씨앗은 그 싹을 틔우고 있었다.

불행히도 테러 조직도 생겼다. 극좌 경향의 '그라포(GRAPO)'와 바스크 민족주의자들의 '에타(ETA)'가 그것이다. 1975년 11월 오랫동안 병석에 있던 프랑코가 죽었다. 스페인 국민들은 스페인이 서구 민주주의 형태로 나아갈 것임을 직감했다.

8

민주주의의 스페인

제2의 스페인 기적

스페인은 자유 민주 세계의 기대를 저버리지 않았다. 프랑코가 죽고 나서 이틀 뒤에 후안 카를로스 왕은 프랑코 체제 마지막 내각 각료였던 카를로스 아리아스 나바로를 정부 수장으로 임명했다. 언론매체와 지식인들과 대학은 빠른 개혁을 요구했다. 나바로는 1년 내로 4개의 당을 만들 것을 약속했지만 공산당과 국민당은 제외시켰다. 개혁에 대한 요구가 갈수록 격렬해지자 그는 1976년에 사임하고 아돌포 수아레스가 그 뒤를 이었다. 민주주의로의 과도기에 제 몫을 다하고자 결심한 그는 차별 없이 모두와 협상했다. 프랑코 때 선출된 의회는 아무런 저항 없이 자진 해산했다. 산티아고 카리요가 이끈 공산당은 보복의 차원이 아닌, 정당 체제하에서 군주제와 민주주의를 공석할 준비가 되어 있었다.

스페인 국민들은 1976년 12월 선거로 정치개혁법을 승인했다. 형식상 민주정당 체제로의 회귀였다. 스페인 국민들의 기질이 또 한 번 나타난 것은 이 법안이 통과되자 지역당과 민족주의당이 무려 164개나 만들어졌다는 것이다. 그러나 스페인 국민 대다수는 투표를 통하여 상당수가 공중분해될 것이라는 것 또한 알고 있었다. 자신의 이상과 이해관계에 가장 근접한 정당에 투표권을 행사하면 가장 많은 가능성을 갖는 정당들만 남게 되리라는 걸 알았다. 가장 많이 득표한 정당에게 가장 큰 힘을 실어 주는 '드 온트 법칙(D' Hont)'이 지금도 존재하고 있다. 수아레스는 중도 온건파로서 중재자로서의 역할을 다하기 위하여 '중도 민주 연합당(UCD)' 창단을 제안했다.

1977년 6월, 스페인 역사상 41년 만에 선거다운 선거를 치렀다. UCD가 절대 다수의 표를 획득했다. 2위는 1974년부터 펠리페 곤살레스가 이끈, 급진적인 마르크스 이념을 포기하고 민주사회당 성격으로 돌아선 '스페인 노동사회당(PSOE)'이다. 스페인 국민들은 이렇게 양 극단을 피하고 중도를 택했다. 우파, 좌파 모두 실패했다. 이 선거로 만들어진 국회는 그 당시 서구 유럽의 새로운 민주주의 흐름에 어울리는 헌법을 몇 달 만에 만들었다. 시민권이 상당히 강조된 아주 진보적인 법이었다. 이 법안은 1978년 12월 6일 거의 모든 국민이 참가한 투표에 부쳐져 절대 다수로 승인되었다. 프랑코가 죽은 뒤 3년 만에 너무나 정상적으로 아무런 어려움 없이 민주주의가 결정적으로 승리한 것이다. 스페인 국민의 기질을 아는 세계는 이러한 변화를 약간은 이상한 눈으로 바라보았지만 스페인 국민은 '제2의 스페인 기적'을 이루어 냈다.

중도 민주 연합(UCD) 시대 — 아돌포 수아레스

UCD와 PSOE 당은 왕정 체제의 부정적인 점에서 가능한 멀어지려 했다. 펠리페 곤살레스와 수아레스, 이 두 새로운 정치가와 젊고 개방적인 젊은 왕이 새로운 스페인을 건설하기 시작했다. 스페인 왕은 영국의 왕과 다르게 군수통치권이 있다. UCD 정권은 스페인이 17개의 자치 지역으로 이루어진 나라임을 인정하고 각 자치 지역에 자체 정부와 국회와 행정권을 허락하여 중앙 정부의 간섭을 최대한 배제하고 자체적으로 문제를 해결하게 했다. 물론 자치 지역들 간에, 그리고 중앙 정부와 자치 지역들 상호 간에 의혹이 완전히 가셨던 것은 아니었지만 스페인 국민들 간의 결속력이 어느 때보다 굳게 유지되었다. UCD 정권이 마주해야 했던 또 다른 문제는 경제 위기였다. 원유 부족으로 인한 아랍과 이스라엘 간의 갈등은 즉각 나타났다.

아돌포 수아레스

사실 프랑코 사후 스페인에는 자금의 해외 도피와 미래에 대한 불안으로 투자가 이루어지지 않았다. 경제는 심리적인 경계만으로도 엄청난 타격을 받기 마련이다. 인플레가 일어나 20만 개의 사업체가 도산했고 실업 문제가 다시 떠올랐다. 1980년에는 물가 상승률이 18%에 달했고 150만 명이 일자리를 잃었다.

이런 상태에 처해 있던 스페인에 민주주의가 뿌리내리는 일은 요원하게만 느껴졌다. 과거를 돌이켜 보면 1868년의 혁명은 19세기 가장 심각했던 경제 위기로 인해 일어났으며 제2공화정은 경제 대공황과 함께 왔었다. 하지만 그러한 경제적 어려움에도 불구하고 이번에는 스페인 국민들의 자유 민주주의에 대한 갈망이 너무나 커 앞선 두 경우와 같은 소요는 일어나지 않았다.

1981년 2월 23일 무장한 테헤로 소령과 몇 군인들이 국회의원과 장관들을 인질로 잡은 국회의사당 점령 사건은 스페인인들을 반체제 움직임으로 동요시키기보다 사람들 사이에 쿠데타에 대한 수치심을 불러일으켰다. 군 통수권자인 왕의 현명하고 신속한 처신으로 그 쿠데타는 실패로 끝났다. 그리고 한동안 활동했던 GRAPO는 변화하는 상황에 적응하지 못하여 사라진 반면 프랑코 말기에 다시 등장한 무장 테러 조직인 ETA는 바스크 정부의 민주주의에 대한 열망에도 불구하고 사회의 불안 요소로 계속 존재하고 있었다. 따라서 20세기 말 스페인 국민들이 가장 염려하는 문제는 테러와 실업이었다.

스페인 노동사회당(PSOE) 시대 — 펠리페 곤살레스

중도 온건파의 UCD 정권이 오래 지속될 줄 알았다. 하지만 중도 성향의 당들이 다들 그러하듯 정체성이 취약하고 다양한 세력들이 연합하여 만들어진 것이다 보니 시간이 지나면서 자중지란이 일어났다. 1981년, 아직도 밝혀지지 않은 이유로 아돌포 수아레스가 사임을 했고 그를 이은 레오폴도 칼보 소텔로는 그들만의 색깔을 가시려 노력하며 테러와 싸우고 나토에 가입하며 유럽 공동체 가입을 위한 협상을 벌였다. 하지만 이 일로도 당의 내분을 막지는 못했다.

펠리페 곤살레스

1982년 10월 총선거가 치러졌다. PSOE의 승리를 예상은 했지만 1천만 표 이상을 획득하며 의식의 절대 다수를 이루는 2백 의석 이상을 얻을 줄은 아무도 몰랐다. 중도 우파 국민당(PP)과는 1백 석이나 차이가 났다. UCD는 무너졌고 공산당은 계속 머리를 못 들었다. 사회당이 승리한 이유는 경제 위기와 실업으로 정책이 바뀌어야 한다는 인식과 앞선 모든 것들과의 확실한 단절을 해야 할 필요성 때문이었다. 이 이유들보다 우선하는 것으로 노동사회당의 리더인 펠리페 곤살레스의 명성을 드는 사람들도 많다. 그는 젊고 언변이 뛰어날 뿐만 아니라 특별한 카리스마를 갖고 있다고 여겨졌다. 그를 당의 대표로 내세운 사회주의자들은 오랫동안 정권을 유지하겠다며 권력을 잡았지만 정말로 13년 반 동안(1996년 3월까지)이나 권좌에 있을 줄은 꿈에도 생각하지 못했다. 스페인 현대 역사상 초유의 이 사건을 설명하기란 쉽지 않지만 아마도 곤살레스라는 인물과 그의 상황 적응 능력 그리고 독재 시절의 우파 색깔로 선회하지 않으려는 단호한 저항의식 때문이었을 것이다. 물론 여기에 당시 유럽의 자유민주 국가들 대부분이 연속해서 한 정당이 정권을 잡고 있었던 현상도 한몫 거들었을 수 있다.

이제 프랑코 체제와는 어떠한 연결 고리도 갖지 않은 정말 완전히 새로운 정치인들이 권좌에 올랐다. 이들은 젊었을 때 프랑코 체제에 맞선 이들이며 1986년과 그 이후 발생한 대학 데모의 주역들이다. 초기에 이들의 이상은 신마르크스주의였으나 나중에는 진보주의로 돌아섰다. 이들은 낙태를 형으로 다스리지 않으며, 성의 자유를 허락할 뿐만 아니라 장려하고, 종교로부터 교육을 독립시키고, 마약 복용을 허가하는 등 진보적인 개혁안을 가지고 있었다. 범죄자들에 대한 대사면도 시행됐다. 마약 복용 묵인 정책은 진보도 민주주의도 아닌 후기모더니즘 문화의 산물인지라 이 정책은 얼마 가지 않고 무효화되었다.

스페인이 그 당시 안고 있던 경제 위기를 우파 정권이 해결하려 했다면 아마도 엄청난 소요가 일어났을 것이다. 사회주의자들의 책임하에 정책이 시행되었던 건 어느 모로 보나 스페인의 행운이었다. 우리나라가 IMF 관리체제에서 빠져나오기 위해 취했던 방법들을 이들은 16년 앞서 스스로 추진했다. 수익이 있는 기업은 유지하되 그렇지 못한 기업들은 병합하고 생산구조를 합리화하면서 경제구조를 개편했다. 이러한 정책으로 거리로 나앉은 실업자가 노동 인구의 20%에 달하는, 거의 3백만 명에 이르렀다. 다행히도 충분한 실업수당을 보장하지 못할 만큼 나라는 가난하지 않았다. 힘들고 유쾌하지 못한 처방이었지만 그 덕분에 스페인 경제는 다시 건실해졌다. 1986년에 스페인은 유럽공동체에 가입했다. 새로운 희생이 요구되었지만 번영된 미래를 위한 약속으로 생각했고 이로써 2백년간 지속되었던 유럽에서의 스페인 고립정책이 더이상 유효하지 않음을 보여 주게 되었다.

이후 스페인은 자본 이동과 투자 확대, 상대적으로 감소한 실업률로 경제 확장 단계로 접어들었다. 1986년에서 1991년까지 경이롭게도 인플레 지수가 연 5%대로 떨어졌다. 경제 성장률은 연 5%에 이르렀다. 기간시설 확충으로 고속도로망을 확장하고 1992년 세비야 엑스포를 계기로 고속철을 놓았다.

1992년에는 바르셀로나 하계 올림픽 개최로 세계 이목을 스페인으로 집중시켰다. 반면 신대륙 발견 5백주년이라는 상징적, 역사적 대사건의 의미를 새겨 보고 거대하게 기릴 행사는 축소되고 말았다. 이 당시 스페인 경제는 대체적으로 부정적이었다. 유럽인들을 심리적으로 불안하게 만든 마스트리히트 조약에 대한 스페인인들의 의구심과, 단기 차관으로 대책 없이 빚만 지고 있는 나라 살림과 외국 투자자본의 철수가 그 요인들이었다. 스페인 화폐 가치가 떨어지고 1993년에는 처음으로 노동 인구의 23%를 차지하는 3백만 명이 넘는 실업자가 나왔다. 한편 정부는 반복되는 부정부패에 대한 혐의와 경제 정책 실패로 신임을 잃어 가고 있었다. 1986년과 1989년 선거에서 절대다수의 지지를 얻었던 정부 여당은 1993년에는 카탈루냐의 '집중과 단결(CiU)' 당과 연정해야 할 정도의 표만을 확보했다. 계속 커져 가던 부정부패에 대한 혐의와 당내 분열에 대한 국민들의 여론은 1996년 3월 총선거의 결과로 나타났다.

국민당(PP) 시대—호세 마리아 아스나르

새로운 지도자 호세 마리아 아스나르가 이끄는 PP당은 옛 당(AP: 국민연합당)의 이미지를 확실하게 씻어 냈다. 중도, 정직, 효율성을 강조했다. 국민의 절대적인 지지를 받지 못해 CiU당과 연정은 했지만 이 당의 영향하에서는 자신의 정책을 안정되게 실행할 수 있었다.

아스나르는 곤살레스와 너무나 대조되는 인물이다. 개인적인 특출함도 장애물을 피할 재주도 카리스마도 갖고 있지 않았다. 하지만 효율성을 강조하며 집요하게 자신의 정책을 진지하고도 확실하게 실천해 나갔다. 인재를 등용하고 공무원 수를 줄이며 그들의 월급을 동결하는 등 행정을 개혁하고 불필요한 비용을 줄이기 위하여 많은 일에서 국민보나 국가의 허리띠를 조였다. 그러자 나라 빚과 적자가 감소하기 시작했다. 공기업들을 민영화하면서 나라 돈을 절약했다. 인플레도 극복하고 삶의 질도 높아졌다. 1999년 스페인은 서유럽 경제 수준의 84%에 도달했다.

2000년 선거에서 PP당은 절대다수표를 획득했다. 나라는 계속 발전했고 실업률은 내려가 2001년에는 노동인구의 9%까지 감소했다. 보스니아와 아프가니스탄에 평화유지군

호세 마리아 아스나르

을 보내고 중남미 국가들에 투자를 하고, 외국 기업들의 스페인 내 투자도 적극적으로 유치하면서 그들이 아무런 제약 없이 스페인에서 활동할 수 있게 해 주었다. 세계화 추세에 발맞추기 위해서는 경쟁을 해야 하며 요구되는 조건들에 적응하는 데 많은 어려움이 있지만 열심히 노력했다. 그럼으로써 스페인은 계속 발전해, 2001년 미국에서 테러가 일어난 이후 세계 경제가 낮은 성장률을 보이는 가운데서도 주변 국가들보다 좀더 긍정적인 외화보유고를 유지할 수 있었다. 2002년 1월 1일부터 시행에 들어간 유럽공동체 국가의 유로화 통합 정책은 스페인의 결정적인 유럽 진입을 의미했다. 스페인은 자신들의 오래된 전통과 역사적 정체성을 유지하면서 동시에 유럽이 되었다.

노동사회당으로 회귀와 스페인의 당면 문제들

2004년 3월 11일 마드리드 아토차 역으로 들어오는 열차가 연쇄적으로 폭발했다. 정부는 ETA의 소행이라고 공식 발표를 했으나 테러 전문가들과 스페인 국민 대부분은 그런 결론에 수긍하기가 어려웠다. 아랍 급진파들이 미국에 테러를 자행한 이후, 이라크에 군대를 파견한 스페인 정부는 늘 그들로부터 테러의 위협을 받아 오고 있던 터였다. 결국 이 일이 알카에다의 소행이라는 사실이 밝혀지자 이라크 파병에 반대했던 사람들만이 아니라 국민을 기만한 데 분노한 스페인 국민들은 테러 사흘 뒤의 총선거에서 80%의 참여율을 보이며 정부를 갈아 치웠다. 새로 정권을 잡은, 사파테로가 이끄는 스페인 노동사회당은 공약을 준수하기 위해 이라크에 파병되어 있던 스페인 군인들을 즉각 스페인으로 불러들였다.

역사는 결코 개인적으로든 국가적으로든 절대적인 평화와 행복과 번영이 계속될 수 없음을 보여 준다. 2002년 실시된 스페인 대국민 여론 조사의 결과를 살펴보면 스페인 국민들은 가장 염려스러운 사회 문제 중 세 번째로 입국 이민 문제, 두 번째로 실업 문제 그리고 첫 번째로 테러 문제를 꼽았다. 그때만 해도 테러는 ETA가 전부였다. 그러던 그들에게 천지개벽할 열차 연쇄 폭발은 스페인 국민들을 공황으로 몰고 가기에 충분했다. 역사와 국민의 기억에 PP당의 손바닥으로 하늘 가리기식 처방은 정당의 참패를 넘어 치욕적인 사건으로 기록되고 말았다. 하지만 스페인은 비타협의 극단적인 광기 현상인 테러에 굴복하고 말았다. 국제적으로 복잡한 이해관계에 매여 있지 않은 덕분에 스페인이 국민의 안위를 우선시하고 마음을 살피는 정책을 펼 수 있다는 것이 부러울 뿐이다. 실업은 최첨단 기술로 점점 더 나아가는 21세기에 나올 수밖에 없는 산물이다. 그리고 세계는 기계가 일을 하고 있는 동안 인간은 무엇을 해야 할지에 대해 최대한의 상상력을 발휘해야 할 과제를 안고 있다. 새로이 도래하는 시대에 사람의 손을 많이 필요로 하는 다른 새로운 일이 생기기를 바랄 뿐이다.

사파테로

2005년 말, 스페인 국민들은 실업 문제 다음으로 입국 이민 문제에 상당한 관심을 갖고 있었는데 이민 문제 또한 발전의 산물이자 불행하게도 부자 나라와 가난한 나라 간의 경제적 불균형의 결과다. 실업률이 높은 스페인에 입국 이민자들이 몰리는 현상이 역설적으로 보일지 모르겠지만 경제 수준이 높아지면서 3D 직업을 회피하는 현상이 우리나라에서처럼 스페인에서도 일어났다. 어렵게 사는 나라 사람들의 손을 필요로 하는 직업이 있다. 한편 입국 이민 문제는 자국 내 출생률 저하의 산물이기도 하다. 지금 당장은 심각해 보이지 않을 수도 있지만 길게 보면 재앙을 가져올 수 있는 문제다. 20세기 중반 스페인은 아일랜드와 함께 유럽국가 중 가장 높은 출산율을 보였다. 그러나 지금은 OECD 국가 중 아래에서 네 번째이다. 참고로 한국은 아래에서 1, 2등을 다투고 있다.

현재 스페인은 2011년 대비 -1.75성장이라는 경제적 어려움을 겪고 있다. 앞선 스페인 역사에서 보았듯이 스페인이란 나라의 경제는 오직 그들만의 문제로 발생했던 것은 아니다. 부동산 경기로 미국에서 일어난 경제 위기가 유럽까지 닿았고, 그와 같은 문제를 갖고 있던 스페인 역시 건설 회사의 파산과 실업자 수의 증가 및 역사적인 스페인 제조업에서의 취약이라는 문제와 결부되면서 경제적으로 위기에 빠졌다. 실업률이 역사상 가장 높은 25%를 육박하고 있다. 이런 이유로 정권도 다시 국민당으로 넘어갔다. 외국에서 접하게 되는 스페인 경제 위기에 대한 소식은 가히 놀라울 정도이다. 그런데 막상 스페인에 가 보면 그렇게 극적이지가 않다. 부가가치세가 18%로 오르다 보니 소비를 줄이고 긴장은 하고들 있지만 서민들의 얼굴은 밝다. 어학원을 운영하는 친구의 말이 이 모든 상황을

후안 카를로스 국왕 내외와 왕세자 내외

정리해 줬다. "우리나라는 유럽연합에 들어가기 전에도 잘살았다. 그 잘산다는 것이 한국이나 독일처럼 많은 보수와 좋은 일자리 그리고 일을 많이 해서 얻었던 게 아니다. 자연이 주는 대로 감사하며, 좀 못한 일자리에 못한 보수라도 가족이나 친구들과 더 많은 시간을 보내며 삶을 즐기면서 살 수 있었기 때문이다. 우리는 지금도 그런 삶의 가치를 소중하게 여기고 있기 때문에 일인당 국민소득이 내려가고 저성장을 한다고 한들 걱정하지 않는다."

스페인 내에서는 무장 테러를 일삼아 왔던 바스크 자치 지역과 '국가'를 선포하면서 자체 조세권과 헌법 제정권을 획득한 카탈루냐 같은 자치 지역들이 있다. 개인주의가 강한 나라에서, 4개의 공식 언어와 7개의 방언을 사용하며 공존하는 17개의 자치 지역의 강한 개성에도 불구하고 어떻게 지금의 평화가 가능한 것일까. 스페인인들은 서로의 차이를 주장하며 분열되었을 때의 어떤 결과가 초래되었는지를 몸소 경험했다. 같은 피를 나눈 형제를 증오하고 나라를 황폐하게 만든 내전과 그 이후 세계 모든 국가로부터 버림받아 정신적, 물리적으로 고통을 겪었던 뼈아픈 과거를 그들은 잊지 않고 있다. 이후 개성은 매력이요 차이점은 사회의 필수 사항이라는 것을 인정하면서도, 자신들의 전통을 소중하게 여기고 자유 민주주의를 수호하며 스페인이라는 국가의 존엄성 문제 앞에서는 서로 양해하고 조화를 이룰 줄을 알기 때문에 지금의 스페인이 존재한다고 생각한다.

풀어야 할 문제는 어느 나라 어느 민족에게나 늘 있기 마련이다. 그런데 그 문제에는 나름대로 역사적 뿌리와 이유가 있기 때문에 해결책도 당연히 있다. 현재는 과거의 축적이요 미래는 현재의 필연이기 때문이다. 그리고 우리는 문제를 해결해 나가야 할 역사적 의무를 갖고 있다. 따라서 '시간 속의 거울'인 역사를 찬찬히 살펴보는 일이 무엇보다 중요하다. 역사는 '최고의 소설'이라는 말에서 알 수 있듯이 어찌 보면 이는 가장 즐겁고 손쉬운 일이 아닐까 싶다. 과거는 우리에게 어떤 새로운 일을 하라고는 하지 못하지만 해서는 안 될 일을 분명 가르쳐 주면서 다른 나라나 다른 시대에 범한 순진한 과오를 되풀이하지 않게 해 주는 최고의 스승이 아니겠는가?

제 3 부

라 비다 – 일상의 생활

프랑스인들은 음식에 집착하고 영국인들은 왕실과 차에 집착하며
미국인들은 사업에 집착하듯이 스페인 사람들은
열과 성의를 다해 밤 시간을 즐기는 데 삶을 할애한다.

올라 에스파냐

1 스페인으로 길 떠난다는 것

스페인으로의 여행

걸어서 5일 만에 세계 일주를 할 수 있다면 얼마나 좋을까! 스페인 마드리드에 있는 후안 카를로스 1세 전시관에서는 매년 1월 25일 전후로 닷새간 국제 박람회가 열린다. '피투르(FITUR)', 즉 '국제 관광 박람회(Feria Internacional del Turismo)'를 말한다. 관광 관련 전문인들만을 위해 이틀이 할애되고 나머지 사흘은 일반인들에게 유료로 개방된다. 이 박람회장에는 스페인 모든 지역의 관광 안내 부스뿐만 아니라 구경거리가 될 만한 세계 각국의 관광 안내 부스가 자기네 나라 깃발과 상징물을 내세우고 즐비하게 서 있다. 매년 약 175개 나라들의 자연과 음식과 문화와 호텔과 여행사 및 항공사들이 세상에서 가장 매혹적인 마법을 소개하기 위하여 경쟁을 벌이는 장소다. 이때쯤이면 매년 마드리드와 근교 호텔들은 만원이 되고 마드리드 중심가 '파세오 데 카스테야노' 대로변에는 'FITUR' 행사 깃발들이 상큼한 겨울바람에 멋지게 휘날린다. 쓸쓸한 겨울의 풍치에 어울리지 않는 축제가 2007년에 27회를 맞이했다. 전 세계와 스페인에 대한 관광 홍보책자와 기념물 등을 수집하는 재미를 5일 동안 누릴 수 있다고 생각해 보라. 어디서 이 같은 경험을 할 수 있을 것인가. 내가 유학했던 시절에는 마드리드 내 큰 공원인 카사 데 캄포에서 매년 피투르가 열렸다. 바리바리 싸들고 왔던 홍보물들은 한국으로 돌아올 때에 내 허리춤까지 쌓였다. 짐을 꾸릴 때 그 자료들은 놔두고 올 수밖에 없었던 안타까움이 아직도 생생한데 올해도 영락없이 다 보지도 못할 자료들을 호텔 방에 늘어놓고 고민했다.

아르코 국제현대아트페어 광고물

지금이나 그때나 확실히 스페인은 관광 대국임을 증명하는 것이 마드리드에 본부를 두고 있는 '국제 관광 협회' 와 함께 바로 이 행사인 듯하다. 그런데 우리나라 사람들에게 스페인은 그렇게 흥미를 주지 못하는 것 같아 보인다. 화려한 프랑스나 최신식 건물의 미국을 상상하고 스페인을 찾는다면 그럴 수도 있으리라. 스페인의 풍광과 그들의 문화는 유럽에서도 신비하고 이국적이기 때문이다. 그래서 유럽의 예술계 거장들은 진부한 일상과 평범함을 떨치고 새로운 자극제를 찾기 위해 스페인으로 떠났고 그곳에서 영감을 얻었다. 스페인에는 유럽의 다른 나라들과 달리 고풍스러운 과거가 현대 사이에서 숨쉬고 있고 화려하기보다 오히려 수수해 보이지만 신비스러운 태고의 아름다움이 있다. 보는 이의 감성을 지극히 자극하는 풍광으로 우리의 마음을 울린다. 꼭 다시 스페인을 찾게 만드는 사람의 정이 있고 삶이 무엇인가를 가르쳐 주는 인생의 여유가 있다. 도심의 고풍스러운 건물과 포석에서 역사를 느끼고 도로변 가로수 벤치에서 자연을 감상하며 청명한 하늘과 아침의 따스한 햇살 아래 노천 카페에서 여유롭게 커피를 마실 수 있는데 어찌 스페인으로 여행을 떠나지 않을 수 있겠는가.

내가 이러한 스페인으로 첫 여행을 한 것은 유학길에 오른 1982년이었다. 그 당시만 해도 중국과 러시아의 하늘길이 열리지 않아 알래스카의 앵커리지를 경유해야 했다. 앵커리지에서 비행기가 한 시간 동안 기름을 채울 때 나는 공항 라운지에서 기내식으로 채우지 못한 허기를 한국인 아주머니가 파는 일본우동으로 달랬다. 지금은 기내식 우수 표창장까지 받은 비빔밥에 고추장까지 준비되어 있지만 당시 대한항공 기내식은 외국인들 위주의 설익은 밥과 능글능글한 소스, 미끈미끈한 완두콩 껍질, 그리고 물컹물컹한 당근이 모두였다. 예민하여 여행 내내 한 시간도 자지 못한 나는 정말 살기 위해 먹어 두자는 생각으로 음식을 삼켰으나, 나의 위는 내 말을 듣지 않았다. 다시 중간 경유지인 파리까지 열 시간 정도 이동하여 그곳에서 스페인행 비행기가 뜨는 다른 공항으로 이동해야 했다. 서울-마드리드 간 직항로는 2007년 6월 23일에 생겼다.

나의 중간 경유지였던 파리. 세칭 예술과 낭만의 도시로 누구나 한 번쯤은 가보기를 꿈꾸는 곳이다. 그런데 현실은 꿈을 배반했다. 지금은 드골 공항에서 직접 마드리드로 비행기가 들어가지만 그 당시에는 마드리드로 가려면 드골 공항에서 짐까지 찾아 오를리 공항으로 이동해야 했다. 드골 공항 이용자는 공항버스를 무료로 이용할 수 있다고 알고 있었는데 오를리 공항으로 가는 버스를 타려고 했더니 에어 프랑스를 이용하지 않았다고 버스 요금을 내라고 하는 게 아닌가! 그 당시 요금 70프랑 때문에 나는 다시 버스에서 짐과 함께 내려 환전소 앞에서 내 순서를 기다려야 했다. 파리 시내에서는 달러가 통하지 않았다. 한 시간이 넘어서야 내 차례가 되었지만 버스를 타고 가기에는 시간이 촉박했다.

파리의 택시 운전사는 영어를 한마디도 못했지만 말은 어느 정도 알아듣는 듯했다. 사실 '오를리 공항'이란 말과 내 짐만 봐도 내 목적지를 충분히 짐작할 수 있었을 것이다. 복잡하고도 차선조차 보이지 않는 길을 잘도 빠져나가며 친절하게도 나와 내 짐을 오를리 공항에 내려주고 포터 위까지 올려 주었다. 이것이 내게는 너무나 인상적이었다. 지금도 우리나라 대부분의 택시 기사들은 손님이 힘들어해도 운전석에 앉아 구경만 하고 있다. 서비스 정신은 요금 올릴 때 한 번씩 입으로 외치다가 다음 요금 인상 때까지 금고 속에 모셔 놓는, 남에게 보여 주면 진가가 떨어지는 아주 귀한 보물인 것 같다. 파리 택시 운전사의 서비스 때문에 비싸다고 들었던 파리 택시비가 아깝다는 생각이 전혀 들지 않았다.

우리나라 유학생이라면 누구나 경험하고, 또 경험했을 법한 일이 있다. 바로 음식으로 인한 낭패다. 나를 포함한 우리 한국 사람들은 왜 음식에 그토록 집착하는 걸까. 음식은 서로 다른 역사적 상황과 지리적 조건 및 기후 그리고 조상의 지혜로 일궈 낸 문화의 대표적인 산물이자 문화 행위로 공동체 형성의 기본이라 할 수 있다. 그래서 아무리 식성이 좋은 사람이라도 외국 생활 한 달만 지나면 자기네 음식을 그리워하고 자기네 음식을 먹어야 기운을 차린다. 물론 나도 예외는 아니었다. 그런데 내가 유학했던 시절에는 스페인에 한국 식당은 물론 한국 식료품점도 없었다. 지금은 마드리드에만 대여섯 개의 한국 음식점이 있고 중국 식품점에서도 한국 음식 재료를 팔고 있으니 음식 걱정은 할 필요가 없다. 그런데도 아직 인천 공항 청사에서 보면 유학생 짐은 금방 표시가 난다. 바리바리 챙겨 넣은 것들 중 상당 부분이 먹거리다. 이제는 완벽한 포장술 덕분에 음식물로 사고 칠 일은 없을 것이다. 그때는 외국 초행길에 엄마의 성화를 못 이기고 싸 가지고 갔던 젓갈과 온갖 양념으로 버무린 깻잎이 문제가 되었다. 익기 전에는 냄새가 없지만 미적지근한 9월 기내에서 발효되기 시작해 오를리 공항에 도착하자 그 냄새가 상상을 초월했다. 오를리 공항에서 마드리드행 비행기를 타기 전에 다시 짐 검사를 했는데 검사대 위에 올려놓은 내 짐에서 그 냄새가 솔솔 풍겼다. 거금의 향수 한 통을 다 갖다 부어도 숨겨지지 않았다. 향수를 발명한 사람이 프랑스인인 이유가 프랑스가 세계에서 가장 지저분해서 그렇다고 하지만 사실 향수로 악취를 숨길 생각은 하지 않는 게 좋을 듯싶다. 향수에 실려 가는 악취는 더 멀리 그리고 더 강하게 퍼져 나간다는 걸 이 사건으로 알았기 때문이다. 그래도 나의 경우는 그나마 나은 편이다. 한 교민이 내게 들려준 이야기는 내 등골까지 오싹하게 만들었다. 그분은 포장이 터진 된장을 파리 공항 쓰레기통에 버렸단다. 그를 폭발물을 설치한 테러분자로 오인하여 드골 공항 내에 사이렌이 울리고 여행자들이 혼비백산 도피하고 경찰들은 그분을 연행하여 갔단다. 물론 문초도 상당했다고 한다. 지금도 그때 일을 생각하면 온몸에 식은땀이 흐른다고 했다. 나는 검사대 뒤의 경관에게 겸연쩍은 얼굴로 "한국 음식" 이라고 웃으며 말했더니 열려던 가방 지퍼를 도로 닫아 버렸다. 화끈거리는 내 얼굴을 멋진 미소로 식혀 주던 그 미남 경관은 음식 때문에 좋지 못했던 경험을 이미 많이 한 듯했다. 그 이후 나는 외국을 여행할 때면 그곳 문화에 충실하기 위하여 방문지 음식만을 즐겨 보려고 노력했고 지금은 많이 익숙해져 우리나라로 돌아오면 그리운 음식들도 상당수 생겨났다.

드디어 마드리드 국제공항 바라하스에 도착했다. 내 몸을 감싸 안으며 나의 피로를 씻어 줬던 마드리드 공항 냄새는 지금도 여전하다. 종합 선물세트 같은 그 싱그럽고 풋풋했던 냄새는 KAL 기내에서 잔잔히 흘러나왔던 〈웰컴 투 마이 월드〉의 감미로운 음악처럼 한국에 두고 온 것들에 대한 아픔과 미련, 유학길의 불안감, 부모님에 대한 그리움을 어느 정도 보상해 주는 듯했다. 첫 외국 여행지임에도 불구하고 낯섦이나 두려움은커녕 엄마의 품에 안겼을 때의 푸근함이 느껴져 왔다. 한 나라의 관문인 공항에서의 이러한 느낌 때문에 스페인은 늘 내게 그리운 대상이 되었는지도 모른다. 이후 거의 매년 스페인으로 여행을 할 때마다 다시는 못하겠다고 투덜댔던, 기내에서나 공항 대기실에서의 지겨움이나 피곤함도 한국으로 돌아오면 다 잊고 다시 가고 싶은 이유 중의 하나가 아마 그 때문이 아닐까 싶다.

사실 여행을 무척 좋아하는 사람이거나 유학이나 사업 등의 뚜렷한 목적을 가진 사람이 아니라면 혼자서 스페인을 여행하기가 쉽지는 않아 보인다. 그래서 단체 여행 손님이 많은데 우리나라 여행사들이 판매하는 여행 상품을 보면 스페인은 다른 나라들과 늘 함께 있다. 쉽게 갈 수 있는 코스의 나라들이 아니다 보니 길어야 9박 10일의 여정에 포르투갈과 그리스, 또는 모로코를 함께 관광할 수 있도록 일정이 짜인다. 그래서 하루에 5–6백 킬로미터를 달리게 되고 주로 차 안에서 비디오를 보면서 시간을 보내게 된다. 마드리드만이라도 제대로 구경하려면 한 달로도 부족할 것 같은데…. 비싼 비용과 힘을 들여온 여행지에서의 여행이 말 그대로 보람 있는 여행이 되어야 한다는 말을 하고 싶어 이런 말을 덧붙이게 된다. 아는 만큼 보인다고 하니 출발 전에 어느 정도의 목적지에 대한 상식을 갖고 간다면 그보다 더 알찬 여행 준비는 없을 것 같다.

내가 유학할 때는 스페인을 찾는 우리나라 관광객이 없었다고 할 정도로 적었고 개인적인 방문 이외에 찾는 이가 없었던 것으로 기억한다. 그리고 나는 지리에 어둡고 능수능란한 말재주도 없던 탓에 다행히도 여행 가이드를 할 기회가 없었는데 지금 생각하면 감사해야 할 일인 듯싶다. 여행객들이 가이드 때문에 생긴 불만을 토로하는 이야기를 많이 들었기 때문이다. 그럴 때마다 나는 내심으로, '당연하지. 준비가 되어 있지 않은 사람들을 아르바이트로 고용해 썼으니 제대로 구경을 했을까' 했다. 사실 가이드에 따라 여행지에 대한 인상이 180도 달라질 수 있다고 본다. 현지 문화와 언어에 대한 해박한 지식과 고객에 대한 성실성, 다시 말해 어느 직업에서나 요구되는 전문성을 가진 가이드를 동반한 여행은 내가 들인 경비보다 더 많은 것을 돌려주게 되어 있다. 용돈을 벌기 위한 가이드가 안내한 여행에서는 쇼핑한 물건만 많을 뿐 여행지에 대한 기억은 희뿌연 안개 속에 갇힌 불빛 같기만 할 것이다. 길을 찾느라 시간을 허비하기 일쑤고 제대로 된 정보는커녕 담장만 구경하고 오는 경우도 있다고 한다. 어떤 분이 내게 이런 말씀을 해 주셨다. “내가 참으로 가고 싶었던 곳이었기에 물어물어 정말 힘들게 찾아갔는데 가이드가 ‘여기는 볼 게 없어요. 빨리 나가요’ 하더군요. 돌아오는 길에 준비해 갔던 가이드북을 읽으니 볼 것들이 참으로 많던데 말이에요. 그런데 쇼핑 가게는 다 들르더군요. 시간 없다고 하면서 말입니다. 황당했어요.” 또는 “미리 스페인에서 조심해야 할 것을 주지시켜 주지. 이게 뭐예요. 방문한 첫날 날치기꾼한테 다 당하고. 이래서 어떻게 스페인에 대한 인상이 좋겠어요. 빨리 파리로 가고 싶어요.”

언제부터인가 스페인의 대도시인 마드리드나 바르셀로나가 범죄자들의 온상처럼 되어 하절기에 그곳을 방문하는 관광객들이 피해를 본 이야기들이 자주 들리고 있다. 3개월 무비자 입국이 가능하다 보니 관광객들이 많이 몰리는 여름휴가철이 되면 중남미, 아프리카에서 온 이들이 저지르는 범죄가 빈번하게 일어난다. 여기에 집시까지 가담하고 있기 때문에 일본인들이 자국 주재 스페인 대사관, 이탈리아 대사관 앞에서 안전을 보장하라는 데모를 할 만하다. 이탈리아 정부는 즉각 그 시위에 답하여 범죄 전과가 있는 집시들을 모두 추방해 버렸다. 이탈리아에서 추방당한 이들은 스페인으로 들어갔다고 한다. 하지만 스페인은 시내 중심가에 경찰 몇 명을 더 배치하는 것으로 끝냈다. 싫으면 오지 말라는 배짱 같아 보이지만 원래 개인주의가 강하고 무슨 일이든 쉽게 생각하는 민족이라 그런 것 같다. 물건을 도난당하고 경찰서에 신고하러 가면 경찰들은 ‘너도 당했니?’ 하는 표정으로 물끄러미 쳐다보고 있다. 이런 그들을 보면 몸을 다치지 않은 걸 위로 삼으며 물건은 포기하고 나오는 게 오히려 낫지 싶다. 나 또한 유학 시절 가방을 통째로 잃어버려 아파트 열쇠를 바꿔야 했고 이후 여행에서도 두 번 정도 가방을 도난당할 뻔했다. 그때는 이미 그들의 수법을 알고 있던 터라 다행히 아무 일도 일어나지 않았다. 아마 스페인 거주 교민이나 유학생들 중 범죄의 표적이 되지 않았던 사람은 없을 것이다. 스페인 주재 한국 대사관에 두 눈이 시퍼렇게 멍든 채 여권을 다시 신청하기 위해 앉아 있던 우리 동포들을 보면 ‘미리 정보를 좀 갖고 다니지’ 하는 안타까움이 늘 들곤 했다. 소매치기들은 절대로 스페인 사람들에게는 손을 대지 않는다. 여행자들이 스스로 조

마드리드 번화가

심할 수밖에 없다. 브라질 여성들이나 중남미 남성들은 2인 1조로 활동한다. 집시들은 애들을 내세워 무리 지어 움직인다. 예전에는 날치기가 범죄의 전부였지만 요즘은 강도들이 폭력도 일삼고 있다. 피해를 보지 않으려면, 어려운 일이겠지만 무엇보다 여행자 티를 내지 말아야 한다. 예로, 배낭을 지고 전대를 두른 채 지도를 들고 두리번거린다거나 가방을 메고 안내문을 읽느라고 장시간 한곳에 서 있는 행위는 내 물건 가지고 가라고 내놓는 것과 같다. 특히 동양의 남성들이 뒷주머니에 불룩한 현금 지갑을 넣고 다니는 일은 밤늦은 시간 돌아다니는 것만큼이나 위험천만이다. 플라멩코 쇼는 아주 늦게 끝나기 때문에 타블라오(플라멩코 공연장을 이렇게 부름) 앞에 줄지어 기다리는 택시를 타고 숙소로 돌아가기를 바란다. 택시가 없으면 문지기에게 불러 달라고 하면 금방 온다.

그리고 꼭 필요한 돈과 신용카드는 몸에 간직하고 여권은 복사한 것을 가지고 다니면 된다. 귀금속, 고가의 시계는 여행에 필요하지 않으며 가급적 짐은 종이 쇼핑백 같은 허름한 봉투에 넣고 다니는 게 좋지만 그것도 늘 내 손목에 걸고 손으로 붙들고 있어야 한다. 우리나라 여행자들이 가장 많이 당하는 곳이 햄버거 집인데, 이곳에 들어가기만 하면 앉은자리 옆에 가방을 홀로 놔두는 바람에 졸지에 모든 것을 잃는 경우가 종종 있다. 누군가가 길을 묻고자 또는 어떠한 용무가 있는 양 다가오면 모두 피해야 한다. 생면부지의 곳에서 어디로 보나 모양새가 다른 우리한테 물어보고자 접근할 일은 결코 없지 않겠는가. 스페인뿐만 아니라 파리나 로마나 런던 등 어디를 가든지 여행하는 기분에 젖어 긴장을 풀면 범죄의 표적이 되기 십상이다. 그러나 사전 지식을 갖고 약간의 주의만 기울이면 아름다운 추억을 갖게 될 것이다.

마드리드 아토차 역 구내

2

운전에서도 정열을

스페인의 교통

스페인에는 42개의 공항이 있는데 마드리드 바라하스 공항과 물 냄새가 났던 바르셀로나의 엘 프랏 공항 그리고 흙 냄새가 났던 빌바오 공항 이외 말라가, 팔마 데 마요르카, 세비야, 카나리아스 공항은 국제공항이다. 이용객이 가장 많은 마드리드와 바르셀로나 공항에는 이 두 도시를 잇는 노선이 아침 7시부터 밤 12시까지 수시로 운행되며 이를 '푸엔테 아에레아(하늘 다리)'라고 한다.

마드리드는 유럽에서는 네 번째로 큰 도시이지만 서울과 비교하면 반 정도의 규모이기 때문에 공항에서 도심까지 보통 택시나 버스로 20~30분이면 족하다. 공항버스는 공항에서 콜럼버스(콜론) 광장까지 내려다 주는데 여름휴가철에는 날치기꾼들이 많으니 특히 조심해야 한다.

짐이 많지 않다면 지하철을 타면 좋다. 바라하스 공항에서 마드리드 중심부까지 운행하는 8번 노선은 세 정거장 만에 도심으로 데려다 준다. 마드리드는 지하철의 왕국인 듯싶다. 나는 길눈이 무척 어두워 특히 지하로 들어가면 들어간 길로 다시 나올 만큼 방향감각이 없다. 그래서 서울에서도 지하철을 타지 않았던 내가 스페인에 도착한 지 단 하루 만에 12개의 전철 노선이 복잡하게 얽혀 있는 마드리드 전철에 욕심을 냈던 게 잘못이었다. 지하로 끝없이 내려가는 에스컬레이터와 네다섯 개의 환승역이 얽혀 있는 역에서 두더지처럼 땅 밑을 헤맸다. 목적지는 고사하고 중간에 땅 위로 나온 것만으로도 감사해야 했다. 그 뒤 학교와 집을 오가는 3번 노선 이외에는 다섯 개의 노선만 있는 바르셀로나에서조차 지하철은 타지 않았다. 그런데 사실 스페인 지하철만큼 편한 것도 없다는 것을 여행하면서 알았다. 중요한 지하철역마다 도시 간 버스 정류장이 있고 유료나 무료로 운영되는 주차장이 있으며 휠체어 이용자를 위한 경사 길도 준비되어 있다. 요금은 버스와 같이 1유로 정도이며 우리나라처럼 버스와 전철에 동시에 사용할 수 있는 열 개짜리 쿠폰은 총 금액의 반값인 6유로로 구입할 수 있다. 거리나 환승 횟수에 관계없이 가격이 일정하고 지하철 안에는 승객들에게 도착역을 알리는 불이 켜지며 다음 정차역과 환승노선에 대한 안내 방송이 나온다. 마드리드는 아침 6시부터 새벽 2시까지, 바르셀로나는 평일과 일요일은 아침 5시부터 밤 12시까지, 금요일과 토요일 그리고 축제 전야일은 아침 5시부터 새벽 2시까지 운행되기 때문에 자가용이 없어도 충분히 편리하게 지낼 수 있다.

전철이 편리하다 보니 버스에는 승객이 별로 없다. 그래서인지 스페인 버스 안은 참 쾌적하다. 급한 볼일이 있는 사람은 전철을 이용하면 되기 때문에 버스 기사 아저씨의 운전은 여유 그 자체이다. 특히 버스는 장애인이나 노인분들을 배려하여 승하차 시 출입구의 높이가 바닥과 맞닿도록 차체가 낮으며 계단이 없다.

공항이나 일반 도로 택시 승강장에 줄줄이 서 있는 택시는 순서가 있으니 제일 앞의 것을 타야 한다. 파리에서처럼 택시 기사가 자리에서 내려 손님의 짐을 실어 준다. 짐이 있는 경우 별도의 요금을 더 내야 하며 야밤이나 공휴일에도 역시 별도 요금이 있다. 현재 기본요금이 1.6유로 정도이고 요금은 시간과 거리 병산으로 계산되며 비용은 우리나라와 비슷하다. 짐은 많은데 택시가 많이 다니지 않는 지역에 있거나 급히 움직여야 할 경우에 택시를 부르면 가장 가까이에 있는 택시가 5분 내로 달려온다. 요금은 연락을 받고 차가 출발한 때부터 계산된다. 외곽으로 여행할 때는 출발 전에 기사에게 얼마를 내야 할 것인가를 물어보면 된다. 스페인 택시 기사들은 양심적이고 친절하지만 혹시 속았다는 기분이 들면 영수증(레시보)을 요구하면 된다. 반면 특별대우를 받았다는 생각에 기분이 좋으면 거스름돈의 일부를 팁으로 주면 무척 고마워할 것이다.

차가 없어도 충분히 잘 살 수 있는 스페인이었기 때문에 차 없이 다녔는데 부모님이 스페인에 오신다고 해서 작은 차를 관광 넘버로 하나 구입했다. 다행히도 그때 스페인 경제가 좋지 않아 달러를 갖고 있던 유학생들은 많은 이익을 봤다. 게다가 관광 넘버는

마드리드 시내 교차로

외국인들에게만 적용되어 1년마다 넘버 갱신을 해야 하는 불편함은 있어도 가격은 저렴하다. 처음 운전할 때는 우리나라 것과 달라 황당했던 것들이 그쪽 도로에 익숙해지면서 그러한 제도가 훨씬 합리적이라고 여기게 되었다. 신호등이 우리나라처럼 교차로 저 멀리 하늘에 날려 있는 게 아니라 교차로 진입 선에 있으며 운전석에서 보기 좋게 옆으로도 하나 더 달려 있다. 내 차는 오펠 종류였는데 그때만 해도 스페인에는 오른쪽 백미러가 달려 있지 않는 차들이 많았다. 반사경으로만이 아니라 고개를 돌려 옆의 차를 직접 확인하라는 취지에서 나온 거였다. 그리고 좌회전은 거의 없다시피 하고 비보호와 유턴은 아예 없다. 골목길이 거의 모두 일방통행으로 되어 있다 보니 지도로 미리 길을 알고 가지 않으면 낭패 보는 경우가 허다하다. 길이 대여섯 개로 갈라져 있는 로터리에서 방향을 잡기는 참 어렵다. 그런데 로터리 중앙 회전로에 들어서면 내가 갈 방향을 찾을 때까지 빙빙 돌아도 된다. 지금도 스페인 도시의 외곽도로를 달리다 보면 스페인 사람들의 운전 버릇을 확실히 알 수 있다. 도로를 가로질러 걸려 있는 대형 간판에 그 지점에서 다

스페인의 교통 노선도

음 지점까지의 소요 시간이 적혀 있는데 엄청난 속력으로 달려야만 그 시간 내에 도착할 수 있다. 속도 제한이 아니라 빨리 달리라고 독촉하는 안내판 같다. 사실 연휴가 끝나고 나면 교통사고 사망자 수가 항상 뉴스거리가 될 정도로 스페인 사람들은 정말 빨리 달린다. 시내에서도 차가 없으면 쌩쌩 달린다. 이렇게 운전에서도 정열을 보여 주는 스페인 사람들이지만 빨리 가기 위해 끼어드는 경우는 없다. 차선 변경 깜빡이를 켜면 곧 양보하고, 한 차선을 독차지하고 세워 둔 차 때문에 다른 차들이 경적을 울리며 차선을 변경해야 하는 경우도 없다. 아무런 표시도 없이 골목길을 혼자 독차지하고 짐을 내리거나 싣는 차들도 없다. 보행자 신호가 바뀌어도 행인이 다 건너갈 때까지 기다려 준다. 이런 일은 기본 상식인데 무슨 자랑거리인 양 글로 쓰고 있는 나를 한심하게 생각하는 독자도 있을 것이다. 그런 독자가 많다면 오히려 다행이다.

도시 외곽 여행에는 무엇보다 기차가 제격이지 싶다. 사실 유학 중에는 방학 때라도 여행하기가 쉽지 않았다. 외국인 과정 수업 듣는다거나 읽을 것도 많고 6월 시험에서 낭패를 본 것을 9월에 다시 회복해야 하기 때문에 방학이라고 스페인 학생들처럼 그저 놀 수가 없었다. 하지만 가끔 마드리드 근교의 도시와 마을 정도는 당일 코스로 다녔는데 이때 편리하게 기차를 이용한 기억이 있다. 스페인 기차에는 단거리용은 물론이고 우리에게는 생소하겠지만 국가와 국가를 이어 주는 고전적인 낭만 열차도 있다. 마드리드와 파리 간을 달리는 '푸에르타 델 솔'과 바르셀로나와 파리를 잇는 '엘 카탈란 탈고'가 바로 그것이다. 바르셀로나에서 취리히와 밀라노로 가는 기차도 있다니 생각만 해도 멋진 여행이 그려진다. 그리고 고속철인 '아베'도 1992년 세비야 엑스포를 계기로 만들어졌다. 마드리드와 세비야, 시우다드 레알, 푸에르토야노, 말라가, 카디스, 우엘바 및 알헤시라스 사이를 운행하는 물류용 아베도 있다. 1994년 11월부터 운행된 이 물류용 아베는 시속 3백 킬로미터로 달리며 마드리드와 세비야를 2시간에 잇는다. 스페인 국민들의 3분의 2 이상이 비행기보다 아베로 여행하기를 선호하고 있다. 이외 스페인 역사 산물인, 1949년부터 운행된 '탈고'가 있고 스페인이 자체 제작하여 시속 350킬로미터로 마드리드와 바르셀로나 간을 달리는 '탈고 고속철'이 조만간에 선을 보일 예정이란다. 장거리 여행일 경우 왕복표를 구입하면 비용은 절약된다. 여행이 잦은 경우 열 개짜리 기차 쿠폰을 사용하면 경제적이다. 월 쿠폰도 있고 학생을 위한 특별표도 있는 이 기차로 한 해 약 4억 8천만 명 정도가 움직인다고 하니 상당한 수다. 외국 여행자인 경우 '녹색 카드'라는 게 있어 자리 예약만 해 놓으면 어느 곳이든 기차로 여행할 수 있다. 요금은 이동거리에 따라 계산된다. 이 밖에 해상에서의 운송 수단도 있다. 지중해와 대서양을 함께 갖고 있는 나라인 만큼 항구 도시로 이동할 경우 배를 사용하는 경우도 있다. 배로 하는 여행이라면 지중해 해안 도시를 가거나, 대서양으로 러시아의 상트페테르부르크나 핀란드의 헬싱키, 또는 쿠바나 멕시코의 칸쿤까지 가는 낭만의 크루즈는 생각만 해도 멋진데 아직 내게는 계획으로만 있다. 언젠가는 이룰 꿈이다. 비수기와 성수기의 요금이 1,500유로 정도까지 차이가 나고, 일찍 예약해 놓을수록 비용이 절감된다. 2월 비성수기 요금이 140만 원 정도로, 7일간 지중해 연안 도시를 옛 영화 속의 두 주인공 캐리 그랜트와 데보라 카처럼 멋지게 돌 수 있다니 생각만 해도 기분이 좋아진다. 출발은 스페인의 바르셀로나나 발렌시아에서 한다. 뱃길은 육로나 하늘의 길보다는 이용 인원이 적지만 한 해 평균 1,400만 명이 이용하며 나라 간 여행자 수는 380만 명 정도가 된다.

3

스페인에서 집 구하기

스페인의 삶의 공간

스페인 사람들의 인생 목표 중 우리와 공통되는 것 중 하나는 아파트든 독립 주택이든 상관없이 자기 소유의 집을 갖는 일이라고 한다. 나라의 경제 상황이나 직업을 갖고 있느냐 없느냐가 부모의 집에 얹혀 사느냐, 임대를 하느냐, 집을 구입하느냐를 결정하는 집의 요소가 될 것이다. 유학 시절, 단 한 번 이사를 했는데 처음 세들어 살았던 집의 주인은 톨레도에서 농사를 짓던 농부였다. 아들의, 소위 서울 교육을 위하여 마드리드에 준비해 두었던 자그마한 아파트였다. 이 아들이 대학에 갈 나이가 되자 집을 비워 줄 것을 요구했고 집 주인이 정말 미안해 하며 구해 준 다른 아파트로 옮겼다. 이 새로 얻은 아파트의 주인은 오전에는 병원의 응급차 운전 일을 했고 오후에는 영화관 사무실에서 일을 보는 사람이었다. 스페인에는 오전에 끝나는 직업이 많기 때문에 두 개의 직업을 갖는다고 이상할 게 없다. 주인은 마드리드 근교에 새로이 들어서는 아파트로 옮기면서 이 집을 세 놓았던 것이다. 이 정도의 생활수준인 사람들이, 고급은 아니지만 집을 두 채 정도 가질 수 있을 만큼 그 당시만 해도 스페인 내 집값은 저렴했다. 하지만 유로화로 화폐 통합 정책이 발표된 뒤 숨어 있던 돈, 소위 검은 돈이 시중에 나오고 이 돈이 부동산 투기에 사용되다 보니 집값은 천정부지로 뛰어 1990년대 말까지 집을 준비하지 못한 사람은 부모와 동거해야 하는 상황이 벌어지게 되었다. 우리나라와 달리 넓은 대지에 어떠한 장소에서든 여유롭게 공간을 즐기고 있는 스페인의 집값이 우리나라보다 더 비싼 이유가

아파트

참으로 궁금했다. 소위 검은 돈의 소유주들이 집을 사 모으는 데 투자를 하고 있으니 부동산의 엄청난 집중 현상으로 말미암은 것이라고 볼 뿐 다른 이유가 없어 보인다. 지금도 집은 계속 짓고 있지만 올라간 집값은 내리지 않고 있기 때문에 현재 스페인 젊은이들의 가장 큰 고민거리 중 하나가 자기 소유의 집을 갖는 것이라고 한다. 그래서 현 정부는 직업이 있는 젊은이들에게 저리 장기 대출로 집을 구입할 수 있는 길을 열어 줬다.

스페인에서 생활하다 보면 법이나 제도가 참으로 인간적이다라는 생각이 들 때가 많은데 그중 하나가 집 임대와 관련된 것이다. 임대는 월세로만 운영되며 장기간 임대한 경우 법적으로 초기 월세에서 물가 변동액 정도의 금액만을 추가로 올려 받게 되어 있

아파트 외관

아파트 입구

다. 그래서 오래전에 세든 사람들은 현재 임대료와는 비교가 되지 않을 정도로 저렴한 월세를 낸다. 다만 집의 소유주가 바뀔 때에는 현 시가를 요구하는 경우가 많다.

스페인 체류 초기 시절 스페인 주거 공간 때문에 내가 겪은 문화적 충격은 참으로 컸다. 스페인에서 집을 구하면서 내가 터득한 것은 반드시 버려야 할 것이 있다는 것이다. 하나는 우리나라의 현대식 아파트를 염두에 두어서는 안 된다는 것이다. 보통 중산 가정에서 자란 사람이라면 집에 대한 어떤 표본을 가질 수 있을 텐데 경우에 따라 그 표본을 지워야 한다는 얘기다.

예나 지금이나 스페인에서 집을 구하려면 일간지 뒷부분을 보면 된다. 우리나라의 생활정보지에서처럼 집 임대며 매매에 대한 상세한 정보가 가득 실려 있다. 똑같은 전화번호가 반복해서 적혀 있는 것은 부동산이다. 가로, 세로 2.5센티미터 정도의 광고란에 가구 및 살림 장비가 모두 갖추어져 있는 집인지, 아니면 전등부터 달아야 할 정도로 텅텅 빈 집인지, 난방 시설은 되어 있는지, 방은 몇 개이며, 화장실은 또 몇 개인지 등등이 빼곡하게 적혀 있다. 그리고 연락처가 있다. 방이 세 개 이상이면 보통 화장실도 두 개가 된다. 이 경우는 아파트가 아니고 피소라고 한다. 몇 해 전 우리나라에 소개된 영화 〈스패니쉬 아파트먼트〉에서 유럽의 에라스무스 장학금을 받은 학생들이 바르셀로나에 모여 사는 곳이 바로 피소다. 방 하나가 한 국가를 대변하는 그 공간처럼 외지인들은 한 개의 피소를 빌려 여럿이 돈을 나눠 월세를 내기 때문에 경제적 부담감은 훨씬 줄어든다. 대학 구내 카페테리아나 학생용 게시판에 보면 방을 나눠 쓰자는 연락처가 덕지덕지 붙어 있다. 물론 하숙방과 기숙사도 있다. 기숙사의 경우 예약을 해야 들어갈 수 있지만 말을 익히고 유학

생활에 빨리 적응할 수 있다는 긍정적인 면이 있다. 그런데 나는 가두어 놓으면 내일이 오지 않는다고 생각하여 죽어 버린다는 부시맨을 닮았는지, 닭집 같은 기숙사나 내 의지와 관계없이 시간을 지키고 식사를 해야 하는 하숙보다 나만의 공간을 고집했다. 이 경우 경제적 부담감을 갖지 않는다면 복덕방을 이용하면 편리하다. 하지만 한 달 월세를 소개비로 줘야 한다는 조건이 있어, 나 혼자도 집을 구할 수 있다는 오기가 생겼다. 그래서 아침마다 신문 가판대로 가 신문을 사 들고 공중전화 앞에 앉아 연신 다이얼을 돌렸다. 내가 바라는 조건에 맞으면 집을 구경하러 갔다. 그런데 그때만 해도 스페인이 과거와 현재가 공존하는 나라인 줄을 몰랐다. 더군다나 수도인 마드리드가 15세기부터 17세기, 18세기 건물들의 천국인지도 몰랐다. 보통 외국을 여행할 때면 도시 관광은 가급적 피하는 사람들이 있다. 어느 나라에서나 볼 수 있는 모습을 보자고 돈과 시간을 들여 여행을 하고 싶지 않기 때문이다. 나 또한 꿈에 그리던 왈츠의 강 도나우 강과 사바 강이 흐르는 크로아티아의 자그레브를 들른 적이 있었다. 내가 기대했던 낭만의 도시에 대한 꿈이 즐비한 현대식 고층 빌딩들 앞에 무너지는 순간 나는 급히 차를 몰아 다음 목적지로 빠져나왔다. 그런데 마드리드는 그렇지 않았다. 마드리드의 중심지인 푸에르타 델 솔(태양의 문) 남쪽 지역에는 돌로 포장된 좁다란 길들이 실타래처럼 얽혀 있고 양 옆으로 즐비한 건물들에서 느껴지는 세월의 나이테를 보여 주는 듯한 고풍스러움은 장관에 가깝다. 육중한 나무로 된 현관문을 두 손으로 밀고 들어가면 높은 꼭대기에 달랑 하나 달려 있는 칸델라 불에 실족하지 말아야겠다는 생각이 먼저 든다. 나무로 된 계단은 사람들의 발길에 닳을 대로 닳아 구릉지를 이루고 있고 삐거덕대는 소리는 거미가 기어오르는 양 목덜미에서 스멀거렸다. 대낮에 퇴색된 나무 미루로 된 방과 이중 나무창틀에 걸려 있는 검은 쇠창살들은 눈에 선명하게 들어오지 않는다. 지금은 이런 집들이 리모델링되어 옛것과 현대 것을 아우르는 낭만의 주거 공간으로 변신하고 있고 여행지 도시에서는 이러한 집들이 관광객들의 여독을 풀어 주는 예스러운 호텔로 사용되고 있다는 것을 스페인 북쪽 코미야스를 여행하면서 알았다.

스페인에서 집을 구할 때 경험한 이 어두움은 내가 한국에서 경험하지 못한 또 다른 문화적 충돌이었다. 스페인은 태양의 나라이기 때문에 사람들이 대부분의 시간을 밖에서 보낸다. 우리가 귀가하는 저녁 시간에 이들은 외출을 시작한다. 아침부터 느긋하게 노천 카페에 앉아 신문을 읽거나 지나가는 행인을 바라보는 그 여유로움도 햇빛 덕분이다. 집은 낮잠이나 밤잠을 자기 위해 들어간다고 할 정도이고 그래서 집은 수면을 취하기에 너무나 좋은 조건들을 갖추고 있다. 그러니 집의 창문은 동쪽으로 나든 서쪽으로 나든 남쪽으로 나든, 아니 북쪽이면 더 나을 수 있겠다 싶을 정도로 어느 쪽으로 나도 상관하지 않는다. 그래서 대체로 아파트들은 이중창에 어둡고 건물은 사각형이다. 그 중앙 빈 공간을 '파티오'라고 하는데 건물이 크면 그곳에 잔디를 심고 나무도 심어 정원으로 사용한다. 우리나라에서 집을 구할 때 가장 우선해야 할 조건을 우리와 너무나 상반된 상황의 스페인에다 들이댔으니 집을 쉽게 구할 리가 없었다.

이들의 삶의 방식을 이해하고서야 나에게는 낯설었던 이 주거 공간들이 스페인 국민

마드리드의 산책로

들에게는 아주 만족스러울 수 있음을 이해했다. 이들은 한번 정착한 곳에서 잘 움직이지를 않는다. 스페인 국민들의 주거 공간 만족도는 평균 10점 만점에 8점이란다. 주변 환경에 대한 만족도도 7.5로 상당히 높은 수치다. 그럴 만도 하다. 하나같이 독특하고 예쁘게 지어진 건물에 어디든 가까운 곳에 산책할 수 있는 공간도 있다. 이웃과의 관계도 좋다. 시골 작은 마을에서는 내 집 속사정처럼 모두가 속속들이 알고들 지낸다. 박사학위 논문심사를 6월에 받은 덕분에 여름방학 7, 8월을 스페인 남부 말라가 대학에서 개설한 고급 스페인 어문학 과정을 들을 수 있는 기회가 있었다. 7월은 바닷가 아파트를 임대했고 말라가 도시를 감싸고 도는 언덕을 올라가면 집마다 수영장과 야자수가 있는 여름 별장 지대가 나오는데 8월에는 그 언덕 끝자락에 붙어 있던 자그마한 하얀 집을 빌렸다. 외진 곳이라 무척 외로울 줄 알았는데 언제 나의 존재를 알았는지 이웃 사람들이 하루가 멀다 하고 번갈아 가며 식사에 초대하는 바람에 마드리드에서보다 더 바쁘게 지냈던 기억이 있다. 그곳을 떠나야 했을 때 그들과 헤어지는 게 정말 아쉬웠고 이런 정 때문에 외국인들이 스페인을 다시 찾는 것이라는 확신이 들었다. 이에 비하면 대도시는 일부러 기회를 만들어야 할 경우가 많지만 그래도 일이 생기면 내 집 식구처럼 돌봐 주고 적어도 서로 정답게 인사는 하면서 지낸다.

결국 나는 한 달 월세를 복덕방에 소개비로 내고서야 내가 원하던, 남쪽으로 창이 나 있고 방 하나에 부엌 하나, 거실 하나에 화장실 하나가 있는 집을 얻었다. 유럽이 다 그렇지만 스페인에도 전세 개념이 없다. 들어갈 때 보증금으로 두세 달 월세를 함께 낸다. 집을 나올 때 그 돈은 보통 돌려받지만 집 사용 중에 생긴 파손 등을 이유로 그 금액에서 한 달 치를 제하기도 한다. 이럴 때는 생돈 떼이는 것 같은 심정이다.

마드리드를 보면 고색창연함이 한눈에 들어온다. 그곳 건물 하나만 우리나라에 옮겨 놓아도 관광지가 될 만한 건물들이 많다. 그사이로 현대식으로 다듬어진 가로수와 가로등 그리고 꽃밭들과 분수가 있고 이 중심지를 벗어나면 포스트모더니즘식으로 지어진 깨끗한 현대식 아파트들이 나지막하게 마드리드 구시가지를 감싸 안고 있다. 옛것을 그대로 보존하면서 현대를 살아가는 그들의 삶의 지혜와 미적 감각이 유난히 돋보이는 도시 주거환경이다.

4

스페인 사람에겐 언제나 '내일'이 있다

스페인 사람들의 일상생활

초기 스페인 생활에서 나만이 아니라 우리나라 사람이라면 모두 적응하기 힘든 것이 두 가지 있다. 하나는 스페인 사람들의 시간 관념이고, 또 다른 하나는 아직까지도 내 머리에서 김이 나게 만드는 스페인 관료들의 근무 태도다. 이 두 가지는 급한 성격의 한국인이나 빈틈없이 철저한 독일인에게는 엄청난 문화 충격을 야기한다. 이는 스페인인들의 여유로운 기질을 대변해 준다. 휴가를 위해서는 더할 나위 없이 좋은 것이지만 업무를 보기 위해서는 정말 불편하다.

요즘 스페인 사람들의 시간 관념은 많이 변했다. 하지만 얼마 전까지만 해도 시간을 정확하게 지키면 영국인이냐는 질문을 받았다. 지금은 그 정도는 아니지만 스페인 사람들의 약속 시간은 여전히 어중간한데 예를 들면 '몇 시경' 이거나 '점심 식사 후에' 라든가 '간식 먹을 때' 라든가 '몇 시 이후' 이런 식이다. 구체적으로 몇 시라는 개념이 희박한 건 여전하다. 상대방이 점심 식사를 몇 시에 하는지 중요하지도 않다. 간식 시간도 사람마다 다르다는 걸 생각하지도 않는다. 특히 스페인 사람들이 즐겨 사용하는 '내일'이라는 말에서 이들의 시간 관념을 단적으로 읽을 수 있다. 스페인 낭만주의 시대의 문인이자 사회비평가였던 마리아노 호세 데 라라가 스페인인들의 악습에 대해 쓴 기사 중에 〈내일〉이라는 게 있다. 내일이 있는데 굳이 오늘 해야 할 이유가 없다는, 공직에 있는 자들의 나태한 모습을 비판한 글인데 그렇다고 이 내일이 꼭 내일이어야 하는 법도 없다.

언제가 되든지 '지금'이 아니라는 의미로 해석하면 된다. 집의 목욕탕에 물이 새서 고칠 사람을 불러야겠는데 만일 그가 '내일'이라고 했다면 그건 지금 당장 해 주지 못함에 대한 미안한 마음에서 '안 된다'라는 말 대신으로 사용한 것이라 생각하는 게 건강상 좋다. 그러니 이 '내일'이란 말을 들으면 정말 인내심을 갖고 기다려야 된다는 점을 명심하기 바란다. 그런데 이러한 인내심은 어디서나 다 요구된다는 것도 늘 염두에 두기를.

이렇게 시간을 여유 있게 사용하는 스페인 사람들의 삶의 패턴은 이들의 일과에서부터 여실히 나타난다. 우선 아침은 8시쯤 카페테리아로 들어가는 일로 시작한다. 일터로 가기 전에 커피를 한 잔 마시기 위해서다. 커피라고 해서 사르트르가 미국에서 마시고 평가했다던 설거지 뒷물 같은 미국식 커피가 아니라 커피 원액에 우유를 듬뿍 넣은 식사 대용이다. 12시가 가까워지면 점심시간 이전의 허기를 달래기 위해 간단하게 먹을 것을 찾아 직장 근처의 바로 간다. 스페인 사람들의 생활은 바 문화를 빼면 반쪽이다 싶을 정도로 인구 550명당 하나 꼴로 바가 있으며 여기에 카페와 메손까지 합하면 그 수가 엄청나다. 유학 시절, 이미 스페인어를 익히고 갔던 나였지만 '카페'와 '카페테리아'와 '바'와 '세르베세리아'와 사전에 객줏집으로 번역되어 있던 '메손'의 차이를 확실히 알지 못했다. 세르베세리아는 스페인어로 맥주가 '세르베사'이니 아마도 맥주 파는 집이겠거니 했고 카페는 프랑스 카페 문화를 생각하면서 문화의 토론장 역할도 하는 찻집이겠거니 했다. 그럼 카페테리아는 뭔가, 그리고 객줏집은 주막과 같겠거니 했지만 외관은 영 그렇지 않았으니 이들 중 어느 하나도 사실 마음 놓고 들어가 보지를 못했다. 술을 잘 하지 못하니 술집은 멀리했고 커피는 학교 바에서 마시면 됐으니 굳이 시내까지 나가 구분도 잘 안 되는 집에 들어갈 필요는 없었다. 이제는 처음에 가졌던 의미가 많이 퇴색되어 어디서든 원하는 음료를 주문할 수는 있다. 하지만 엄격하게 따져 들어가면 상호에 따라 제대로 된 음료나 음식을 즐길 수 있다. 바에서는 생맥주와 포도주, 그 밖의 주스, 코코아, 우유, 커피 등의 음료수와 요깃거리를 제공한다. 맥주집이란 의미의 세르베세리아에서는 다양한 종류의 병맥주와 생맥주, 그리고 안주 정도의 먹거리가 준비되어 있다. 메손은 포도주와 간단하게 요기할 수 있는 음식을 제공한다. 보통 메손은 이층이나 안쪽에 식당을 갖고 있다. 이런 혼란은 다양한 커피 종류에서도 일어난다. 프랑스어 '카페 오 레'에 익숙한 우리는 우유를 탄 커피가 스페인에서 '카페 콘 레체'임을 쉽게 이해할 수 있다. 그런데 이러한 커피 이외에 '카페 코르타도'가 있고 '카페 솔로', '카페 보노'가 있

거리의 예술인

다. '카페 코르타도'는 우리나라에서 파는 '카페 에스프레소'와 같은 것으로, 스페인에서는 작은 잔에 커피 원액과 소량의 우유를 넣어 마시기도 한다. '카페 솔로'는 보통 후식을 먹고 난 뒤에 마무리하는 커피로 그냥 마시든지 우유 대신 코냑을 넣어 마시기도 한다. '카페 보노'는 연유를 탄 커피다. 그리고 오직 카페테리아에서만 만날 수 있는 여름용 커피인 '블랑코 이 네그로'는 '네그로'인 검은 커피와 '블랑코'인 흰 아이스크림을 담은 다음 계피 가루를 뿌린 것이다.

이렇게 외국인들은 구분하기도 힘든 곳으로 스페인 사람들은 자기 기호에 맞게 찾아 들어가 한창 일을 해야 할 시간에 떠들며 마시는 일뿐 아니라 무언가를 먹는 일에도 분주하다. '뾰족한 것으로 톡톡 쏘다'라는 의미의 스페인어 '피카르'는 저녁이나 점심 식사 전에 출출함을 달래기 위하여 다양한 간식거리(스페인어로 '타파스')를 먹거나 또는 이 양이 푸짐하면 점심이나 저녁 대용으로 먹는 일을 말한다. 적은 양이라도 하루 온종일 무엇인가를 먹어야 하는 게 스페인 사람들의 일반적인 습관이다 보니 이런 주전부리를 한 뒤라도 2시에서 4시까지 두 시간에 걸친 점심 식사도 거르지 않고 한다. 와인 한 병과 함께 하는 점심식사를 우리는 상상이나 하겠는가. 그러고 나서 다시 직장으로 돌아가 6시까지 근무한다. 일이 끝나자마자 거의 모든 사람들이 바나 카페로 모여든다. 보통 9시 반부터 12시까지의 저녁식사 전에 술 한잔과 함께 하는 요깃거리를 찾아서다.

술 한잔이나 커피로 저녁식사를 마무리하면 이제부터 정말 놀이가 시작된다. 밤 유흥업소들은 11시 반이 돼서야 문을 연다. 새벽 2시경이면 디스코텍은 사람들로 차기 시작한다. 특히 스페인 여름에는 새벽 3시의 차량 수가 오후 3시의 차량 수와 맞먹는다고 한다. 그럼 다들 언제 자는 것인가? 물론 다른 나라 사람들보다 적게 잔다. 그렇지만 스페인 사람들에게는 낮잠 시간이 있다. 물론 유럽연합에 들어간 후, 유럽의 보폭에 발을 맞춰 경제, 정치에 쫓기다 보니 스페인의 낮잠 시간은 줄어들었다. 하지만 스페인 사람들

거리의 악사들

에게 밤 시간의 즐거움을 희생하라고 요구하는 일은 불가능해 보인다. 프랑스인들은 음식에 집착하고 영국 사람들은 왕실과 차에 집착하며 미국인들은 사업에 집착하듯이 스페인 사람들은 열과 성을 다해 밤 시간을 즐기는 데 삶을 할애한다는데 그것은 사실이다.

이것이 스페인 사람들의 보편적인 일과다. 밤낮 가리지 않고 하루 온종일 바나 카페테리아가 북적대는 걸 이해하기란 우리 상식으로는 쉽지 않다. 정말 이 사람들은 언제 일을 하는지 궁금하기까지 하다. 물론 업무상의 약속도 사무실에서 하는 것보다 바나 카페에서 만나는 것을 선호한다. 커피 마시는 시간은 한 사람에게도 예외가 없다. 오전 10시경의 바나 카페를 한번 들여다보라. 직장인만이 아니라 곱게 단장하고 나온 어머니들까지 끊임없이 이야기를 나누는 장면을 쉽게 목격할 것이다. 유모차에 탄 아기도 함께 있다.

도시는 오후 2시가 되면 거리가 상당히 붐빈다. 점심을 먹으러 모두 집으로 가기 때문이다. 이 시간부터 대부분의 상점과 박물관들은 문을 닫는다. 문을 닫으니 점심 먹고 낮잠을 잘 일밖에 없다. 오후 5시 반이 되어야 거리는 다시 생기를 찾으며 이러한 활기는 밤 10시까지 계속된다. 산책을 하거나 노천 카페에 앉아 수다를 떨기도 하고 지나가는 사람들을 구경하면서 군중들 속에서 그들은 더 많은 삶의 생명력을 느끼고 찾는다.

마드리드 전통 술집

바

보통 다른 나라들을 보면 밤의 열정은 젊은이나 돈 많은 한량이나 독신자들을 위한 몫이다. 스페인 어린애들은 부모와 함께 신데렐라가 집으로 돌아가야 하는 시간을 훌쩍 넘기면서 새벽 시간까지 같이한다. 어릴 때부터 밤 생활에 길들어지는 것이다. 바나 선술집은 한 지역 또는 한 가족 전체가 모이는 거실과 다름없다. 새벽에서 아침으로 접어들어도 잠자리에 들 시간이 아니다. 걸쭉한 초콜릿차를 곁들인 추로(엿가락처럼 반죽한 밀가루를 기름에 튀긴 뒤 설탕과 계피가루를 뿌린 것)로 아침을 먹기 위하여 새벽 5시부터 문을 여는 '초콜릿 집'으로 간다.

마드리드에서 밤의 여정을 보내기에 가장 좋은 곳은 마요르 광장 지역이다. 광장 안쪽에 즐비하게 있는 바뿐만이 아니라 광장 외곽으로 나 있는 동굴로 된 집들은 예전에는 감옥으로 사용되던 것이 지금은 '메손'이라는 이름으로 간단한 먹거리와 함께 술 한잔 기울이기에 더 없는 흥을 돋우는 장소로 환골탈태했다. 기타로 무장한 소리꾼들과 한판 신나게 기분을 낼 수 있는 행운도 심심찮게 가질 수 있다. 이 밖에도 마드리드 남쪽 라바피에스 지역은 오래된 카페와 펍의 동네이며 마드리드 국립대학교 근처는 대학생들의 천국이다. 마드리드 북쪽은 신도시 지역으로 현대식 호텔과 펍이 있으며 이것들은 스페

잘 포장된 마드리드의 거리

인만의 홍취를 주지는 못한다.

이렇게 모든 스페인인들이 즐긴다면 정말 일은 누가 하는 것이며, 그리고 그렇게들 먹고 노는데 어떻게 스페인은 나날이 경제적으로나 문화적으로 발전되어 나가는 것인지 궁금하지 않을 수 없다.

현재 유럽연합 내에서 경쟁하며 다른 나라들과 보조를 맞춰 사는 게 스페인인들에게는 곤욕일 수 있다. 스페인 사람들은 더 나은 자동차를 타고 최신형 컴퓨터를 갖기 위해 자신들이 지금껏 누리어 온 삶의 분위기를 포기할 수가 있을까 하는 의문이 든다. 물론 스페인 사람들은 스페인적인 것의 일부를 버려야 한다는 사실을 알고 있다. 그들에게는 너무나 사소한 일 같지만 그런 일들이 그들이 지금껏 유지해 왔던 삶의 일부를 빼앗아 가고 있다는 것을 느끼고 있다. 전통적으로 즐겁게 살아온 생활과 변화하는 새로운 삶 사이에서 갈등하면서 변해 갈 수밖에 없는 그들을 볼 수 있다. 적어도 나에게만큼은 커피 맛의 진수라고 할 수 있는, 바의 낭만과 함께 했던 스페인 커피에 도전하는 미국식 커피집 '스타 벅스'가 최근에 마드리드에 많이 생겨났다. 점심 시간에는 직장인들이 집으로 가는 대신 직장 근처 음식점으로 모여들기 시작했다. 낮잠 시간도 사라질 것이라고 한다. 나에게까지도 낯설기만 한 이 모습들을 스페인 사람들은 어떻게 받아들이고 있을까?

세계화라는 경쟁 사회에서 스페인 국민들도 인간인 이상 우리처럼 소비에 심취하고 경쟁을 하고 권력에 대한 욕심과 빨리 부자가 되고픈 마음을 당연히 가지게 될 것이다. 그런데 경제 위기에 빠진 상황에서도 스페인인들을 대상으로 한 여론 조사를 보면, 특히 젊은이들은 많은 것을 소유하는 일보다 삶다운 삶을 살고 그것에 삶의 가치를 두고 싶다고 응답했다. 아마도 이들은 변화하는 삶을 두려워하지 않고 가치가 있는 삶으로 만들기 위해서 자신들 특유의 기질을 충분히 발휘할 수 있나 보다. 그들 삶의 바탕을 이루는 종교적인 믿음과 삶에 대한 여유가 부럽기만 한 대목이다.

마지막으로 스페인 사람들과 일, 업무라는 것을 처리해야 할 사람들에게 이 말을 꼭 남기고 싶다. 모두가 그런 건 아니지만 어쩌다 한두 번만으로도 낭패 보기 십상일 경우가 있기 때문이다. 이들은 가끔 까마귀 고기 먹은 미꾸라지가 될 때가 많다. "언제 어떻게 하자" 또는 "언제쯤 이렇게 일을 처리해 놓겠다"는 말을 굳뚝같이 믿었는데 "내가 언제 그랬느냐"라는 식의 답변을 들으면 뒤로 넘어갈 수밖에 없다. 이들이 역사적 이유로 갖게 된, 그리고 스페인의 병적 요소로 작용했던 그 쓸데없는 자존심을 아직도 버리지 못하고 있는 까닭에 실수를 실수로 받아들이지 않으려 생고집을 피우는 것이다. 여기에 그들만의 여유까지 가세하다 보니 속을 비우고 그들처럼 할 수밖에 달리 방도가 없다. 스페인에서는 조급함을 버리고 기다리는 여유를 가져야 한다. 그렇게 하지 않으면 내가 병들어 몸져 눕거나, '헤스토르'라는 대리로 일을 봐주는 사람을 시켜 일을 처리하는 두 가지 선택만 남는다. 화가 나더라도 내 경험상 '절대로' 예의 없이 굴지 말 것도 부탁하고 싶다. 그들의 그 쓸데없는 자존심은 우리가 '아주 정중하게' 사정을 이야기할 때면 오래된 친구처럼 변하는 마력 또한 갖고 있기 때문이다. 이런 경우 일은 일사천리로 해결된다. 스페인 사람들의 일 처리는 답답할 정도로 늦지만 그러나 확실하다. 아주 단적인 예로 길을 가다 보도블록을 유심히 살펴보라. 단 하나의 벽돌도 줄에서 삐져 있다거나 위로 튀어 나와 있는 게 없다. 오히려 아름다운 문양의 일부분을 이루며 완벽하게 제자리에서 제 몫을 하고 있음을 보게 될 것이다.

마드리드 보틴 거리(마요르 광장 동굴 술집)

5

《케 메 디세스?》 읽는 사람들

스페인 사람들의 여가 활동

스페인 사람들의 삶 자체가 우리에게는 여가로 보이지만 그래도 여가라는 이름으로 보내는 시간은 그들에게 또 따로 있다. 스페인 사람들은 무엇보다 먼저 할아버지, 할머니에서부터 삼촌, 이모, 조카, 사촌 등의 친척, 가족과 함께 여가를 보내기를 선호한다. 가족에 대한 애착이 유별난 민족이라 그러한 것 같다. 그 다음 친구들과 함께 시간을 보내기를 좋아한다. 물론 TV를 보거나 책이나 잡지를 읽는 일도 여가 활동에 큰 부분을 차지하고 있다. 통계에 의하면 스페인 국민 10명당 9명이 매일 3시간 30분씩 TV를 본다고 한다. 프랑스인, 독일인, 영국인 들도 거의 동일하게 나왔다. 가장 많이 시청하는 시간대는 밤 9시에서 11시로 두 명당 한 명꼴로 TV를 시청한다. 국영 방송 2개에 민영 방송 3개가 있고 자치 지역 채널에 케이블 및 디지털 방식으로 유럽, 아프리카 및 북, 중남미 국가들의 위성방송을 볼 수 있다 보니 채널을 고정하기까지 상당한 시간이 걸린다. 스페인TV나 신문을 대할 때마다 느끼는 것은 국내 관련 정보보다 국제 관계 문제들에 훨씬 많은 시간과 지면을 할애하고 있다는 사실이다.

TV도 많이 보지만 독서 인구도 만만치 않다. 10명 중 6명이 독서를 습관화하고 있기 때문에 1년에 스페인에서 발간되는 책 종류가 6만 종에 이른다고 한다. 크고 작은 도서관이 8천 개가 되고 보관 장서가 1억 권을 훨씬 넘는다고 한다. 서적 산업 규모가 세계에서 5위, 유럽에서는 3위다. 선호하는 서적들을 우리나라와 비교해 보면 두 나라 국민의 차이

점이 나타난다. 스페인 독자들은 순수문학인 소설, 시, 희곡을 즐겨 읽는 반면 우리나라에서 베스트셀러는 주로 대입이나 입사, 처세 및 부자론에 대한 실용서 위주다. 우리나라에서 희곡은 연극을 위한 각본쯤으로만 생각되는 것 같고 시집은 연애를 위한 교양서쯤으로 대접받고 있는 것 같다. 요즘 우리나라 출판업계가 어려워 장사가 되는 책만 출판할 수밖에 없다고 하는데, 우리나라에 있는 모든 도서관들이 출판되는 책들을 구입하기만 한다면 출판사의 경제적인 어려움은 해소되고 문학성과 예술성이 높은 서적들이 출판되어 국민들의 지적, 문화적 수준을 한층 높여 놓을 수 있을 것이라는 생각을 해 본다. 스페인에서 발행되는 잡지 종류 또한 만만찮게 많은데 그 종류가 60여 가지에 이른다. 그중 연예인이나 왕실 가족들, 또는 스캔들 메이커들의 가십거리를 주로 다루는 잡지들이 가장 인기가 있다. 《올라》, 《세마나》, 《디에스 미누토스》, 《푸론토》, 《소르프레사》, '뭐라고?'라는 뜻의 《케 메 디세스?》가 이 부류에 속한다. 내가 유학하던 시절 이 잡지의 단골은 스페인 가수 훌리오 이글레시아스의 전 부인인 이사벨 프레이슬러와 이미 고인이 된 영국의 다이애나 비, 모나코의 두 공주 카롤리나와 스테파니 등이었다. 2005년 빅뉴스는 스페인의 48세 유명 여배우이자 제작자로 활동하고 있는 안나 오브레곤과 레알 마드리드 소속 영국 축구선수 베컴의 부인 베로니카 베컴이 베컴을 사이에 누고 한판 붙었다는 기사였다. 인기에 연연하는 연예인, 인기인 등의 이야기가 주를 이루지만 때로는 사랑이나 일을 쟁취하고 성취하기 위해 용감하게 싸우고 당당하게 살아가는 여성들에 대한 이야기가 실리기 때문에 뭔가 자극제가 필요하다고 느낄 때면 이 잡지들을 사 보곤 했다. 그 이외 《엘르》나 《보그》지와 같은 여성 패션 전용잡지들도 있고 인테리어용 잡지, 텔레비전 프로그램 잡지, 자동차 마니아들을 위한 잡지 등등으로 도로변에 있는 가판대는 언제 사람들이 저걸 다 사가나 싶을 정도로 잡지들로 가득하다.

잡지 가판대

라디오 청취 또한 스페인들의 여가 생활에서 중요한 몫을 차지하는데 스페인 국민 반 이상이 월요일에서 금요일까지 하루에 2시간을 라디오 청취에 할애한다고 한다. 물론 텔레비전이 라디오보다 인기가 있지만 오후 1시 30분까지는 라디오 애청자 수가 TV 시청자 수를 앞지르고 있다. 스페인 국민들은 토론을 좋아하기 때문에 라디오 토론 전문 프로그램도 인기가 있다. 2005년 볼리비아 총선에서 2백 년 만에 처음으로 인디오 원주민 태생 에보 모랄레스가 대통령으로 당선됐을 때였다. 라디오 토론 프로 진행자가 자신을 스페인 총리 사파테로라고 속여 볼리비아 대통령과 인터뷰를 했다. 우리나라에서는 상상도 못할 일이 때때로 스페인 라디오 방송에서는 일어난다. 그런데 몇 개월 뒤 에보 대통령이 사파테로를 방문했을 때 이 스페인 수상에게 "당신 진짜 사파테로 맞습니까?" 라고 멋지게 복수하는 장면을 TV로 보았다. 참 흥미로운 일이다.

평일도 주말처럼 지내는 스페인 국민이지만 유럽연합 가입 이후 바빠진 일상에서 벗어나 주말이면 도심을 빠져나가 산이나 해변으로 가는 사람들도 여전히 많다. 이전에도 징검다리 연휴가 되면 영락없이 고속도로가 인산인해를 이루었는데 지금도 쇼핑이나 영화 관람, 친구와의 만남과 외식이 지겨우면 도심 탈출을 감행한다. 물론 젊은이들은 친구들과 어울려 한잔하거나 디스코텍으로 가고 토요일 밤까지 노느라 지친 심신의 피로를 푸느라 오전 11시까지 침대에서 일어나지 않는다. 그러고 나서 친구와 가족과 함께 바에서 간단한 요기를 하면서 보낸다. 도심 내 박물관이나 근교의 성, 수도원, 저수지 등이 많다 보니 이러한 곳을 방문하는 사람들도 많고 나라별, 지역별 음식을 찾아 점심을 먹는 일도 흔한 주말 프로그램이다. 물론 일요일 여가 활동에서 축구 관람을 빼면 스페인이 아니다. 직접 축구장을 찾거나 바에 설치된 TV로 친구들과 어울려 게임을 보면서 결과를 놓고 분석하는 일이 이들에게는 큰 오락이다. 축구 복권 키니엘라가 가져다줄 행운을 일주일간 기다리는 재미도 축구가 주는 보너스다.

여름 7, 8월이 되면 거의 모든 기관이 휴가철에 들어간다. 겨울에는 12월 23일부터 1월 7일까지 크리스마스 휴가라 쉰다. 스페인 국민의 50% 정도가 휴가를 떠난다고 한다. 주로 자가용을 이용한다. 우리는 휴가라면 보통 2박 3일 예정으로 외국이나 복닥거리는 국내 여행지 등을 찾는데 스페인 사람들뿐만 아니라 유럽 사람들은 휴가 기간 내내 사람 적고 공기 좋고 물 맑은 곳에 머무르면서 무조건 쉰다. 흐르는 강물에 낚싯대를 드리우거나 나무에 걸어 놓은 그물 침대에 누워 독서를 하면서 말 그대로의 휴식을 취한다. 스페인인들이 즐겨 찾는 외국 관광지로는 주로 지중해 지역 나라들인 프랑스, 이탈리아, 그리스, 모로코, 터키와 카리브 해의 도미니카, 쿠바, 아시아권으로는 태국, 인도네시아 등이며 아프리카에서 사파리를 즐기는 사람들도 있다.

6

로테리아로 즐기는 축제

스페인의 복권

기분파인 스페인 사람들은 빙고, 카드 및 도미노 등의 게임을 즐기지만 특히 우리나라 사람들도 상당한 관심을 갖고 있는 복권이 그중 최고의 인기를 누리고 있다. 우선 스페인 복권 중에 우리나라의 로또에 해당하는 '로테리아 프리미티바'라는 게 있다. 이 복권은 1763년에 처음으로 생겨나서 90개의 숫자 중에서 5개의 번호를 맞추면 되었는데 지금은 1에서 49까지의 숫자 중에서 6개를 맞추면 된다. 우리나라와 달리 월요일에서 일요일까지 매일 추첨이 있다. 그리고 우리나라의 일반 복권에 해당하는 다섯 자리의 숫자의 복권이 있는데 이것을 '로테리아'라고 부른다. 공식적으로 한 개의 번호를 가지고 10개의 시리즈 내에서 각각 10장으로 나누어지기 때문에 한 번호가 100장이 되는 셈이지만 상금 액수가 워낙 크다. 1등 상금을 '고르도'('뚱뚱하다'라는 뜻)라고 부르는데, 특히 크리스마스 시즌 복권은 장당 가격이 보통 6유로이던 것이 20유로로 높아지고 발행 복권 수도 많아지며 따라서 상금도 상당하다. 그래서 이웃 주민이나 같은 회사 동료들, 가족, 친구 등이 한 번호의 복권을 구입해서 서로 나눠 가지고 12월 22일을 기다린다. 이날은 아침 8시 30분부터 라디오와 TV를 통하여 추첨 현황을 생중계한다. 추첨은 전통적인 방식으로, 빙글빙글 도는 커다란 두 개의 통에서 한 통에서는 당첨 번호가 새겨진 구슬이 나오고 다른 통에서는 그 번호에 해당하는 상금 액수가 새겨진 구슬이 나온다. 서너 시간이 소요되는 이 추첨에 스페인 온 국민들의 눈과 귀가 쏠려 있는 것은 당연하다. 보통

로테리아 판매소

상금은 복권 판매액의 70%가 해당되는데 구체적인 예로 2005년 크리스마스 복권의 경우를 보면 복권 번호가 00000번부터 84999번까지의 8만 5천 개로 각 번호가 특별히 발행되었다. 그런데 앞에서 말한 것처럼 각 시리즈 번호는 10장으로 되어 있으므로 한 번호당 1,700장이 발행된 것이다. 복권 한 장이 20유로이었으므로 모두 팔렸을 경우 85,000×1,700×20 = 28억 9천만 유로, 즉 3조 5천억 원에 이른다. 이 중 70%가 상금으로 나가면 20억 2,300만 유로, 총상금이 2조 5천억 원이 된다. 나머지 30% 중 8% 정도는 복권 판매소의 커미션이나 소요 경비로 사용되고 나머지 22%는 나라 금고로 들어간다고 한다. 1등인 고르도는 그 1등 번호 복권 1,700장 중 한 장의 상금이 30만 유로, 즉 3억 6천만 원이라고 하니까 1등 전체에게는 총 5억 1천만 유로인 6,012억 원 정도가 돌아가게 된다. 그러나 1등 번호를 혼자 가질 확률이 극히 적고, 20유로의 복권 한 장도 여러 명이 나눠서 구입하는 경우가 많이 있기 때문에 한탕주의 도박이라기보다 지역민이나 회사 직원 또는 친지들이 기쁨을 함께 나누는 축제와 같다. 그러니까 크리스마스나 연말 선물로 사주가 한 번호를 사서 직원들에게 한 장씩 나눠 주거나 동네 사람들이 한 번호를 서로 나눠 사기 때문에 당첨이 되면 동네나 회사 전체의 축제가 될 수밖에 없다. 물론 처음 구입한 사람이 자신의 권리를 주장하며 독식하려고 나섰던 적은 지금까지 한번도 없다.

새해에 들면 1월 5일에 '아기예수' 복권 추첨이 있는데 이것 역시 액수가 크고 인기가 많다. 국가에서 하는 이러한 것 이외에 장애인들, 특히 시각 장애인들이 운영하는 '온세'는 1938년에 만들어져 토요일을 제외한 모든 요일에 추첨이 있다. 거리의 길모퉁이에서서 장애인들이 판매하는 이 복권의 수익금은 그들의 복지를 위하여 사용된다. 동정심이 유달리 많은 스페인 국민들의 성향이 여실히 드러나는 복권이라 할 수 있다. 그리고 적십자에서 운영하며 상금으로 금을 주는 복권도 있고, 축구 복권인 '키니엘라'도 있다. 1946년에 만들어진 '키니엘라'는 축구 경기의 승부를 알아맞히는 것으로 복표에 이긴 팀, 지는 팀, 무승부를 표시하며 맞힌 정도에 따라 상금액이 달라진다. 축구를 좋아하는 나라답게 이 키니엘라 역시 국민들의 관심이 많으며, 바꾸어 생각하면 복권 당첨을 위한 축구경기 응원도 생길 수도 있는 것이다. 어쨌든 스페인에서 축구는 다양한 역할을 하고 있는 셈이다.

7

손에 손에 스포츠 신문 들고

스페인의 신문과 영화

스페인 신문 중 일간지의 78%가 일반 정론지이며 20%는 스포츠 신문, 그리고 2%가 경제 신문이다. 전국 신문 이외에 자치 지역에 따라 자체 신문을 발행하기도 한다. 스페인에서 가장 잘 팔리는 일간지는 《엘 파이스》, 《엘 문도》, 《ABC》, 《엘 페리오디코》 순이다. 스포츠 신문은 《마르카》, 《아스》, 《엘 문도》, 《데포르티보》 순이다. 보통 일간지에도 스포츠란이 있음에도 불구하고 스포츠 신문을 많이 읽는 이유는 스페인 국민들이 스포츠에 많은 애정을 갖고 있기 때문일 것이다. 참고로 스페인 스포츠 신문에는 우리나라의 스포츠 신문과 달리 만화나 연예인에 대한 기사는 전혀 없다. 말 그대로 스포츠 관련 뉴스만 싣고 스페인 국민들의 축구에 대한 열정을 보여 주듯 이 중 축구에 대한 부분이 가장 많은 지면을 차지한다. 지난 2002년 월드컵이 열리고 나서 한 달 뒤인 8월에 스페인에 갈 일이 생겼다. 내가 주로 묵는 숙소의 바 주인이 나를 보자마자 기다렸다는 듯이 열을 올리기 시작했다. 한국이 심판을 매수했다는 것이다. 한국에 돌아오니 이탈리아에서 곤돌라를 탔던 학생들이 배에서 쫓겨났다는 이야기도 해 줬다. 이들의 열을 식히며 우리 편으로 만드는 방법은 아주 간단하다. 진실을 이야기하면 된다. "스페인이 우리보다 한 수 위이며 잘한다. 하지만 운이 없었다. 우리는 우리 국민들의 열망이 힘이 되었다." 이렇게 말하면 금방 "아니야, 너희 나라도 잘 했어"라며 자신이 흥분한 것을 민망해 하는 기질의 소유자가 바로 스페인인들이다.

키오스코(가판대)

신문의 본분은 객관적 입장에서 정보와 진실을 전달하는 일이고 그렇게 하려고 노력은 하고 있지만 신문 사주나 편집진의 이데올로기를 완전히 무시할 수는 없는 것 같다. 스페인 우파 경향의 신문으로《ABC》,《라 라손》,《라 반구아르디아》가 있고《엘 파이스》,《엘 페리오디코》,《엘 문도》는 좌파 노선에 놓여 있다. 스포츠 신문들도 사주가 관심을 가지는 팀과 자사를 동일시하는 경향이 있는데 예로,《아스》와《마르카》는 지면의 상당 부분을 마드리드 팀에 할애한다. 반면《스포츠》와《엘 문도 데포르티보》는 바르셀로나 팀에 집중한다. 신문은 가판대에 가서 구입해야 하며 일요판은 평일에 발간되는 평균 55페이지 분량을 능가하고 부록으로 소책자까지 끼어 판다. 물론 요금은 평일보다 더 비싸다. 정보와 오락 기능을 하는 그 책자에는 단편소설이 실리기도 하고 다양한 정보와 글자 맞추기 등의 게임도 들어 있다. 일주일마다 한 번씩 일간지 마지막 페이지에 무료 쿠폰란이 있다. 이것을 오려 신문 파는 곳에 가서 내밀면 신문사가 제공하는 특별 보너스를 준다. 보너스 내용은 스페인의 역사서나 세계 예술사 또는 세계 명저 등과 같은 소

EL PAIS
Perú reclama su tesoro
Exige a la Universidad de Yale que devuelva joyas arqueológicas halladas en el Machu Picchu
Un niño observa una cerámica del Machu Picchu en el Museo de la Universidad de Yale (EE UU). / AP
Mañana domingo
Rusia, SA: una democracia vigilada
elPeriódico
El grito en el cielo
Cartas de protesta de los lectores
EL MUNDO
DEL SIGLO VEINTIUNO
Premio colectivo a las seis actrices de 'Volver'

스페인의 주요 일간지

책자다. 신문이 정보만이 아니라 국민들의 교양을 높이는 데도 큰 몫을 담당하고 있다는 생각이 들었다.

스페인 국민들은, 2천6백여 개의 영화관 수에서 볼 수 있듯이, 꽤 영화를 즐기는 편이다. 이 영화관들에서 매년 1천6백 편의 영화가 상영된다고 한다. 스페인 영화는 보통 1백 편 정도이고 외국 영화가 매년 평균 409편 정도 수입이 된다는데 이 중 223편 정도가 할리우드 영화라고 한다. 우리나라와 달리 조조는 없고 1회 상영 시간이 오후 4시이거나 4시 30분이다. 스페인 영화는 인간의 원초적인 모습을 적나라하게 내보이는 경향이 강하다. 이러한 사실주의에 대한 선호도는 사람에 따라 다르겠지만 우리나라 사람들은 극과 극으로 나뉘는 것 같다. 스페인 영화의 매력에 빠지는 사람이 있는 반면 스페인 영화에 상당한 거부감을 가지는 사람도 많다. 더군다나 한 나라의 문화를 종합적으로 대변해 주는 것이 영화예술인데 '스페인적인 것'에 대한 이해가 전무한 상태에서 우리의 편견이나 감성만을 고집하다 보면 쉽게 소화가 되지 않는 게 당연할지 모른다. 하지만 도시적 색채와 세련미로 여성에 대한 영화 제작자로 우뚝 선 알모도바르나 현란한 영상미와 수수께끼 같은 내용에 앵글을 맞춘 메넴이나 아메나바르 같은 스페인 감독들의 영화는 우리나라 젊은 층에서 상당한 호응을 얻고 있다. 스페인에서도 TV나 비디오, 또는 DVD를 통한 영화 감상이 늘어나고 있지만 영화관을 찾는 스페인 관람객 수는 다른 나라에 비해 덜 줄어들고 있다는 통계가 있다. 스페인 사람들은 꼭 영화만을 위하여 외출을 하기보다는 외출 그 자체와 산책 및 관람 후의 밤 시간을 즐기기 때문에 새로운 영상 매체와의 경쟁에서도 영화관 수입은 많이 줄지 않는다고 볼 수 있을 것이다. 특히 월요일과 수요일은 상영하는 영화나 지역에 따라 '관객의 날'이라 하여 요금할인을 해 준다. 연극에 대한 스페인 국민들의 열정도 대단하다. 연극 상연용 극장에서는 물론이요 여름이면 마드리드 콜론 광장에 있는 마드리드 문화 센터는 일주일을 주기로 프로그램을 교체해 가며 공연을 한다.

8

'후스티시아'의 나라

스페인의 사회 제도

스페인을 아는 사람이면 모두 침이 마르게 칭찬하는 것 중의 하나가 사회 제도다. 이미 16세기부터 스페인의 행정 조직 체계는 유럽의 모범이 되었고 다른 유럽 국가들이 이를 많이 차용해 갔다는 사실은 앞서 밝힌 바 있다. 스페인 공무원들이 고지식하게 규정만을 내세우거나 상식으로는 이해하기 힘든 조건을 내걸기도 하고 가끔 해야 할 일을 잊거나 일을 처리하는 데 시간을 생각 이상으로 많이 소요해 황당했던 경험을 한 번쯤은 겪지만 그들이 갖고 있는 제도는 훌륭하다. 특히 서민 생활과 밀접하게 관련되어 있는 교육, 의료, 연금, 세금 및 주차 문제에서는 더욱더 그렇게 보인다. 나라가 잘 돌아가고 국민이 행복한 이유는 훌륭한 제도와 올바른 운영 덕분이라고 생각한다. 이런 좋은 제도와 거기에 걸맞은 운영의 묘미를 볼 때마다 나는 우리나라를 돌이켜 보게 된다.

제도란 국가의 기강과 사회의 질서를 위한 것으로 구속력이 있기는 하지만 이것이 정의롭게만 실현된다면 국민들은 결코 불만을 표출하지 않는다. 프랑스는 '톨레랑스' 즉 관용 사상을 국가의 이미지로 내세운다. 스페인을 한마디로 정의하라면 '후스티시아', 즉 '정의'라고 단언하고 싶다. 스페인 현 카를로스 국왕의 신년 인사말은 '정의 구현'이다. 사실 '관용'의 의미에는 인간 간의 우열 관계가 존재할 수 있다. 한 사람이 다른 사람보다 우위에 서서 베푼다는 느낌을 받을 수 있지만, '정의'는 누구에게나 차별 없이 적용된다는 의미가 포함되어 있다. 스페인에서 이러한 정의는 인간 본위 사상과 더불어 제도

마드리드 경찰관

집행 시 무엇보다 우선적으로 나타난다.

스페인에는 병원 이외에 우리나라의 1차 의료기관과 같은 역할을 하면서 삶의 질을 향상시키기 위한 '암불라토리오'라는 것이 동네마다 있다. 스페인 국민이라면 모두가 이곳에 등록되어 있어 일정 수준의 소득이 없는 사람까지 국가가 모두 책임을 지며 사회적 · 경제적 문제를 갖고 있는 사람들을 돕는 역할을 한다. 몸이 불편하면 예약을 하고 자신이 선택한 주치의에게 진찰을 받고 처방전까지 받을 수 있다. 만일 검사가 필요한 경우에는 검사표를 주어 해당 기관에서 검사를 받게 하고 전문의의 진료가 필요하다고 여길 때는 직접 전문의에게로 보낸다. 전문의는 자신이 선택하지 못하지만 몸이 불편하여 외출이 어려울 때는 의사가 집을 방문한다.

이렇게 진료와 검사, 처방전을 받기까지 환자는 돈을 한 푼도 안 낸다. 약을 구입할 경우 약값의 40%만 지불한다. 연금 생활자와 만성질환자의 경우 약값은 무료다. 참고로 스페인 약은 효험 있기로 명성이 나 있다. 그런데도 스페인 사람들은 대체의학을 선호하는 경향이 있다. 인간 몸의 자연 치유력을 믿고 자연에서 나온 약초들을 많이 찾는다. 그리고 가벼운 증상에는 따뜻한 우유에 꿀을 타서 마시거나 데운 레몬즙에 꿀을 타서 먹는 등 전통 요법을 애용하고 있다. 특히 인간의 자연 치유력을 신뢰하면서 아픈 아이들에게 약을 통한 처방 외에 보조적으로 약간의 자연식 처방을 내리는 의사들이 내게는 무척 인상적이었다. 어른에게도 약이나 주사는 정말 필요한 경우 이외에는 사용하지 않는다. 영국 환자들이 치료를 위해 스페인으로 올 정도로 스페인 의사들의 진단 능력이나 처방 및 수술 기술 그리고 의료 시설은 훌륭하다.

스페인은 국민 총생산액의 20% 이상을 사회 복지 자금으로 사용하며 의료 장비가 점점 더 복잡해지고 비싸지고 사회가 노령화됨에 따라 이 비율은 갈수록 높아지고 있다. 사회 복지금에는 퇴직자 연금과 장애인, 실업자 보조 수당과 의료 보험금 등이 포함된다. 의료 보험료에는 사회 복지금의 7%가 배당된다. 이 비용의 80%는 세금으로 충당하고 나머지 20%는 일정 금액 이상의 소득이 있는 사람들이 내는 의무 보험금으로 해결한다. 중간에 직장을 나오게 되었을 때는 그동안 정기적으로 낸 연금에 정부가 33.6%의 금액을 합쳐 다른 직장을 얻을 때까지 실업 수당을 주고 은퇴했을 때는 여생 동안 연금을 받을 수 있다. 그래서 어떠한 직업을 가지든 편하게 그 직업에 끝까지 충실할 수 있게 되므로 삶의 여유는 당연히 따라오게 되어 있다.

이처럼 완벽해 보이는 제도에도 불만스러운 부분은 있다. 스페인 의료 정책에 대한 설문조사 결과 스페인 국민들은 주치의가 제때 집으로 방문하지 않는 점을 가장 불만스러워 했다. 두 번째로 전문의에게 진료를 받으려면 몇 주를 기다려야 한다는 것이다. 그리고 마지막으로, 수술을 받기 위해서는 몇 달을 기다려야 한다. 이런 이유로 민영 보험을 병행하여 드는 사람도 있다.

민영 보험료는 보험회사마다 다르다. 이름 있는 회사는 보험료를 다른 회사들에 비해 다소 높게 받는 대신 좋은 전문의들을 확보하고, 1차 진료 없이 예약을 하고 가면 당장 전문의로부터 진찰을 받을 수 있도록 하고 있다. 물론 수술 날짜도 금방 잡힌다.

국영 보험 가입자이든 민영 보험 가입자이든 상황이 위급할 시에는 응급실로 가면 된다. 나도 유학 시절, 침대 스프링에 엄지와 검지 사이의 살이 찢겨서 한 번, 그 이후 여행 시 위경련으로 인해 또 한 번, 이렇게 두 차례 응급실 신세를 진 적이 있다. 구급차는 시끄럽긴 해도 총알같이 달려온다. 교통 체증이 아무리 심해도 차량들은 응급차가 우선 지나갈 수 있도록 양보해 준다. 응급실의 의사들은 환자 상태를 파악하고 처치하는 데 모든 신경을 쏟는다. 파상풍 주사는 맞았는지, 스프링이 녹슬지는 않았는지 연신 물어 가며 임시 처방으로 손에 뿌려 놓은 가루약을 물로 씻어 내더니 내 상처를 꿰매 주었다. 내가 잊지 못하는 일은, 실밥을 뽑을 때 주치의가 나보다 더 아파했다는 것이다. 지금도 그

인간적이었던 의사들에게 감사하고 있다. 물론 치료비는 한 푼도 내지 않았다. 여행 중에 응급실을 이용했을 때는 보험에 가입되어 있지 않아서 우리나라 돈으로 약 10만원 정도의 다소 비싼 치료비를 지불했다. 하지만 보험에 가입되어 있다면 구급차 이용부터 응급실에서 나올 때까지 모든 것이 무료다. 주로 환자가 퇴원할 때 치료비를 청구하는데 청구서가 1년이나 늦게 도착하는 경우도 있다.

어느 해 여름인가, 스페인 체류 동안 내 이마에 이상한 게 생겼다. 참고로 스페인에서는 의사의 처방전이 없어도 몸에 무리가 없는 일반 약은 쉽게 구입할 수 있다. 약사는 내게 상호 보장 제도가 되지 않은 국가의 관광객이나 보험이 없는 스페인 임시 체류 외국인들을 위한 병원이 있으니 거기로 가 보라고 안내해 줬다. 그곳에서 5분 정도를 기다리니 쪽지를 내밀며 이름과 국적과 방문 일시를 기재하라고 했다. 두 명의 의사는 강렬한 태양 때문에 아이들에게나 생기는 게 어른한테 생겼다며 치료 방법을 세세하게 일러 주며 처방전을 써 주었다. 역시 돈 한 푼 안 들이고 그곳에서 기분 좋게 나올 수 있었다.

예약 문화가 정착된 곳이니 진료실에서나 검사실에서 시간을 버릴 필요가 없고, 보험료만으로 모든 것이 처리되므로 의사들의 수입과 세금도 투명하게 관리된다.

주차 문제는 어떠한가. 우리나라에서는 이웃 간 주차 문제가 살인으로까지 비화되기도 한다. 이웃들만의 일이 아니다. 편협한 운영으로도 시설 관리 공단 공무원들이 거주자 우선 주차 지역민들과 불협화음을 일으키기도 한다. 의무를 성실하게 이행하는 시민이 당연히 누려야 할 권리를 중요시하는 인간 위주의 정책과는 거리가 먼, 행정 편의주의로만 움직이는 공무원들의 몰이해나, 충분히 이해할 수 있는 인간적인 기대를 저버리거나 상식을 무시하고 사는 일부 시민들의 행동에도 문제가 있다.

스페인은 한 가구당 한 대 이상의 차를 보유하고 있다. 2006년 마드리드와 근교 소도시, 즉 마드리드 자치 지역에 등록된 자동차 수가 380만 대라는 통계가 나왔다. 인구가 590만 명이니 약 1.5명당 1대 꼴로 자동차를 모는 것이다. 엄청난 수의 차량이다. 그런데 주차 문제 때문에 화낼 일은 없다. 17, 18세기 때에 지어진 구시가지에 있는 상가 주변에는 저렴한 비용으로 이용할 수 있는 유료 지하 주차장 시설이 있고 거주지에는 지하 공간을 주차장으로 사용하고 있다. 지하 주차장은 우리나라의 거주자 우선주차 방식으로 운영되지만 지상의 주차 공간은 누구에게나 열려 있다. 그리고 통행에 방해가 되지 않는 한 대로변 주차도 허용한다. 우리나라 세종로와 같은 대로 양옆으로 주차된 차들이 너

자동 주차 요금기계

무나 이상해 보이는 이유는, 우리나라에서는 한밤중에서 새벽까지 통행이 뜸한 주거지 주변 차로변에 주차한 차에도 영락없이 불법 주차 딱지가 붙고 견인까지 당하는 경우가 있기 때문일 것이다. 스페인에서는 주차가 어려운 지역의 도로에 자동 주차 요금기계를 설치하여 녹색 선, 청색 선을 그어서 주차 공간임을 알리고 한 시간에 1.5유로 안팎의 요금을 받는다. 주거지 골목의 경우 소방 시설이 있거나 남의 집 주차장 입구를 제외한 곳이면 누구나 차를 세워 둘 수 있다. 아무런 연락처도 남기지 않고 다른 차량 통행을 방해하거나 장시간 주차되어 있는 차, 또는 소방 시설물 지역에 세워진 차는 차주의 허락 없이 견인될 수 있다. 견인으로 해당 구에 수익이 생기긴 하겠지만 견인은 차주에게 엄청난 스트레스일 수 있다. 유럽의 국가들을 한 해는 지중해 쪽으로 또 한 해는 대륙 쪽으로 또 한 해는 대서양 쪽으로, 이렇게 세 번에 걸쳐 자동차로 여행한 적이 있다. 대책도 없이 차를 견인해 가는 나라는 우리나라밖에 없었다. 우리나라에서도 이제는 좀더 나은 환경에서 일할 권리와 좀더 나은 질의 삶을 기대해도 되지 않을까.

신시가지에서는 주차가 전혀 문제되지 않는다. 땅 소유주와 건축가가 건물을 지을 계획이 있으면 정부 관할청에 건축 허가서를 제출한다. 그러면 정부는 새로이 들어설 건물과 기존 건물, 모두를 고려한 후 땅 소유주가 진입로와 주차를 위한 대지를 할당할 시에만 길을 닦아 주고 건물을 짓도록 허가한다. 그래서 스페인을 돌아다니다 보면 건물은 없는데 길만 시원스럽게 닦여 있는 곳이 참으로 많다.

스페인 교민 한 분이 내게 이런 이야기를 해 주셨다. 보험 만기일이 남아 있어서 명의 변경을 하지 않고 다른 사람에게 자신의 차를 넘겼는데 이 차를 산 사람이 불법 주차 및 교통 범칙금을 4년이나 내지 않는 바람에 자신의 은행계좌를 차압한다는 통고를 받았다고 한다. 법정에 출두해 범칙금에 과태료까지 물었다는 것이다. 어떻게 개인의 은행 계좌 번호까지 나라가 알고 있는지 섬뜩했다. 그분은 나라가 예금 내용은 보지 않는다는 말도 덧붙였다. 스페인 세금 정책이나 징수 집행은 공정하면서도 합리적이고 스페인인의 이미지에 어울리지 않게 날카롭고도 무섭다. 자영업의 경우 표본 조사를 하여 기본 세액을 정해 놓고 이후 정기적인 세무 감사를 철저하게 하여 탈세 및 부당한 징수를 막는다고 하며 그 밖의 직종들도 세무서에서 주민 번호만 넣으면 당사자의 재산 내역 및 수입, 지출에 대한 내용을 알 수 있다고 한다. 변호사 수임료에도 부가가치세를 포함하도록 되어 있으니 기록이 남을 수밖에 없다.

우리나라가 봉급자들의 월급에서 빠지는 세금이 스페인의 것보다 많으면 많지 적지가 않다고 생각한다. 그런데 스페인 국민들은 국가에 보험을 든다는 기분으로 세금을 내고 훗날 고리로 되돌려 받는다. 스페인 사회보장 제도가 잘 정비되어 있기 때문에 국민들은 불의의 사고나 병에 대비하고 노후를 준비하기 위해 보험을 따로 들거나 저축을 할 필요가 없을 정도이다. 그래서 스페인 은행 저축 이자는 거의 없다시피 하다. 그럴 수밖에 없는 게 맡긴 돈을 관리해 주니 오히려 은행이 비용을 받아야 한다는 계산이 나온다. 임시 체류 외국인인 경우 은행에 맡긴 금액에 따라 수수료를 떼어 가는데 그 금액이 상당하다. 1,200유로를 맡겼더니 돈을 예치한 그날로 한 달치 수수료 36유로를 가져가 버렸다.

스페인은 유럽공동체 국가 중에서 남성 평균 수명이 제일 높고 여성 평균 수명은 두 번째이며 암 사망률은 가장 낮다. 술을 많이 마시고 골초들의 나라임에도 불구하고 건강하게 장수하는 데에는 그만한 이유가 있기 마련이다. 내가 보기에 가장 큰 이유는 삶의 질의 척도가 되는 훌륭한 제도와 시민 본위의 정의로운 법 집행에 그 해답이 있는 것 같다. 부과되는 의무에 비해 누릴 수 있는 권리가 없다면 국민들은 늘 피해의식에 사로잡혀 살기 때문에 일이 발생했을 때 이성적으로 잘잘못을 가리기보다는 먼저 전투 자세로 돌입하게 되어 있다. 우리나라를 아는 내 외국 친구들은 우리나라 사람들은 무척 다이내믹하다고 한다. 그렇게 되어야만 살아갈 수 있는 여건이기는 하지만 이 말 속에서 우리나라 국민이 투사라는 뜻은 지우고 싶었다.

9

법과 양심의 편에 서서

스페인의 정치 · 행정 구조

스페인에는 이런 이야기가 있다. 제우스가 각 나라의 대표들을 올림포스 신전으로 불러 원하는 것을 들어주겠다 했단다. 밤 12시에 태양을 갖고자 하는 나라가 있는가 하면 5대륙마다 자기 나라의 항구를 갖기를 원하는 욕심꾸러기 나라도 있었고 유행의 첨단을 걷고자 하는 나라와 세계에서 가장 막강한 군대를 가지고 싶어 하는 나라도 있었다. 이렇게 많은 요구들로 지친 제우스가 긴 하품을 하고 있는데 한 아리따운 아가씨가 나타났다. 머리에는 핀으로 고정시킨 숄을 우아하게 드리우고 레이스가 겹겹이 달린 스커트를 펄럭거리면서, 얼굴의 반을 작은 부채로 가린 채 사뿐사뿐 걸어 오고 있었다. 그녀의 황홀한 미소와 외모로 피곤을 깨끗이 잊은 제우스가 자세를 고치며 물었다.

"오, 그대는 어느 나라의 대표인가?"

"스페인 대표입니다."

"그대 나라가 원하는 것은 무엇인가?"

스페인의 대표는 말했다. "저희는 도시에 높은 빌딩은 원하지 않습니다. 자그마한 건물들이 나지막하나 평화롭게 어울려 있고, 시골에서는 꽃과 향기가 넘쳐 벌과 나비가 춤을 추기를 원합니다. 자원이 풍부하고 어디를 가나 그곳만의 색깔이 있어 많은 사람들이 우리나라를 찾기를 바랍니다. 그리고 남자들은 용감하고 여자들은 아름답기를 원합니다. 그리고…."

마드리드 시청

다른 나라 대표들에게서보다 훨씬 많은 요구를 받으면서도 제우스신은 연신 고개를 끄덕였다.

"그대의 부탁을 다 들어주겠으니 걱정 말고 돌아가거라."

스페인 대표는 신이 나서 부채를 살랑살랑 흔들며 신전을 나왔다. 그러나 곧 한 가지 중요한 부탁을 잊은 것을 깨닫고는 다시 황급하게 돌아가 제우스에게 부탁했다.

"제가 중요한 한 가지를 잊었습니다. 다름 아니라 국민들이 좋은 정부를 갖게 해 주십시오."

그러자 제우스는 무척 곤란한 표정을 지으며 말하기를,

"그대에게 이미 허락한 것도 너무 많다. 다른 나라와의 형평상 더 들어줄 수가 없다. 미안하지만 훌륭한 정부는 힘들겠다."

그래서인지 모르겠지만 스페인 국민들은 정부 탓을 많이 하는 편이다. 비가 많이 와도 정부 탓이요, 거리에 거지가 많아도, 학생 수보다 선생 수가 많아도 정부 탓을 한다. 쉽게 생각하는 국민 기질상, 가장 많은 책임을 진 자를 원망하기가 편하기 때문에 이런 이야기가 국민들 사이에 전해지고 있는지도 모른다. 사실 역사를 보면 무능한 왕들 때문에 나라가 힘들었던 때도 많았지만 현대사에서만큼은 스페인 정부는 제 역할을 훌륭하게 수행했다고 평가받고 있다. 우리나라처럼 내전도 겪었고 독재 시절도 있었지만 경제 발전 계획하에 지금의 경제적, 정치적인 안정을 누리게 된 데는 왕과 정부의 역할이 무엇보다도 컸음을 스페인 국민들은 인정하고 있다.

스페인은 입헌 군주 국가다. 왕은 국가의 통일과 영속성의 상징으로, 국가의 우두머리이며 군 총 사령관이다. 스페인 왕가를 볼 때마다 스페인 국민들이 가장 가치 있는 제도로 군주제를 칭송하고 왕가를 사랑하는 이유를 확인할 수 있었다. 스페인 왕가는 참으로 서민적이다. 국민들이 아플 때 항상 같이 울어 주고 위로해 주는 모습은 영락없는 국민의 어머니, 아버지이다. 스페인이 독재 체제를 마감하고 민주주의로 발을 내디딜 때쯤, 1981년 2월 23일 국회 의사당을 장악하며 쿠데타를 일으킨 군인들과 이를 TV를 통하여 보고 있던 국민들에게 왕은 왕 자신과 육, 해, 공 군부의 수장들이 국민들의 투표로써 정한 법에 따라 자유 민주주의를 확고하게 지킬 것이며 이를 방해하는 어떠한 행위도 용납하지 않음을 단호하게 밝혔다. 왕의 즉각적인 조치와 민주주의로의 분명한 의지로 쿠데타는 무산되었고 스페인은 순조롭게 민주주의 국가로 나아갈 수 있었다. 2004년 아토차 역 테러로 희생된 사람들의 합동 장례식장에서 현 국왕 부처부터 두 공주 부부, 왕세자 부부가 가족을 잃은 자들과 함께 울고 그들의 눈물을 닦아 주는 모습에 마음이 뭉클했다. 진정으로 국민을 사랑하는 왕가라고 생각했던 적이 그 경우만은 아니었는데도 말이다.

스페인 국회는 양원제로 되어 있다. 상원은 하원이 동의한 안건들을 거부할 수도 수정할 수도 있다. 국민이 뽑는 4년 임기의 하원의원은 350명이며 상원의원 256명 중 208명은 직접 보통 선거로 선출되고 나머지 48명은 각 자치 지역 입법의회에서 인구 1백만 명당 한 명씩 임명한다. 내가 인상 깊게 보았던 것은 스페인 국회의원들의 배석 방식이다. 우리나라 국회의사당에서는 다선 고참 의원이 뒷자리에 앉고 초선 의원이 제일 앞 열에 앉는데 스페인은 고참 의원일수록 제일 앞 열에 앉고 신참일수록 뒷자리를 배정받는다. 나름대로 이유야 있겠지만 나에게는 선배들을 보고 배우라는 의미로 보인다. 1981년 2월 군인들이 국회의사당을 진입하여 국회의원들을 인질로 삼는 장면이 TV로 생중계되었는데 군인들이 총을 쏘며 의사당 안으로 들어오자 신참 의원들은 모두 의자 밑으로 몸을 숨긴 반면 제일 앞 열에 앉아 있던 대표 의원들은 모두 몸을 곧추세우고 가슴으로 그 총부리를 막아 내고 있었다. 이를 본 국민들 마음은 어떠했을까. 이들의 모습에서 정치에 대한 신뢰가 생기지 않았을까 싶다.

스페인 정부는 의회를 해산하고 새로운 선거를 소집할 수 있다. 4년 임기의 대통령은 하원의 인준 투표를 거친 후 왕이 형식적으로 임명하게 되어 있다. 임명 절차에서 가장 중요한 것은 국회의 승인을 거쳐야 하는 정부 정책안을 제출하는 일이다. 대통령의 자리에 앉을 자격을 부여하는 것은 바로 그 정부의 정책을 인준해 주는 것과 같은 의미다. 따라서 구조적으로 정당들의 국민과의 약속은 반드시 지켜지도록 되어 있다.

사법권은 절대적으로 독립되어 있으며 판사와 대법관이 법정에서 법과 양심에 따라서만 범죄를 다스린다. 우리나라는 법에 가까이 가면 갈수록 돈 냄새와 썩은 냄새가 난다고 할 정도로 사법 질서에 대한 국민의 불신이 큰 반면 스페인에서는 사법 불신과 관계된 어떠한 기사나 논평은 물론이요 소문으로조차도 듣기가 힘들다. 철저히 법과 양심의 편에 선 스페인 최고 재판소와 국가 법원은 스페인 모든 지역을 관할하는 사법권을 가지고 있으며 자치 지역마다 고등 법원이 있다. 스페인이 1979년 인권과 자유기본권 보호를 위한 로마 협약에 조인함에 따라 스페인 사람들은 유럽 인권 재판소에서도 재판을 받을 수 있다.

국회의사당

10

유럽을 넘어 아시아 태평양으로

스페인의 경제

스페인에 관한 대화를 나누다 보면 스페인의 주산업이 무엇이냐는 질문을 많이 받는다. 우리가 주로 내세우는 잘사는 나라들의 유명한 자동차 회사나 컴퓨터, 모바일 회사도 스페인 것이라고는 못 들어 봤으니 그럴 것이요, 워낙 놀고먹기를 좋아하는 스페인 사람들이라는 인식이 있다 보니 그저 조상이 물려준 문화유산 덕으로 살고 있는 것이겠지 하는 생각이 들어서도 그랬을 것이다. 정말 그럴까.

스페인은 서비스 분야가 산업 분야를 앞서며 주요 생산 종목은 농축산물, 와인, 담배, 제철, 조선, 화학, 전기, 광학, 섬유, 가죽이다. 무엇보다 농업과 목축 분야가 스페인 경제의 큰 부분을 차지하고 있다. 유럽 농업의 12%를 차지하는 곡물과 세계 3대 생산국에 드는 포도주, 올리브와 해바라기 기름, 모든 종류의 야채와 과일 그리고 면, 설탕과 담배 산물이 있다. 목축 방면으로는 유럽 세 번째 고기 생산국이며 돼지고기, 양고기와 쇠고기가 주를 이룬다. 닭과 달걀 생산량은 유럽에서 네 번째로 많다. 그런데 유럽에서 가장 많은 어선을 갖고 있으며 어부의 수도 가장 많고 바다로 둘러싸인 나라임에도 불구하고 스페인 어업은 국내 소비의 40%만을 차지하고 있다. 그런데도 식당에서나 가정 식탁에는 정어리로부터 오징어, 문어, 홍합, 대합, 새우, 바다가재에 이르기까지 모든 종류의 해산물이 올라온다. 이들을 싼 값에 마음껏 즐길 수 있는 것을 보면 정말 먹는 데에서만큼은 어느 나라도 따라오지 못할 만큼, 질 좋고 풍족한 식생활을 누릴 수 있게끔 돈을 지출하

엘 코르테 잉글레스 백화점 과일 판매대

엘 코르테 잉글레스 백화점 와인 판매대

는 나라답다. 광업 분야에서는 철, 석탄, 납, 아연, 주석, 구리, 수은 등이 많이 생산된다. 하지만 에너지 분야에서는 국내 에너지 소비의 33.1%를 차지하는 핵에너지와, 댐의 수에 미치지 못하는 비의 양으로 어려움을 겪고 있는 수력에너지, 그리고 태양에너지, 지열에너지, 조수에너지, 풍력에너지 등은 자급자족이 된다. 하지만 유럽 국가들의 평균보다 30%나 많은 에너지를 사용하는 스페인의 석유와 천연가스 자급률은 1%에도 미치지 못했다. 따라서 99%를 수입에 의존해야만 했다. 그런데 1999년에 아르헨티나의 석유 탐사, 시추, 정유 기업인 'YPF'가 독재체제하에서 잔뜩 빚만 지고 있다가 메넴 정권으로 넘어오면서 민영화가 되었다. 이 기업을 스페인이 인수했다. 스페인 국내 석유 소비 50%를 차지하는 '렙솔 YPF'는 이렇게 해서 탄생된 것이다. 여담으로 아르헨티나는 이렇게 자기네 것을 내주고 베네수엘라에게 도움을 청했다. 스페인이 중남미 자원 확보 경쟁에서 성공한 대표적인 예다.

기업 현황을 살펴보면 중소기업이 99.87%를 차지하고 있다. 경제 위기나 시장 환경 변화에 덜 민감하고 일자리를 더 많이 창출할 수 있다는 장점은 있지만 개발을 위한 투자가 대기업만큼 이루어지지 못하고 세계화 추세 속의 국제 시장에서 경쟁하기에는 역부족이라는 단점이 있어 기업 간 합병이 이루어지고 있다.

스페인은 1백 개의 기업이 수출의 50%를 차지하고 있다. 앞서 말한 가스 및 에너지 자원 및 석유화학 제품을 수출하는 '렙솔 YPF'가 있고 항공기 제조 회사인 '카사'는 5대륙에 비행기를 수출하고 있다. 백화점인 '엘 코르테 잉글레스'의 체인망은 거대하다. 유럽에서 가장 수익이 높은 항공기 업체인 '이베리아'와 중남미 모든 국가에 투자 및 수출을 하는 전기 통신 업체 '텔레포니카'가 있고 'ACS'와 '드라가도스'는 건설 서비스 분야에서 유럽 3위를 차지하고 있다. 우리나라 슈퍼마켓에 가도 볼 수 있는 '추파춥스'는 세계로 퍼져 있는 스페인 과자업체다. 일반인을 대상으로 옷과 장신구를 디자인하고 생산하는 그룹으로, 9개의 계열사를 갖고 있으며 디자인-직물계에서 세계 3위인 '인디텍스'사 중 가장 유명한 '사라' 상표는 '자라'라는 이름으로 우리나라에도 소개된 적이 있다. 이 기업의 성장 스토리를 보면 거대 자본만이 기업을 일으키는 것이 아니라는 게 맞는 말인 듯싶다. 산업에서 후진성을 벗지 못하고 있던 스페인 갈리시아 지역의 라 코루냐 시에서 1963년 가운을 만드는 조그마한 공장에서부터 이 기업은 시작됐다. 창설자 아만시오 오르테가는 여성용 옷으로 사업을 넓혀 보자는 생각으로 '사라'라는 이름의 가게를 코루냐 상업 중심가에 열었다. 이 가게가 예상외로 성공을 거두자 갈리시아의 다른 지역과 스페인 전역으로 점포망을 확장해 나갔다. 1988년에는 포르투갈에 점포를 열면서 국제 기업으로 변모하는데 현재 50여 개 국가에 2천2백 개의 점포망이 있으며 4만 명의 직원을 두고 있다. 이 기업의 성공 비결이 다른 기업들과 남달라 세간의 화제로 떠오르기까지 했다. 혹시 이러한 분야에 관심이 있는 사람이면 귀를 기울일 만하다. 이 회사는 바겐세일 때만 제외하고 기업이나 자사 생산품을 알리기 위한 선전을 하지 않는다. 입소문이 무섭다는 건 이 회사의 고객 수로 알 수 있다. 사람들이 가장 많이 다니는 상업로에 가게를 열고 진열장에는 자사의 이미지를 대표하는 옷을 내걸고 기업 이미지를 충격적으로 느낄 수 있도록 매장 실내를 장식한 것도 전략 중의 중요한 요소다. 그리고 생산 라인부터 유통 판매까지 모두 이 기업이 담당한다. 따라서 물류비용이 절감되고 회사 간 불협화음이나 반품 등의 상품에 대한 클레임으로 야기되는 낭비도 없다. 고객이 매장에서 내놓은 의견이 곧장 디자이너에게 전달되어 소비자의 요구에 따라 만들어지며 이렇게 만들어진 옷이며 장신구들이 10일에서 15일 안에 매장에 걸리게 되므로 소비자는 유행을 만들어 내는 당사자들이 된다. 그리고 신제품에 대한 고객들의 반응을 면밀히 살펴 다음 상품에 적용한다. 옷이며 장신구 등이 소비자의 마음에 드는지, 잘 팔리지 않는지 등을 살펴 물건을 즉각 교체해 버리기 때문에 매장에 비치해 두는 기간이 1주에서 길어야 2주밖에 되지 않는다. 고객에게 빨리 상품을 구입하게 하는 부가 효과까지 누릴 수 있다. 같은 분야 다른 업체의 경우 생산품이 매장에 걸리기까지 빨라야 두 달이 소요되는 것과 무척 대조적이다. '인디텍스'사의 생산 공장도 단 하나만 있다. 스페인 라 코루냐 시 근교에 있는 마을에 공장을 두고 그곳에서 물건을 만들고 세계 각국으로 보냈으나 2003년부터 스페인 사라고사에 물류 창고를 두어 유통 관리를 하고 있다. 이 말은 '사라' 상표가

마드리드의 사라 매장

나가 있는 세계 50여 개 국가에 공장을 지을 부지 구입비, 건설 비용이나 생산 및 인건비에서의 지출이 없다는 이야기다. 마지막으로 여성을 대상으로 하는 상품이므로 종업원의 90%가 평균 연령 26세의 여성이다. 관리직 60%를 여성이 맡고 있으며 이 중 반수가 스페인인이며 나머지는 '인디텍스' 사의 세계 점포망이 있는 나라의 여성들이다.

스페인 에너지 산업체로는 '이베르드롤라' 와 '가스 나투랄' 이 있고, '빌바오-비스카야-아르헨타리아(BBVA)' 와 '산탄데르 헤네랄 이스파노(BSGH)' 지점망은 유럽은 물론 중남미까지 퍼져 있는 거대 합병 은행이다. 자동차 산업체로는 다국적 기업으로 '세아트', '포드 에스파냐', '오펠 에스파냐', '파사 르놀 에스파냐' 그리고 '시트로엔 이스파니아' 가 있다. 누구나 그러하겠지만 외국에서 우리나라 기업을 홍보하는 간판이나 상품 또는 TV 선전을 보는 것만큼 뿌듯하고 기분 좋은 일도 없을 성싶다. 언제부터인가 나는 스페인에 가면 주차되어 있거나 차로를 달리는 기아와 현대, 대우의 차 대수를 세어 본다. 그 덕분에 자동차 모습만으로 제조 회사와 제품명을 알아맞히는 재주도 생겼다. 중국의 최근 수출액의 50%가 다국적 기업에서 만든 생산품이라는데, 이 중 자동차를 570만 대나 수출해 세계 4위를 차지했다는 기사를 읽었다. 5위였던 우리나라가 340만 대로 6위로 밀려났고 스페인 내 다국적 자동차 회사들 덕분에 스페인은 3백만 대로 7위다. 얼마 전 디트로이트 모터쇼를 보면서 이제 자동차 분야에서도 우리나라가 살아남기 위해서는 고급 브랜드화를 위해 디자인과 성능에서 좀더 많은 아이디어가 필요한 시점에 온 것 같다는 생각을 해 봤다.

'엔데사'는 스페인과 중남미 전기 시장을 담당하고 있는 거대 기업이며 '셉사'는 석유와 석유화학 제품을 조달하는 회사다. 현재 스페인은 세계화에 발맞추기 위해 국민 건강과 교육 및 지역 균형 발전과 직결되어 있는 공기업 및 국가 주요 전략 기업을 제외한 국가 기업의 민영화와 나라 안팎으로 질과 경쟁력을 높이기 위한 소기업 간 합병을 이루어 나가고 있다. 물론 기업 간 합병은 거대한 독점 기업의 출현을 막기 위해 '경쟁법'의 규정을 좇도록 하고 있으며 외국 기업에 의해 민영화된 국가 기업에 대한 간섭 또한 금하고 있다.

스페인 경제가 안고 있는 가장 큰 문제는 실업이다. 스페인 기업 분포를 살펴보면 서비스업이 48.8%로 가장 많고 무역업이 30.1%, 건설업이 11.9% 그리고 제조 산업이 9.2%를 차지한다. 스페인 역사 이래 가장 낮은 실업률이 8%를 기록하고 있다. 정규직을 가질 수 없는 관광업과 건설업이 주가 되는 나라라는 것도 문제가 되겠지만 해고 비용이 높고 한번 입사하면 영구적으로 있을 수 있기 때문에 회사에서 채용을 하지 않으려 하는 것도 실업률을 높이는 데 한몫 했을 것이다. 그래서 곤살레스가 이끌었던 사회당 정권은 기업이 해고를 쉽게 할 수 있도록 해고 비용을 낮추고 비정규직을 대대적으로 늘리는 정책으로 실업률을 낮추려고 했지만 총파업만 야기했다. 생활수준이 높아지면 임금도 높아지고 대우도 나아져야 하는데 그 반대 처방으로 결국 실패한 정책이 되고 말았다. 그래서 그 뒤를 이은 아스나르 정부는 실업률을 5%대로 낮추기 위한 처방으로 노동자들에 대한 대우를 개선하면서 비정규직을 확대하는 방안과 50세 이상 성인이나 여성, 장애인을 채용하는 회사에게 인센티브를 제공하는 방법, 그리고 실업 중에 있는 노동자들의 실을 향상시키기 위하여 해당 분야 재교육 방안을 내놓았고 이를 시행했다. 그러나 여전히 20대 연령층과 여성의 실업률은 높다. 스페인 현 사파테로 정부는 청년 실업문제를 해결하는 방안을 교육에서 찾으려 하고 있다. 젊은이들이 대학에서 배우는 것과 노동 시장이 요구하는 것이 상충하고 있다고 보고 스페인 교육제도를 개편하고자 한다. 노동 시장이 요구하는 학업 수준을 능가하는 많은 수의 대학 졸업자들이나 고학력 소지자의 수를 줄이고 전문가를 교육시키는 데 많은 투자를 계획하고 있다. 또한 스페인에 상대적으로 현저히 적은 IT 전문 기술자 양성에 총력을 쏟고 있다. 새로운 일자리를 2.4% 더 창출하려는 계획하에 있는데 이는 유럽연합의 평균의 두 배에 달하는 수치이다. 이 수치는 앞으로 더 늘어날 전망이라고 한다.

스페인은 수익성이 없는 공기업과 국가 보조금을 받고 있던 기업들로 인해 몇 년 전까지 국가의 지출이 수입을 초과한 상태에 있었다. 매년 국민 총 생산액의 3~6%의 적자가 2000년까지 계속되었고 2003년에는 나라 빚이 국민 총 생산액의 60%에 달했다. 프랑스와 독일보다 약간 웃돌고 네덜란드보다는 낮은 수치다. 스페인 경제가 적자에서 흑자로 돌아선 시점은 2001년으로 이때 미국 무디스사는 스페인 경제에 가장 높은 점수를 주었다. 2001년이면 우파 성향의 PP당이 정권을 잡고 있던 시점이다. 이 정권의 수장 아스나르는 국가의 빚을 줄이기 위하여 국민이 아니라, 국가 살림살이에 가혹했다. 작은 정부를 꾸리면서도 반드시 필요한 지출 이외에는 예산을 책정하지 않았고 예산을 책정할 때도 꼼꼼하게 따져 현실성 있는 사업에 국한하여 예산을 사용했다. 세금이 다른 곳으로 새지 않도록 철저하게 관리했고 이익이 되지 않는 공기업을 민영화했다. 국비를 낭비하지 않는 경제관과 사회 어느 곳에서도 투명하려고 노력한 청렴함이 돋보였다. 공무원의 월급을 동결하고 수를 줄인 반면 4백만 개의 일자리를 창출해 냈다. 그리고 유로화를 사용하는 나라가 되기 위하여 마스트리히트 조약에 명기된 조건에 따라 인플레와 이자율을 낮추도록 노력한 결과 만기 연도보다 2년이나 앞당겨 계획을 실현할 수 있었다. 사실 2004년 3월 알카에다의 스페인 아토차 역 테러 사건만 없었더라면 PP당은 누가 보아도 재집권할 확률이 높았다. 그러나 2004년 스페인 노동사회당으로 정권은 넘어갔다. 이 당은 과거 부통령 알폰소 게라의 동생이 형의 사무실을 공짜로 사용했고 부통령 가족은 지중해 여행을 공짜로 했던 전력이 있다. 우리나라에서는 이보다 더 큰 일도 아무렇지 않게 넘어가겠지만 스페인에서 이러한 정부는 부정부패한 정부로 낙인찍혀 권력에서 쫓겨난다. 이렇게 퇴출된 전력이 있기 때문인지 현 집권당은 바로 전 PP당이 국민의 지지를 얻었던 점이 무엇이었는지를 알고 노력하고 있다. 한 예로, 2012년 하계올림픽 개최지로 마드리드가 선택될 가능성이 높았다. 그래서 이를 목표로 벌여 놓은 사업이 엄청 많았다. 런던이 올림픽 개최지로 결정되어 결과적으로 마드리드는 다음 기회를 노려 보아야 하겠지만 일단 시작한 공사는 지금도 열심히 추진하고 있다. 공사가 행해지는 곳에 세워진 푯말이나 간판에는 어김없이 공사명과 시공 날짜 및 공사 기간, 시공사가 표시되며 우리나라와 달리 공사 예산까지 상세히 적혀 있다.

현재 스페인은 일인당 국민 총 생산액이 2만 5천 달러이며 영국 다음으로 많은 외화를 보유하고 있다. 2005년 경제 성장률이 유럽연합 국가들의 평균치의 두 배인 3.4%로 나타났다. 현 사파테로 총리는 아시아-태평양 국가 투자 경제 플랜을 세웠다. 주로 유럽과 중남미 국가에 투자를 많이 하고 있으며 투자금 순위에서 세계 6위를 차지하고 있다. 이제 일본, 중국, 인도, 이 아시아 세 나라에 집중적으로 투자하여 일자리도 창출하고 나라 수입도 늘리겠다는 마스터플랜을 내놓았다. 또한 자기 나라를 다국적 기업들의 투자 최적지로 만들기 위해 꾸준히 노력하고 있다. 2007년에는 거대한 다국적 기업 건물들이 마드리드에 선다는 일간지 기사를 읽었다. 현재 스페인에 가장 많은 투자를 하고 있는 나라는 네덜란드, 프랑스, 룩셈부르크, 영국, 이탈리아 그리고 미국이다.

스페인은 주로 프랑스, 이탈리아, 영국, 포르투갈, 중남미, 일본, 그리고 중국과 무역을 한다. 중국과 한국, 그리고 동부 유럽 국가들은 스페인에 수출을 늘이고 있다. 경제 구조상 생기는 적자의 65% 정도는 관광 수입으로, 그리고 나머지는 외국 투자 수익금 및 섬유, 전기, 자동차, 화학 산업으로 메우고 있다. 스페인은 우리와 달리 최첨단 기술을 요하는 부분에서 취약하다. 현재 우리나라의 삼성과 LG 상품이 스페인 전기전자 제품 진열장에 일본 제품을 제치고 전시되어 있는 걸 보면 가슴이 벅차다. 스페인 정부의 노력으로 첨단 기술 분야에서는 유럽연합의 막대한 대 스페인 지원금이 2007년까지 책정되어 있다.

유럽연합의 스페인 지원금이 끊기는 2008년부터의 경제 정책을 잘 세워야 한다. 유럽연합 국가가 27개로 늘어나면서 스페인 무역 시장은 넓어지겠지만 스페인 내 외국 투자 자금의 유출에 대비한 국외 기업 유치 방안이 확보되지 않고 유럽연합 보조금으로 지탱해 온 기업들이 진정한 기업 정신으로 거듭나지 않는다면 스페인 경제는 뒷걸음 칠 수밖에 없다. 여기에 한 가지 더 스페인 정부가 두려워하는 것은 거대 노동 시장 중국의 부상이다. 지금 스페인에서 구입하는 물건의 반 이상이 '메이드 인 차이나'라는 게 여간 신경 쓰이는 게 아닌 것 같다. 신문마다 뉴스마다 중국 경제 관련 기사가 안 실리고 들리지 않는 날이 드물 정도다.

11

유럽연합 "시", 세계화 "노"

유럽연합 내의 스페인

1939년에 발발하여 1945년에 끝난 제2차 세계 대전은 어느 전쟁이나 그러하듯 모두에게 비극이었다. 그래서 이 전쟁에 가담했던 유럽의 몇 국가들이 모여 앞으로는 국가 간의 대립을 전쟁과 같은 비인간적이며 격렬한 방식으로 해결하지 않을 방책을 찾고자 했다. 또한 소위 냉전 체제하에 미국과 소련이라는 거대 두 강대국만이 누리고 있던 세계의 힘을 평등하게 나눠 가질 수 있도록 유럽 대륙의 힘을 키우고 동등하고 자유로운 사회를 건설하고자 하는 열망도 있었다. 그래서 내린 결론이 유럽 통합이었다. 꿈과 같은 이 계획을 현실화하는 데 도화선이 된 것이 1957년 3월 25일에 체결한 '로마 협정'이었다. '유럽 경제 공동체'와 '유럽 원자에너지 공동체'가 이 협정으로 창설되었다. 이 당시 동참한 나라가 벨기에, 독일, 프랑스, 이탈리아, 룩셈부르크, 네덜란드였으며 이후 1973년에 덴마크, 아일랜드, 영국이, 1981년에는 그리스가 함께 했다.

스페인의 유럽연합 가입은 프랑코 체제의 오랜 숙원이었지만 독재 체제를 마감하고 민주주의가 정착된 1986년에 이르러 포르투갈과 함께 이루어졌다. 물론 가입이 쉬운 것만은 아니었다. 1986년의 스페인은 유럽연합 국가 중에서 가장 못사는 나라였다. 유럽연합에 이미 가입하고 있던 나라들과 비교했을 때 스페인의 산업 구조는 후진성을 면치 못하고 있었고 산업 발전 또한 불안정해 보였다. 경제 수준 면에서도 일인당 국민 소득이 연합 국가들의 80% 수준에 그치고 있었다. 따라서 스페인은 유럽연합으로부터 스페인 경제 구조 조정, 하부구조의 현대화, 지역 간 균등 발전 등을 위한 재정 지원을 가장 많이 받는 나라가 되었다.

재정 지원만으로 모든 게 해결되는 것은 아니다. 기존 스페인인들의 삶의 방식에 엄청난 충격이 가해졌다. 예로, 스페인은 기존의 농업 구조를 완전히 바꾸어야 했다. 유럽연합의 가장 중요한 법 중의 하나인 '유럽연합 농경법'에 따라 스페인은 농업에서 국가의 보호 및 국가 보조금을 완전히 없애야 했으며 할당제에 따라 생산을 해야 했을 뿐만 아니라 농산물의 경쟁력을 높이기 위하여 이윤이 적은 농작물 재배지를 휴경지로 돌리거나 숲으로 전환시키는 등과 같은 조치들을 따라야만 했다. 국가의 보호하에 가격 조정까지 나라가 해 준 덕에 거두는 대로 편히 먹고 지내던 농민들의 일이 없어져 버린 것이다. 어업은 더 기가 막혔다. 스페인은 바다로 둘러싸인 나라인지라 그물만 쳐 놓으면 먹거리가 생겨 걱정 없이 살았던 그들에게 수자원 보호와 어부 수와 조업 어선 할당제 등의 구조조정이라는 말이 귀에 들어올 리가 없었다. 나는 스페인 남부 해안 도시 말라가 바닷가에서 한 달간 아파트를 빌려 산 적이 있다. 스페인이 유럽연합에 가입한 지 1년 뒤인 1987년의 일이다. 아파트에서 걸어서 5분 걸리는 거리에 생선 가게가 하나 있었는데 그 가게에는 이름 모를 잡어들이 어떤 것은 한 마리만 달랑, 또 어떤 것은 두세 마리 누워 손님을 기다리고 있었다. 시장에서 본 생선들과 판이하게 달라 이게 가게인가 싶었는데 가게 안에는 늘 손님들로 북적댔다. 알고 보니 가게 주인 아저씨가 새벽에 나가 잡은 생선을 아주머니가 파는 것이었다. 생선이 다 팔리면 문을 닫고 잡히지 않는 날은 가게 문도 열지 않는 걸 보고 그들이 정말 하느님이 주시는 대로 만족하고 사는 사람들이라고 생각했던 기억이 난다. 그들은 이름 모를 생선을 튀겨 먹지만 나는 고추장을 풀어 매운탕으로 만들었는데 들어간 재료가 없어도 싱싱해서 그랬던지 맛은 기가 막혔다. 이렇게 살던 그들이 아무리 나라가 더 잘살 수 있는 길이라고 해도 당장 눈앞에 평생의 일과 먹거리가 없어지는데 쉽게 변화에 수긍하기란 어려웠을 것이다. 목축업을 하던 사람들이 양 떼를 몰고 마드리드로 올라와 도심 한복판에 풀어 놓았던 적이 있었다. 세 시간 동안 교통체증이 일어났다. 농부들은 토마토를 프랑스와의 국경 지역에 쏟아버리기도 했다. 이를 치우느라 국경 수비대들이 고생을 했다. 어부들은 자신들의 배에 외국 깃발을 달고 조업하거나 외국 어선들의 스페인 해역으로의 진입을 방해하기도 했다. 이에 스페인 정부는 농부나 어부들의 도시로의 이주를 막으면서 대체 직업교육을 시켜 일자리를 제공하는 등의 농어촌 지역 경제 활성을 위한 조치들을 실행했다. 유럽연합 국가 이외의 나라로도 스페인 축산물을 수출할 수 있는 길을 열어 주고 정보를 제공하며 수출 장려를 위한 기술적, 경제적 지원을 해 주었다. 이와 같은 정부와 국민의 공조 결과 현재 스페인 농산물은 유럽 이외의 국가에 수출되는 것을 제외하고도 유럽연합 국가 내 국민들의 12%를 먹여 살리고 있고 목축에서도 유럽 내에서만 9.5%를 담당하고 있다. 어업에서는 할당제, 수자원 보호 문제 등의 구조조정으로 아직 어려움을 겪고 있지만 2007년이면 유럽연합의 재정 보조로 이 문제도 해결될 것으로 보고 있다. 스페인 국민들도 유럽연합 어업법이나 농경법으로 추구하고자 하는 궁극적인 목적이 합리적인 가격으로 유럽 국가의 국민들에게 최고의 먹거리를 공급하고 농어민의 삶의 수준을 보장하는 것임을 확실히 알고 있는 듯하다.

유럽연합 가입국이 27개로 늘어난 지금, 기존의 '유럽연합 농경법'의 결점을 보완, 개정한 의제가 발표되었다. 이전의 법에 따르면 유럽 국가 간의 세금을 면제하고 수출에 걸림돌이 되는 장애물을 제거하고 유럽연합 외 국가의 농산물이 아무리 싸다 하더라도 구입하지 않는 등 연합 국가 간의 시장 개방과 농산물 가격 보호 정책면이 강했다. 이에 반해 새로운 의제는 국가 보호주의 정책을 축소하여 경쟁력을 높이고 농경지 면적을 줄여 잉여 생산을 막고 남겨진 농지는 숲으로 조성하며 친환경 농산물을 개발 생산하자는 환경보호 정책면이 강조되고 있다. 그래서 지금 스페인에서 생산되는 친환경 농산물이 총 생산물의 25%를 넘고 있다. 그리고 전원을 훼손하지 않도록 자연을 보호하는 농부에게는 정부가 보조금을 주고 있는데 이는 농부들이 주변 환경 보호와 전원 풍경에 좀더 책임을 느끼도록 하는 방법이라고 관계자는 설명했다. 유럽연합 국가의 국민들 중 90%가 무엇보다 자연 보호가 우선 정책이 되어야 한다고 생각하는 만큼 심각했던 광우병 사건 이후 먹거리와 환경과의 밀접한 관계를 정확하게 반영한 의제라고 볼 수 있을 것이다.

2004년 국민당이 노동사회당(PSOE)에게 정권을 넘겨 주게 된 결정적인 계기는 알카에다 테러 사건이었지만 환경 정책에서의 실정도 큰 몫을 차지했다고 역사가들은 보고 있다. 2002년 11월 프레스티지 유조선이 갈리시아 해안 근처에서 사고를 당했다. 그 배에 실려 있던 원유가 쏟아져 나오면서 자연 생태에 대재앙을 불러일으켰다. 그러나 정부는 늑장 대응을 했고 그나마 별 효력도 없는 처방으로 스페인뿐만 아니라 국제적으로 혹독한 비난을 받았다. 정부는 피해가 더 확산되는 것을 막을 노력은 하지 않고 그저 새어 나온 기름의 양을 실제보다 축소하고 자신들의 책임을 회피하는 데에만 급급했다. 그래서 스페인뿐만 아니라 세계 각국의 자원 봉사자들이 바다를 청소하기 위해 갈리시아 해안으로 몰려들었다. 물론 정부에 대한 비난은 계속되었다. 결국 정부가 사건의 심각성을 인식하고 해결책을 찾으려 했으나 상황만 더 악화시키는 결과를 초래하고 말았다. 그 결과 지금도 프레스티지호는 갈리시아 해변에서 3천 킬로미터 떨어져 있는 곳에 가라앉아 있으며 사건 이후 2년이 지나도록 갈리시아 해안의 기름 찌꺼기는 완전히 제거되지 못했다. TV를 통해서 보았던, 기름으로 뒤덮여 온통 새까맣게 된 바닷새들의 단말마적 날갯짓과 바다 위로 떠오른 검은 물고기 사체들은 눈으로 확인할 수 있는 재앙이지만 바다 속, 그리고 더 멀리 있던 생명체들이 입은 피해는 확인조차 불가능하다. 이렇게 파괴된 환경은 인간에게 복수를 하게 될 것이다. 무고한 시민들을 직접적으로 죽이는 테러도 문제지만 간접적으로 생태계를 파괴시키는 것은 더 심각한 결과를 초래할 수 있다. 그래서 PP 정부는 국민들로부터 신뢰를 잃었던 것이다.

환경 문제는 문제가 되기 전에 예방책이 최선인 것 같다. 스페인은 캔이나 병, 파지, 헌 가구, 의복, 사용한 배터리, 신문지 등을 1970년대부터 재활용하고 분리수거해 왔다. 우리가 골치를 썩고 있는 음식 쓰레기에서는 별 관심을 보이지 않고 있는 것 같아 그 이유를 가만히 살펴보았더니 스페인 사람들은 음식을 거의 남기지 않았다. 먹을 만큼만 준비하고 접시에 남은 소스까지 빵으로 닦아서 깨끗하게 먹어 치운다. 과일도 복숭아, 배, 사과, 포도 등과 같이 껍질째 먹을 수 있는 것은 모두 그냥 먹는다. 농약을 많이 사용하지 않는다는 증거다. 시장에서 파는 야채는 밭에서부터 모두 정리된 채로 판매되기 때문에 가게에서나 집에서는 버릴 게 별로 없다. 생선도 생선가게에서 뼈까지 발라 살점만 싸주니 튀겨 먹으면 그것으로 끝이다. 무엇보다 나의 눈을 끈 것은 스페인 정부의 대기 오염에 대한 지대한 관심이었다. 겨울에 도시 오염도 수치가 허용 기준치에서 조금이라도 올라가면 공장 가동을 멈추는 일도 있었다. 그리고 도심 대기 오염의 주범 중의 하나인 트럭은 도심으로 진혀 나니시 못하게 되어 있나. 원료로는 바이오 디젤유 사용을 의무화하고 있다. 시내버스는 기존 버스를 태양에너지 버스로 대체하거나 천연가스를 사용하도록 하고 있다. 스페인은 건조한 지대가 많고 가뭄이 심하기 때문에 물이 귀하다. 그래서 물을 아껴 쓰자는 홍보물이 거리나 관공서 군데군데 붙어있는 것을 보았지만 지금껏 물로 해 온 도로 청소를 다른 것으로 대체하기가 쉽지 않았던 모양이다. 그래서 아직도

도로 청소를 물로 하고 있다. 물론 청소차에 실린 물탱크에 재활용물이라고 써 놓았다. 백화점이나 일반 가게에서는 비닐봉지를 공짜로 준다. 이렇게 스페인 내 환경 문제는 전 국민의 관심사이지만 이 문제에서도 삶을 여유롭게 살려는 스페인인다운 면모도 있다. 의무를 다하는 국민의 자유를 규제하고 부담을 주는 네거티브 정책보다 자연과 인간을 함께 살리면서도 국민들의 행복을 우선시하고자 하는 생각을 늘 먼저 염두에 두고 정책을 펴기 때문인 것 같다.

현재 스페인 국민들 중 65%가 유럽연합의 회원국이 된 것을 긍정적으로 평가하고 있으며 유로화 화폐 통합 정책은 국민의 70%가 지지하고 있다. 그러나 세계화에 대한 비판은 만만치 않다. 특히 자연 환경 보호주의자들과 좌경 계열의 조직, 그리고 다수의 노조 및 비거주자 점령 운동인 '오쿠파(OKUPA) 운동'은 경제의 세계화 정책과 국제 통화 기금, 세계 은행, 전통적으로 국가의 독점 사업이었던 공기업들의 민영화와 자유화, 노동 불안정, 유로화 사용으로 인한 사회 비용 증가나 제3세계에서의 아동 노동력 착취 등에 반대하고 있다.

스페인 국민들은 경제적인 면에서는 유럽연합 회원이 된다는 데 찬성하지만 유럽 시민이라는 개념에는 아직 부정적인 반응을 보이고 있는 것 같다. 물론 유럽연합의 군대와 외교 정책에 호의적이며, 세계화에 발맞추는 가장 바람직한 방법이자 배타적인 민족주의 문제를 해결할 방책으로서 유럽 통합을 긍정적으로 평가하고 있다. 다만 '우리나라가 최고'라고 생각하는 국가주의 개념이 유럽 다른 국가들의 평균 18%보다 훨씬 밑도는 6%임에도 불구하고 스페인 국민들의 85%가 스페인인이라는 데는 자긍심을 느끼며 살고 있다. 외국과의 전쟁 위험 가능성이 많지 않은 스페인이 만일 외국의 침략을 받는다면 나라를 지키기 위해 적극적으로 싸우겠다는 스페인 사람이 그러지 않겠다는 사람보다 많다.

2004년에는 키프로스, 체크 공화국, 에스토니아, 헝가리, 라트비아, 리투아니아, 말타, 폴란드, 슬로바키아와 슬로베니아가 유럽연합 회원국이 되었고 2007년에는 불가리아와 루마니아까지 가입해 5억 인구, 27개국이 유럽연합으로 뭉쳤다. 스페인은 2007년까지 사회, 산업 전반에 걸친 구조 개혁과 현대화 및 기계화를 위하여 유럽연합의 지원금을 받지만 2008년부터는 1986년의 스페인과 동일한 상황에 있는, 새로 가입한 회원 국가들을 재정적으로 도와줘야 하며 그리고 이 12개 국가들이 내놓을 값싼 노동력 및 농축산물과의 경쟁에서도 살아남아야 할 과제가 있다.

얼마 전 스페인에서 국민투표를 통하여 가결된 유럽연합 헌법안은 유럽 영토가 확장됨에 따라 회원 국가들을 모을 수 있는 구심점을 마련하고 각 나라의 헌법이 수용하지 못하는 유럽 시민권 보장과 평등을 위한 상위 헌법이 필요했기에 나온 것이다. 2003년 6월 13일 브뤼셀에서 제안된 이 안건은 각국 의회의 비준이나 국민 투표를 거쳐 승인될 경우 2007년 실행에 들어가게 된다.

유럽연합의 모든 분야에 걸친 정책을 알면 알수록 이를 입안하고 실천에 옮기는 사람들과 이를 따라 주는 국민들이 참으로 대단하다는 느낌이 절로 든다. 어느 국가, 어느 국민, 어떤 직업이든 관계없이 모두가 잘 살자는 그들의 취지가 분명하게 보인다. 가진 것이 많아 잘 사는 것이 아니라 인간은 인간의 존엄성과 분수를 지킬 수 있게 하고 자연은 자연의 몫을 가질 수 있게 하자는 의미에서다. 2007년 봄에는 동물의 존엄성과 관련된 법안이 통과되었다. 골자는 어떤 의미에서든 동물학대 금지다. 우리 안에 갇힌 동물들간의 여유로운 공간 부여에서부터 도살장에 실려 가는 차량 안에서의 쾌적한 환경조성까지 모든 것을 포함한다. 짐승도 죽는 순간까지 행복하게 살다 가게 하자는 법이다.

12

삶을 음미하는 공부

스페인의 대학 수업

스페인 대학에 입학하려면 한국의 대학에서 이수한 과목에 대한 학점 인정을 받아야 한다. 유학 당시 스페인에 가기만 하면 다 된다는 교수님의 말씀 하나만 믿은 탓에 입학 요건에 대한 준비가 전혀 되어 있지 않았던 나는 매우 당혹스러웠다. 그곳 대학에 적을 두고 있었던 한국 학생 수는 정말 얼마 되지 않았다. 문과 쪽으로 세 명이 고작이었다. 학점 인정 서류를 내야 한다기에 밤새워 한국에서 배운 교과목당 강의 내용 프로그램을 작성하여 학교에 제출했다. 그 결과는 두세 달 이후에나 나오기 때문에 분명히 학점 인정이 되지 않을 라틴어, 아랍어 수업과 역사, 철학 과목을 담당교수의 허락을 받고 수강 신청했다.

스페인에서 가장 규모가 큰 대학 중에 순수학문 분야에서 뛰어난 마드리드 국립대학교와 실용학문 분야를 담당한 바르셀로나 대학교가 있다. 마드리드에는 25만 명의 학생이 수강하는 마드리드 국립대학교 이외에 마드리드 자치대학교가 있다. 이 두 대학교는 각각의 성격을 말해 주듯 건물에서부터 차이가 두드러진다. 고풍스럽고 어두컴컴한 국립대학교와 유리창 벽으로 장식된 화사한 자치대학교는 교수진과 교과 커리큘럼에서도 이 모습을 그대로 반영하고 있다. 전통적이며 보수적인 성향의 국립대학교에서는 스페인어의 모어인 라틴어를 5년 과정 중 1, 2학년 동안 필수로 선택해야 하며 스페인 역사에 흔적을 남긴 민족들의 언어인 히브리어, 희랍어, 아랍어 중에서도 한 과목을 선택하여 2

마드리드 국립대학교 구내

년 동안 이수해야 한다. 4, 5학년 과정에서는 자치 지역 문학인 갈리시아 문학과 카탈란 문학, 언어학인 경우 이 두 자치 지역의 언어인 가예고 언어와 카탈란 언어를 공부해야 한다. 고문서학이나 도서관학, 방언학도 4년 과정의 자치대학교에는 없다. 두꺼운 안경테에 등이 굽은 느릿느릿한 걸음의 교수들은 풋풋하고 톡톡 튈 것 같은 자치대학교 교수들 중에서는 찾아보기 힘들 정도다. 수업 종료를 한국의 수위 격인 베델이 와서 강의실 문을 노크하고 교수에게 직접 알려 주는 풍경은 교수의 권위와 상아탑의 존엄성을 단적으로 보여 주는 국립대학교만의 모습이다. 공부하고 싶은 학생이면 누구나 다 받아 주고 환경을 만들어 주도록 되어 있는 국립대학교의 강의는 아침 8시에 시작하여 2시에 끝나는 오전 수업반과 2시에 시작하여 6시에 끝나는 저녁 반 그리고 6시부터 시작해 10시에 끝나는 야간반으로 구성되어 있다. 그래서 직장인도 원하면 일을 마치고 대학 수업을 들을 수가 있다. 등록금은 학점당 계산되며 저렴하다. 우리 같은 외국 학생들은 주로 오전 수업을 듣지만 부족한 부분을 오후나 밤 수업으로 보충할 수가 있기 때문에 아침부터 밤까지 학교에 살다시피 한다. 같은 선생님의 수업을 반복해서 들으면 청취 또한 훨씬 수월해지기 때문이다.

나의 유학 시절, 수업 시간에 앉아 있는 동양인은 열 손가락으로 꼽을 정도였다. 소수의 중국인이나 극소수의 일본인 그리고 그 대학 네 번째의 한국인인 나였다. 교수님들

마드리드 국립대학교 구내서점

눈에 그대로 드러나는 외형 때문에 수업과 무관하게 이익을 본 적도 있다. 예로 버스를 기다리면서 정류장에 서 있으면 차를 몰고 나가시던 어떤 교수님들은 지하철역까지 태워다 주시는 친절도 베풀어 주셨다. 그러나 공부와 관련해서는 눈물이 쏙 빠질 정도로 가혹하셨다.

요즘도 스페인에 가면 교수님이나 학교 서점, 또는 도서관 때문에 대학을 찾기도 하지만 이런 일이 아니더라도 반드시 들르는 이유가 있다. 문과대 A건물 2층 복도 벤치를 보기 위해서다. 문과대 건물이 두 개가 있는데 주로 1, 2, 3학년 수업이 이루어지는 A건물과 4, 5학년 및 박사 과정 수업을 하는 B건물이다. 라틴어는 1, 2학년 동안 이수해야 할 필수과목이라고 했는데 이 라틴어로 인한 서러움과 두려움 때문에 앉아 펑펑 운 곳이 바로 그 벤치다.

유학 후 첫 수업으로 라틴어 강의를 들어갔다. 유학 떠나기 전 두 달 동안 겨우 라틴어 문법만 맛보고 온 내가 이미 3년 동안 라틴어를 공부한 후 대학에서 호라티우스의 《아미키스(친구)》를 독해하는 그곳 학생들의 라틴어 수업을 들으러 들어갔던 것이다. 120여명의 학생들이 왁자지껄하게 떠들어 대고 있었다. 잠시 후 강의실 문이 장엄하게 열리더니 검은 복장에 검은 안경테의 할머니께서 육중한 몸을 이끄시고 등장하셨다. 일순간 교실은 인기척이 없어졌다. 라틴어로 인사를 하시더니 책 내용에 대한 설명을 스페인어 반 라틴어 반으로 하셨다. 그 큰 강의실에 120여명의 학생을 두고 마이크도 없이 할머니께서 강의를 하셨다. 명색이 한국에서 대학원까지 수료했고 학부 때부터 큰 국제 행사에서 통역도 많이 했던 나인데 무슨 말인지 소리까지 작으니 알아들을 수가 없었다. 펼쳐 놓은 책의 흰 것은 종이요 까만 것은 글자라는 말을 하던데 바로 이를 두고 했던가 싶었다. 스페인 집의 부엌과 벽을 라틴 격변화 어미 활용표들로 도배하고 침대 발치 벽을 라틴 단어집으로 만들었는데도 내 머리는 다른 곳에서 놀았다. 수업을 시작한 지 겨우 두 달 지났는데 부분 시험을 본다고 하셨다. 라틴 작품 두 쪽 분량을 스페인어로 번역하는 일이었다. 결과야 예상했지만 그 근엄한 교수님께서 나를 당신 사무실로 호출까지 하실 줄은 몰랐다. 그 당시 스페인 대학은 1과목이 1학점이다. 한 학년이 1년제로 2과목을 낙제하면 다음 학년으로 올라갈 수가 없다. 과목당 학습 분량이 엄청나다. 예로 1학년 때 이수해야 하는 중세 문학 수업에 읽어야 할 중세 스페인어로 된 서적이, 1권을 읽기도 버거운데, 무려 30권이었다. 2학년 황금세기 문학 필독서도 40여 권이다. 학년이 높아질수록, 현대로 가까워질수록 작품 수는 늘어난다. 문학 비평 수업에서 필요한 비평이론이나 비평을 위한 수사학, 운율, 작시법 등에 대한 전반적인 지식은 상식으로서 학생들 스스로가 해결해야 할 몫이다. 수업 시간에는 직접 작품 비평으로 들어간다. 문학 시험은 3시간에 걸쳐 이론과 실제로 나누어 보는데 실제는 필독서 중에서 교수가 임의로 뽑은 작품의 부분을 비평하는 일이다. 이 경우 나는 대학 시험지 앞뒤로 4-5장을 채우면 더 이상 쓸 게 없었는데 비해 스페인 학생들은 같은 내용의 글인데도 7-8장을 훌쩍 넘겼다. 나는 핵심으로만 건조하게 도는 반면, 그들은 초등학교 때부터 논술식 시험을 보아 온 터라 글에는 기름진 살이 풍만하게 붙는다. 중세 문학 수업에 들어온 80명 남짓한 대학 1학년생들에게 교수가 이 중에 시인이 있느냐는 질문에 11명이 손을 든 걸 보고 나는 내 눈을 믿지 못했다. 지하철에서나 버스 정류장에서도 책을 읽고 있는 사람들이 많았던 까닭에 별도의 글 쓰는 방법에 관한 독서나 강의가 없어도 가능한 일인 듯싶다. 대학 입시에서는 물론이고 대기업 입사 시험이나 국가 시험에 문학 비평이 있을 정도이다. 콩콩 뛰는 가슴으로 불려 간 나는 후들대는 다리로 연구실을 나와 그 벤치까지 정말 비실비실 기어갔다. "어떻게 이런 라틴어 실력으로 유학을 왔느냐. 내 수업은 들을 생각을 하지 마라." 정리하면 이렇다. 두렵고 서러웠다는 말로 그때의 내 마음을 온전히 전달할 수 있을지 모르겠다. 그저 눈물이 앞을 가렸다. 지나가는 사람 아랑곳할 여유가 없었다. 한참을 울고 있는데 "내가 여기 왜 왔지?"라는 생각이 불쑥 솟아오르면서 아버지 얼굴이 떠올랐다. 나의 아버지는 그때 2백자 원고지 다섯 장 분량의 안부와 격려 편지를 2주일에 한 번씩 스페인으로 보내 주고 계셨다. 내가 교수가 된 데는 아버지의 영향이 절대적이었다고 본다. 나는 유독 아버지를 따랐고 그러다 보니 주로 아버지 서재에서 놀았고 잠을 잤다. 새벽 인기척에 눈을 떠 보면 아버지는 늘 책상에서 글을 읽으시고 뭔가를 쓰고 계셨다. 명절이면 머리가 희끗희끗하신 분들이 아버지께 세배를 드리는 모습을, 차 심부름으로 응접실에 들를 때마다 보았고 그것은 아직도 인상 깊게 남아 있다. '나도 이 다음에 글도 많이 읽고 많이 써야지. 그리고 나도 저런 멋진 분들과 함께 해야지.' 뭔지도 모르고 했던 생각이, 아버지에 비하면 아직 한참 부족하지만, 지금의 나를 만든 것 같다. 나는 일어섰다. 눈물을 훔치고 라틴어 교수 연구실로 향했다. "그렇습니다. 저 라틴어 실력이 이것밖에 안 됩니다. 그래서 선생님 수업을 듣고 실력을 키우려고 들어왔습니다. 도와주십시오."

라틴어 교수님은 교재 한 쪽 분량을 번역해서 매일 제출하라고 하셨다. 그러면 선생님은 교정을 보신 후 돌려주셨다. 석사 논문까지 준비하고 있던 나에게 그 일은 상당한 부담으로 작용했지만 오히려 선생님의 교정거리가 밀릴 정도로 나는 열심히 제출했다. 이후 이 여교수님이 한국 유학생들에게 특히 호감을 갖고 대하신다는 소리를 들었다.

지금도 유럽에서 개최하는 국제 학술 대회 프로그램을 보면 유럽은 문화적 전통을 중시하는 경향이 강함을 알 수 있다. 라틴어는 스페인어의 모어다. 현대 스페인어로의 진화 과정을 공부하는 '스페인어 발달사' 수업에 라틴어 지식은 요긴하다. 물론 로망스어 계열의 프랑스어, 포르투갈어, 이탈리아어, 카탈란어, 루마니아어를 익히는 데도 상당한 도움을 준다. 그런데 이 라틴어도 언어이기 때문에 계속 공부를 하지 않으면 다 잊어버리게 된다. 아랍어도 마찬가지다. 그럼에도 불구하고 대학에서는 이 언어를 통해서 스페인 문화의 뿌리를 학습하게 한다. 이렇게 문화 뿌리를 찾는 일은 언어에서만이 아니다. 유럽 문화의 뿌리인 그리스 로마 고전문학을 학습하는 데에서도 그러하다.

그리스 로마 고전문학이라면 글보다 그림이 더 많은 '그리스 로마 신화 이야기'를 어렸을 때 읽었던 게 전부였던 것 같다. 《일리아스》와 《오디세이아》, 《아이네이스》, 《변신》, 《황금 양털》, 《황금 당나귀》에서 플라우투스와 테렌티우스의 희극, 베르길리우스의 목가, 살루스티오의 《카틸리나의 음모》와 《유가르타의 전쟁》을 읽어야 했고 신화에는 한 가지 이론만 있는 게 아니라서 모든 이론들을 모은 《신화 사전》과 《그리스 로마 신화서》도 필독서다. 스페인 문학 작품 속에 어떻게 신화가 차용되고 변용되었는지를 주로 분석하는 수업인 만큼 그리스 로마 문화와 신화에 대한 사전지식은 기본이다. 특히 스페인 르네상스와 바로크 시기의 황금세기 문학에서 고전 신화 지식은 필수적이다.

예로, 음악의 신 아폴론의 아들로 수금 연주와 노래에 기막힌 솜씨를 지닌 오르페우스와 그의 부인 에우리디케 간의 사랑의 이야기를 바로크 시의 대가 케베도가 패러디한 것을 보면 기발하다. 알겠지만 오르페우스와 갓 결혼한 에우리디케가 아리스타이오스라는 청년에게서 도망치다 독사에게 발뒤꿈치를 물려 죽었다. 졸지에 신부를 잃은 오르페우스는 자신의 음악적 역량을 모두 동원하여 대지의 여신 데메테르와 아케론 강의 뱃사공 카론과 저승의 신 하데스까지 설복시켜 에우리디케를 저승에서 데리고 나온다. 그러나 단 한 가지, 저승의 세계를 벗어나기 전에는 부인의 얼굴을 보아서 안 된다는 조건이 붙었다. 그러나 너무나 보고 싶던 아내의 얼굴이었기에 지상의 세계로 나오기 바로 직전 그는 뒤를 돌아보았다. 그 결과 아내 에우리디케는 다시 저승으로 떨어져 버리고 말았다. 참으로 아픈 사랑의 신화가 스페인 시인 케베도의 시에서 〈행복한 남편들의 이상으로 오르페우스를 들다〉라는 제명으로 이렇게 변하고 있다.

이야기하기를, 오르페우스가
자기 부인 때문에 지옥으로 내려갔다지 뭐야;
자기 부인 때문에 오르페우스가 딴 곳으로
내려갈 수가 없었던 것이지.
말하기를, 노래하면서 갔다지.
당연히 그랬을 것 같아,
홀아비가 됐으니
얼마나 만족스럽게 노래했겠어.

〔…〕

쎄나르〔지옥에서 영혼이 있는〕에 도착하자 노래를 밈췄지.
그의 의도를 들었으나
그토록 멍청한 결혼한 자는
누구에게도 연민을 불러일으키지 못했어.
결국 노래로
귀먹은 왕국〔지옥세계〕을 설득시킬 수 있었지.
그에게 그의 부인을 주는 것이
상이라기보다 더 많은 벌이었기는 했지만.
다들 유감스러워하며 그에게 그녀를 주었지.

그러나 규칙과 함께.
그녀를 데리고 가되 쳐다보지는 말라.
둘 다 무척 힘든 명령들이지.

〔…〕

슬픔에 차 있던 자는 고개를 돌렸어.
고의였다면 잘한 일이야.
그녀를 잃어버렸기 때문이지,
명중했다면 이번에는 실수로 된 거지.
이 이야기가 우리에게 주는 교훈은
만일 결혼이란 걸 하게 되면
명중시키려는데 빗나가는 것 같은
실수하는 결혼이 되어야 한다는 것이야.
한 번 혼자된
기혼자는 누구든 복이 있도다.
그러나 부인으로부터 두 번 혼자된 자는
이미 행운의 극치를 누리는 자다. (괄호 안은 저자의 설명임)

우리에게 익히 알려져 있는 이 신화에 버금갈 만한 사랑 이야기로 레안드로스와 헤로의 이야기가 있다. 레안드로스는 현재 그리스와 터키를 가르는 해협 다르다넬로스의 옛 지명 헬레스폰토에 있는 트라시아라는 곳의 한 마을 아비도스에 사는 젊은이이며, 헤로는 마주보는 해안 마을 세스토스에 사는, 사랑의 여신 아프로디테의 여사제다. 레안드로스는 매일 밤 헤로를 만나기 위해 헤로가 밝혀 놓은 탑의 등잔불을 따라 헬레스폰토 해협을 헤엄쳐 건너갔다. 그러던 어느 날 밤, 폭풍우에 등잔불이 꺼지자 길을 잃은 레안드로스는 물에 빠져 죽는다. 그의 시체가 해안가로 밀려 나왔을 때 그것을 본 헤로도 벼랑에서 몸을 날린다. 이 이야기를 스페인의 또 다른 대시인 공고라는 자신의 작품 〈젊은이가 투신했다〉에서 물에 빠져 죽은 레안드로스를 삶은 달걀에, 레안드로스의 시체를 보고 몸을 날린 헤로를 프라이한 달걀로 표현했다. 신화를 모르면 이해하기 어려운 재담거리다.

성경 다음으로 많이 읽혔다는 《돈키호테》를 세계의 지성들이 명작 1위로 꼽는 이유들을 열거하라면 밤이 새겠지만 그중 하나로 세르반테스의 수사 기술을 들 수 있을 것이다. 그의 문장에 함축된 의미를 제대로 즐기기란 쉽지 않다. 신화와 관련된 《돈키호테》의 1부 2장의 내용이다.

> 불그레한 아폴로가 넓고도 광활한 대지로 자신의 아름다운 삼단 같은 황금 머릿결을 펼치자마자 장밋빛 오로라가 질투심 많은 남편의 부드러운 침대를 박차고 나오니, 이를, 소리가 아름다운 곱고 작은 새들이 달콤하면서도 부드러운 하모니로 반기었도다. 이렇게 오로라가 드넓은 라만차 마을의 창문과 대문으로 인간들에게 모습을 드러냈을 때 돈키호테는 한가한 침상을 버리고 자신의 유명한 말 위에 올라탔도다.

해가 뜨는 이유를 수수께끼 같은 신화로 절묘하게 패러디하고 있다. 아폴로와 장밋빛 오로라 때문에 해가 뜨는 것인데 이에 질투심 많은 오로라의 남편 티토노를 등장시켜 그리스 신들의 위신을 웃음으로 실추시키고 있다. 신화에서 오로라는 장밋빛 손가락으로 태양의 마차가 운행되도록 하늘의 문을 여는 신이다. 그래서 이 여신의 일화는 모두 해와 관련되어 있다. 그녀는 아프로디테의 벌로 언제나 사랑에 빠지게 되어 있어 많은 연인들을 납치했다. 그중 마지막 연인이 일로와 플라시아의 아들 티토노다. 오로라는 제우스에게 간청하여 티토노가 불멸할 수 있게 했다. 하지만 영원히 젊게 해 달라는 부탁을 잊었던 탓에 티토노는 늙고 병들어 내내 고통받았으며 오로라는 그런 그를 자신의 성에 가둬 비참한 여생을 살게 했다. 결국 티토노는 인간의 형상을 잃게 될 정도로 노쇠하여 비쩍 마른 매미가 되었다고 신화는 전하고 있다. 그런데 훤칠한 키에 수려한 용모를 가진 아폴로가 황금빛 긴 머리카락을 바람에 날리며 온다는데 어찌 오로라가 남편과의 잠자리를 박차고 만나러 나가지 않겠는가. 그래서 아침 해가 뜬 것이다. 이렇게 라만차에 아침이 밝자 돈키호테는 모험의 길로 나서기 위하여 말에 올랐단다. 신화라고 하지만 인간보다 더 인간적인 신-인간들의 이야기를 통하여 우리는 우리 자신을 배우게 된다.

우리나라 정부나 대학에서는 실용학문을 강조한다. 순수학문을 논하기에 돈이 아깝다고 생각하는 이유가, 투자에 비해 당장 눈에 보이는 결과가 없기 때문일 것이다. 기업들은 직접 현장 투입이 가능한 인재를 대학에 강요한다. 비싼 공납금으로 허리가 휜다는 부모님들이 대학에 기대하는 바도 기업의 그것과 다르지 않을 것이다. 맞는 말이다. 하지만 유럽 국가들의 교육 방식은 우리와 다른 게 있다. 과학기술을 익히고 경제적 이익을 창출하는 학문도 중요하게 생각하지만 기본적으로 인간 존재의 이유를 깨닫게 하고 살아가야 할 목적을 음미하게 하는 학문을 존중한다. 학문에서도 좀더 깊고 넓게 보는 여유가 있다. 그것이 유럽을 인간 본위 사회로 지켜 나가고 있는 것인지도 모른다. 스페인의 대표적인 계몽주의자인 호베야노스가 '스페인 과학 연구소 개막 1주년 기념 연설문'에서 한 말을 나는 다음과 같이 기억하고 있다. "과학의 유효성과 중요성은 아무리 강조해도 부족함이 있지만 이러한 과학에 문학이 동반되지 않는다면 모든 지식은 쓸모가 없다. 그 이유는 문학은 고양된 영혼과 훌륭한 기호를 갖게 하여 인간에게 분별력을 갖추게 하고 논리적인 사고와 표현력을 키워 지식을 아름답고 우아하게 만든다. 인간이 갖고자 하는 진리의 궁극적인 종착역은 미덕의 구현에 있다. 이것이 문학의 기능이다."

인간에게 자신의 한계를 알게 하여 교만하지 않게 하고 물질의 홍수 속에서 어떻게 사는 것이 잘 사는 것인지를 가르쳐 주는 학문은 이 세상 어떤 가치보다도 우선되어야 할 인생의 등대이다 싶다.

13

사회적 약자

스페인의 젊은이와 여성과 노인

나의 유학 초기 시절의 스페인은 모든 면에서 보수적이었다. 가톨릭교회의 강령에 따라 임신 중절 수술과 이혼은 법으로 금지되어 있었고 여성의 사회 활동이나 결혼 전 성관계에는 엄청난 제약이 있었으며 국민의 80%가 미사에 참석하는 전통을 고수하고 있었다. 조부모, 삼촌, 사촌들과 함께 사는 대가족에는 7~8명의 아이들까지 가세해 정말 바글바글하게 살았다. 그런데 이 모든 것들이 최근 20여 년 동안 완전히 바뀌었다.

종교 행사나 종교 관련 축제 및 성당에서의 결혼은 이제 신앙의 문제가 아니라 전통과 하나의 관습으로 바뀌어 버렸다. 스페인 국민들 중 83.6%가 가톨릭 신자라고는 하지만 이미 생활화되어 익숙해져 버린 종교라서 그러한지 미사에 참석하는 사람은 20%밖에 되지 않는다. 반대로 이슬람교도는 60만 명으로 늘었다. 여호와의 증인이 10만 명, 유대교인이 2만 5천이다. 신교 기독교인들은 상대적으로 적은 35만 명인데 여기에 우리나라에서 생긴 교파인 순복음 교회를 다니는 사람들도 많다. 물론 소수의 통일교 신자도 있고 불교 및 비교신자들도 있다. 이렇게 유럽인들의 종교관이 바뀌어 가는 것에는 유럽연합 헌법에 유럽의 뿌리를 기독교로 언급하지 않도록 한 것에도 그 이유가 있을 듯싶다. 특히 18세에서 24세의 스페인 젊은이들 중 미사에 참석하는 비율이 6%밖에 되지 않는다고 한다. 정당이나 정치에도 무관심하다. 그런데 지도층 인사들에게는 아주 비판적이다. 다행히 이들의 이념은 좌도 우도 아닌 중도다. 병역이 의무가 아닌 나라이며 인권이 존중되고 복무 여건이 훌륭한데도 불구하고 직업군인이 되고자 하는 젊은이는 별로 많지 않은 실정인 것 같다.

16세에서 30세 사이의 젊은이들을 상대로 조사한 최근 자료에 따르면 30세 나이에 미혼인 경우가 56%로 20년 전보다 세 배가 많아졌다. 30세면 약 72%가 경제적으로 독립을 하는데도 가정을 이루어 독립하기까지 부모와 함께 살기를 원하는 사람들이 반이나 된다.

젊은이들의 83%는 자신의 생활에 아주 만족해 하며 살고 있다. 이들의 행복지수는 돈이 아니라 삶의 질을 높이는 데 있다고 하니 스페인에서는 정말 행복할 수 있는 이들이다. 15% 정도가 마리화나나 하치스를 복용한 경험이 있으며 첫 성경험은 평균 17.5세에 하는 것으로 나타났다. 이 중 90%가 피임도구를 사용하지 않아 원하지 않는 임신을 한 사람이 1년에 1만 8천 명이고 7천 명이 낙태를 한다고 한다. 얼마 전까지만 해도 스페인에서는 낙태가 자유롭지 못했다. 강간으로 인한 임신이나 태아에게 문제가 있는 경우와 태아로 인해 산모의 건강이 위협받을 경우에만 낙태가 허가되었다. 만일 이 세 가지 조건에 해당되지 않은 경우에 시술을 하게 되면 의사는 면허 취소는 물론 감옥에까지 가야 했다. 그런데 현 노동사회주의 정부가 들어서면서 산모가 개인적인 이유로 임신을 원하지 않는 경우에도 임신 중절 수술이 가능하다는 조항을 마련했다. 이 법안이 통과되면 아무런 제약 없이 낙태를 할 수 있게 된다. 이혼법도 달라졌다. 결혼한 지 3개월이 지나면 이혼 신청이 가능하며 이전에 의무적으로 지켜야 했던 조정 기간이나 별거 기간은 없어졌다. 합의하의 이혼이면 2개월 내로 모든 일이 끝나고 그렇지 않은 경우 6개월 기간이 주어진다. 이혼의 책임자가 누구인지, 이혼 사유가 무엇인지를 밝혀야 할 의무도 없어졌다. 살기 싫은 배우자와 종교나 법 때문에 살아야 할 의무에서 해방된 것이다. 자녀 양육권에 있어서는 가정 폭력의 경우를 제외하고는 아버지, 어머니가 동등하게 책임을 지도록 하고 있다. 물론 이런 변화에 사회 보수층이나 가톨릭 측의 반대가 없었다면 오히려 이상할 것이다. 그런데 스페인은 이혼율이 20%로 유럽에서 이혼율이 상당히 낮은 편인데 스페인 국민들 중 71%가 이러한 개혁안에 찬성하고 있다. 또한 동성 간의 결혼이 62%의 지지를 얻고 있다. 행복해 보이기만 하는 스페인 젊은이들도 고민거리가 있는데, 우리나라와 다르지 않은 듯싶다. 취업이 일순위이고 그 다음이 집 장만이며 다음 고민거리는 우리나라와 달리 테러와 에이즈와 마약이다.

요즘 스페인 TV나 신문에 빠지지 않고 등장하는 소식은 남편이나 연인이 아내나 애인을 살해했다거나 살인한 후 자신도 자살했다는 것들이다. 자신이 죽을 거면 상대방을 죽이지나 말 것이지, 스페인에는 이렇게 아직도 멍청한 남성들이 많다. 여성 문제에서 상당히 많은 발전을 한 나라임에도 불구하고 가정 폭력이나 남성에 의해 저질러지는 애정 범죄들이 심심찮게 일어나고 있다. 매년 노동 시장에 진입하는 여성이 남성들의 두 배가량 되고 박사과정에 등록하고 대학 전 과정을 빠른 기간에 마치는 여학생이 남학생 수보다 많다. 여성 과학자 수가 남성 과학자 수를 앞지르고 고등교육을 받는 여성이 남성들보다 많으며 70%의 부부가 가사노동과 육아일을 반반씩 분담하고 있다고 한다. 2004년 국회 하원 의석 350개 중 126석을 여성이 차지했고 현 정부 각료 16명 중 여성이 7명이다. 하지만 스페인이 유럽연합 헌법 내용에 이성 간의 폭력금지 조항을 넣도록 제안한 것은 그만한 이유가 있을 것이다. 스페인에는 아직도 이렇게 변하는 현실과는 동떨어져 사는, 스페인 남성성의 대명사인 '남성 우월주의'란 의미의 '마치스모'적인 남자들이 존재한다. 못난 남성들의 이러한 '마초' 기질의 피해자는 여성들과 어린애들이다. 그래서 새로 승인된 법안에는 가정이나 직장에서의 남성 폭력을 예방하는 차원에서뿐만 아니라 사후 조치에 관한 내용이 담겨 있다. 즉, 성차를 불식시키고 여성 인권을 존중할 것을 교육시키며 남성 가해자를 중죄로 다스리며 여성들의 고발을 용이하게 하자는 것이다. 직

스페인의 노부부

장에서 18%의 여성들이 한 번 이상 성희롱을 당했다는 통계가 나왔는데 고발한 경우는 3%밖에 되지 않고, 가정 폭력과 관련된 범죄가 유럽에서 다섯 번째인 것을 보면 여성 인권 문제가 스페인 사회가 해결해야 할 사안임에 틀림없어 보인다.

스페인은 장수 국가이다 보니 노인 정책이 중요한 사안으로 대두되고 있다. 좋은 환경과 훌륭한 먹거리에 여유로운 삶을 가능하게 하는 정책과 의료제도 및 민족성이 어우러져 만들어 낸 결과라고 할 수 있다. 하지만 출산율이 갈수록 낮아지고 있다는 게 문제다. 여성이 첫 아이를 낳는 평균 연령이 31.73세로 가임 연령이 늦어지다 보니 부부당 1.4명의 자식을 둔다는 통계가 나왔다. 이런 추세로 가면 2050년에는 65세 이상의 인구가 전체 인구의 30.85%를 차지하게 되는, 세계에서 가장 늙은 나라가 될 것이라는 우려의 목소리가 높다. 평균 연령이 56세가 되고 인구수도 현재 4,200만 명에서 3,100만 명으로 내려간다고 한다. 입국 이민자들 덕분에 2025년에는 5천만 명으로 늘어날 것이라고 예상은 하지만 그건 어디까지나 논의의 문제이다. 노령화 문제는 출산율이 스페인보다 낮은 우리나라에서는 더 심각하게 다루어져야 할 것으로 보인다. 육아비용 몇 푼 더 준다고 또는 애국심 때문에 자식을 더 낳을 여성이 얼마나 될지 의문이다. 스페인은 직장 내 보육 시설을 갖추고 가사 노동이나 육아 담당을 여성만의 의무나 책임으로 돌리지 않는 분위기나 인식 및 사회 제도들을 정착시키기 위하여 꾸준히 노력하고 있다.

스페인 체류 중에 아버지가 잠깐 스페인을 방문하신 적이 있었다. 쇼핑을 끝내고 빵집에 들렀는데 아버지보다 나이가 들어 보이는 노인이 장을 본 비닐 봉투를 들고 들어와 빵을 주문하시고 자리로 가 앉으려다 동전을 바닥에 떨어뜨렸다. 그것을 주우려 몸을 굽히는데 엉덩이 부분이 너무나 서툴게 꿰매져 있는 것을 보는 순간 '아' 하는 소리가 나와 아버지 입에서 동시에 터져 나왔다. 개 배설물로 더럽혀져 있는 길을 걸으면서 혹시나 그걸 밟지나 않을까 신경이 쓰이면서도 주인만큼 노쇠한 개가 주인을 종종종 따라 걷는 걸 보면 그 개들이 너무나 사랑스럽다. 이 세상 하직하실 때까지 혼자 사시다 늙어 가시는 분들의 유일한 동반자가 그들이라 더욱 그러한 것 같다. 스페인이 점차 노령화 사회로 되어 가면서 생기는 염려는, 이 분야로 책정되는 국가 예산이 계속해서 증가한다는 것과 가족을 무엇보다 우선시해 온 스페인 전통이 변화하는 사회의 요구 앞에 약해져 가고 있다는 것이다. 그나마 아직까지 자식이 부모를 돌보는 경우가 유럽의 다른 국가들보다 많은 32.3%나 되는데 우리나라와 달리 주로 딸들이 부모를 모시고 있다. 그래서 우리나라에서

고부 갈등이 일어난다면 스페인에서는 사위와 장모 간에 갈등이 생긴다. 이런 경우를 잘 보여 주는 농담이 있다. 어느 사위가 개를 사서 이웃 사람에게 도가 지나칠 정도로 자랑을 늘어놓았단다. 이웃이 보기에는 잘난 게 없어 보이는 개인지라 그 이유를 물으니 사위 왈, "글쎄 이 개가 내 장모를 세 번이나 물지 않았겠어요"라고 했단다. 자식이 있어도 혼자 사시는 경우나 자식 없이 혼자 사시는 분은 나라에서 도우미를 두어 돌보아 드리고 있다. 도우미들은 보통 자식이 있고 일도 있는 40세에서 65세의 주부들인데 이들에게는 정부 지원금이 주어진다. 최근 통계에 보면 65세 이상 노인 약 630만 명 중 값비싼 실버타운에 사는 분은 15만 명, 본인 집에서 혼자 사는 분이 130만 명, 국가에서 운영하는 양로원에서 사는 분이 206만 명이며 자식과 함께 사는 분이 다행히도 280만 명으로 가장 많다. 스페인 정부는 노령화 사회에 대비하여 출산도 장려하지만 무엇보다 노인들에게 일자리를 제공하는 방안을 모색하고 있다. 사실 스페인에 가면 놀라운 일 가운데 하나가 우리나라에서는 젊은이들이 있을 일터에 나이가 지극한 할머니 할아버지들이 계신다는 사실이다. 극장에서의 매표일이나 자리 안내는 거의 모두 이들의 몫이다.

14

예쁜 여자를 만나면 언제나 "케 구아파!"

스페인식 예절

우리말의 존칭어에 대하여 외국인 친구에게 설명하다가 문득 예절을 지켜야 할 필요가 없는 무인도에 혼자 가서 살면 어떨까 하는 생각이 들었던 적이 있다. 여성들의 내숭을 소재로 한 이야기들 중 남자 친구 앞에서는 얌전만 빼다가 집에 와서 양푼에 가득 밥을 담아 온갖 반찬들을 넣고 고추장에 쓱쓱 비벼, 퍼질러 앉아 먹는 모습을 TV에서 본 적이 있다. 사실 이런 경우는 내숭이 아니라 예절의 문제이다. 바로 음식 예법이다. 누군가 보는 사람이 있는 자리라고 생각한다면 그렇게 먹을 수 있을까. 예절에 신경 쓰지 않고 살면 편하겠지만 인간은 사회적 동물이라고 하니 상대방을 즐겁게는 못할 망정 불쾌하게 만드는 일은 없어야 할 것 같다. 다 인간관계 좋게 하자고 지키는 것이니 그 나라에 가면 그 나라 예법을 따라야 한다.

내가 스페인을 알기 전에 배운 매너 관련 상식은 매너에 국제적인 표준이 있다는 것이었다. 하지만 세계 많은 나라의 문화가 다르듯이 예절 문화도 다를 수밖에 없다는 사실을 스페인에서 생활하면서 알았다. 이러한 사실을 모르면 당연히 오해나 실수를 유발할 수 있으며 이런 일이 격식을 차려야 할 상황에서 일어난다면 무척 곤란해질 수도 있을 것이다.

스페인 식사 예절에는 국제적인 예법이 많이 통한다. 하지만 스페인만의 것도 있다. 스페인 사람들은 멋진 술과 함께 하는 식사를 무엇보다 좋아한다. 그러나 그들이 더 즐거워하는 것은, 말을 많이 하는 민족이다 보니, 식사 중이나 식사 후에 갖는 대화다. 일본과 우리나라 사람들은 식사 때 '식불언'을 예의로 알지만 스페인에서는 말 없이 밥만 열심히 먹으면 '저 사람 며칠 굶었나 보다'라고 생각하거나 '이 분위기가 싫고 화가 나 있는가 보다'라고 오해받을 수도 있다. 식사 약속 시간을 지키는 일에서는 격식을 차려야 할 초대의 경우는 시간에 맞추어야 하지만, 그렇지 않은 경우는 15분 내지 20분 늦게 가는 게 스페인 사람들의 예의인 것 같다. 초대한 사람에게 준비하는 데 여유를 주기 위해서라는데 나같이 시간을 잘 지키는 사람에게는 이해하기 어려운 부분이다. 물론 "어떤 이유로 늦어서 미안하다"라는 예의성 발언은 반드시 준비해 두고 있어야 한다. 아주 친한 사이라면 오히려 일찍 가서 주인의 만류와 사양에도 불구하고 함께 식사를 준비하거나 식탁을 차리는 일도 흔히 볼 수 있다. 그리고 방문 시 부담이 되지 않을 정도의 와인이나 후식용 케이크, 초콜릿 또는 안주인에게 줄 꽃을 가져가면 주인은 아주 좋아한다. 손님이 가져온 와인이나 케이크는 식사 때 같이 나누어 먹는 게 보통이므로 가져간 사람의 성의를 무시하고 남들에게 준다고 기분 나빠 할 일이 아니다. 혹시 초대받은 사람이 남자라면 안주인에게 줄 꽃으로 붉은 장미나 노란색 꽃은 삼가는 게 좋다. 어떤 상황에서든 꽃을 주고받을 때는 꽃말과 색깔에 신경을 써 주는 것도 예의다. 초대받은 사람들 중에 모르는 사람이 있으면 주인이 소개를 시켜주겠지만 본인이 먼저 자기소개를 해도 상관없다. 파트너가 있을 경우 옆으로 나란히 앉지 말고 보기 싫은 얼굴이라도 마주 보고 앉아야 한다. 냅킨은 무릎 위에 펼쳐 놓는 것이라는 걸 모르는 사람은 없겠지만 목에 거는 것은 어린애들이나 하는 일이라는 것을 아는 사람은 많지 않은 것 같다. 아무리 배가 고파도 식사 시작은 주인이 개시할 때까지, 또는 주인의 허락이 떨어질 때까지 기다려야 한다. 식사 전 상대방에게 '맛있게 드시라'는 뜻의 "케 아프로베체" 또는 "부엔 프로베초"라고 말해 주면 당신을 상당히 교양 있는 사람으로 생각할 것이다. 수프가 뜨겁다고 입으로 후후 불거나 숟가락으로 휘휘 젓는 일은 무례한 행동이다. 그저 식을 때까지 인내심을 갖고 기다리는 수밖에 없다. 만일 쟁반에 놓여 있는 음식 중에서 내 몫을 덜어 먹어야 할 경우는 내게서 가장 가까운 것을 집어야 한다. 동석한 사람들과 다시 볼 마음이 없다면 내 마음에 드는 걸 고르려고 나머지 것을 이리저리 밀어 놓아도 된다. 포크와 칼은 바깥쪽에 있는 것부터 순서대로 안쪽의 것을 사용하고 유리잔은 왼쪽에서 오른쪽으로 사용한다는 것은 이미 상식으로 많이들 알고 있지만, 왼쪽에 있는 가장 작은 것은 식욕을 돋우는 단술용 잔이고 다음 것은 물 잔이며 그 다음에 있는 것이 와인 잔이라는 것은 모를 수 있다. 스페인에서 해물 요리를 먹어 보지 않는다면 여행 헛한 것이라고 생각될 만큼 해물은 멋진 스페인 요리 경험이다. 우리나라 양식당에서는 새우도 포크와 나이프로 절묘하게 껍질을 벗겨 먹는 사람들이 있어 그 재주가 놀랍기만 한데, 스페인에서는 손가락으로 벗기면 된다. 그래서 식사 후 티슈나 자그마한 항아리에 레몬 조각을 띄운 물이 나오는데 이 물은 손을 씻기 위한 것이니 입 세정용 레몬 소주라 생각하고 마시면 안 된다. 스파게티는 자르지 말고, 그렇다고 후루룩 입으로 빨아올려 먹지도 말고 포크로 잡은 면을 숟가락 안쪽 면에 대고 돌돌 만 다음 입으로 넣으면 된다. 빵이나 카나페는 포크가 아니라 손으로 집어 먹고, 먹을 때는 입을 다문 채 씹어야 한다. 소리 내서 수프를 마시면 수프로 세수한다고 한다. 여기까지는 많이들 알고 있고 그렇게들 하는데 우리나라 사람들이 실행하기에 가장 어려운 일이 다음부터 나온다. 입 안에 음식물을 가득 넣고 말을 하느라 파편을 사방팔방으로 튀기는 사람이 적지 않다. 그러면 상대방은 그 파편이 자기 접시에 떨어질까 경계의 눈빛으로 파편을 좇느라 정신이 없을 것이다. 결국 자신의 접시를 들고 그 자리에서 일어나 버릴 수도 있다는 점을 염두에 두기 바란다. 입 안에 음식물이 있는데 말을 해야 할 때는 음식물을 삼키고 입을 열어야 한다. 삼킬 때까지 상대방은 기다려 줄 테니 급할 게 없다. 스테이크를 먹을 때 다 잘라 놓고 오른손에 포크를 들고 찍어 먹으면 편하지만 이것은 보통 어린애들에게나 적용된다고 한다. 어른이라면 우아하게 양손으로 잘라 가며 먹어야 보기가 좋다고 한다. 방문을 마치고 집을 나올 때 주인은 문까지 배웅하는 게 예의다. 스페인 사람들도 우리처럼 집 안에서 작별인사를 마치고 나왔는데도 집 밖에서 헤어지는 데 또 한참이 걸린다.

만일 집에서가 아니라 밖에서 식사를 할 경우 조리된 상태가 마음에 들지 않거나 이물질이 들어가 있는 경우 조용히 종업원에게 원하는 바를 요구하면 된다. 스페인인들은 무슨 일을 하든지 자신과 가문의 명예를 생각하는 것 같다. 그래서 시간은 걸릴지 모르지만 완성된 일에서 대단한 자부심을 느낀다. 음식 서비스업도 여기서 예외가 아니다. 이들은 자신들이 내놓은 음식을 손님이 맛있게 먹는 모습을 보며 "마음에 드느냐" 또는 "맛이 있느냐" 하고 물어 보고 그에 대한 긍정적인 답에 무척 행복해 한다. 그러니 허튼 마음으로 요리하지 않을 것이고 음식으로 장난칠 리가 없을 것이다. 계산을 할 경우 초대받은 사람들이 알지 못하게 하는 게 좋다. '라 쿠엔타(계산서)'를 달라거나 "이게 얼마야?" 등 금액에 대해 말하는 것을 초대받은 사람들이 듣지 않도록 하는 게 예의다. 조용히 손을 들어 웨이터에게 소리 없이 입 모양으로 계산서를 요구하거나, 먼저 남모르게 일어나 계산대로 가서 정산하고 오는 방법도 있다. 물론 봉사료는 식사비의 5%에서 10% 내에서 주어야 한다. 정기적으로 만나서 하는 외식이라면 자기가 먹은 음식 값만 내도 되지만 그렇지 않은 경우는 초대한 사람이 계산하는 게 보통이다. 그리고 스페인 사람들은 초대받은 사람이 다음에 초대하는 것을 예의로 생각한다. 이런 예절 모두를 생각하다 소화불량에 걸리고 말겠다라고 생각할지 모르지만 예의는 지키다 보면 익숙해져서 오히려 편해지고 무시하면 인간관계나 분위기를 완전히 망가뜨려 더 불편하게 만드는 아주 이상한 속성을 갖고 있는 것 같다.

스페인 사람들은 친절한데 그 친절함을 단적으로 보여 주는 예가 인사다. 그들은 생전 처음 만나는 사람에게도 한 공간에서 옆으로 지나치게 되면 '안녕'이라는 의미의 "올라", "케탈" 또는 "케 아이"라고 인사를 주고받는다. 버스 정류장에서나 모임 자리에서 멋쩍게 얼굴만을 바라보다 서로 민망해 하며 얼굴을 돌리는 우리와 달리 스페인 사람들은 이처럼 격의 없는 인사를 주고받는 게 일반적이다. 사람을 만났을 때 가장 흔하게 하는 게 악수다. 격식을 차려야 할 관계에서는 남녀 간에도 악수를 하게 된다. 친밀한 사이일 경우는 손이 아플 정도로 쥘 것이고 그렇지 않은 경우는 가볍게 지나갈 것이다. 장갑을 끼었다면 물론 벗어야 한다. 앉아 있을 때 악수를 해야 할 경우에는 남자는 일어나야 하지만 여자는 그럴 필요가 없다. 직장 동료나 친구들끼리는 손바닥으로 등을 툭툭 두드리기도 한다. 볼에 입을 맞추는 인사법은 우리나라 사람들에게는 엄청 낯설고 특히 남녀 간에는 왠지 쑥스럽기까지 하지만 스페인에 있다 보면 이성 간이나 동성들 사이에서 흔하게 접하게 되어 당연한 것으로 받아들이게 된다. 서로 상대방 볼의 오른쪽, 왼쪽을 번갈아 대면서 입으로 허공에 '쪽' 소리를 날린다. 이때 손은 상대방 어깨 위에 가볍게 올려놓으면 된다. 물론 부모와 자식, 조부모와 손자들 간에는 잠자리에 들기 전에나 일어날 때, 또는 학교에 갈 때나 돌아왔을 때 등, 원할 때면 언제나 가능하다. 남자들 사이에서 볼에 입을 맞추는 일은 보통 가족 간에서만 이루어진다. 가족이 아닌 경우에는 등을 몇 차례 두드려 주는 것으로 친밀도를 표시할 수 있다. 아주 친한 친구나 가족 사이에서는 포옹도 가능하다.

남의 집에 전화를 걸 때는 밤 10시 30분부터 아침 9시 30분까지는 가급적 피하는 게 좋다. 주말에는 아침 11시까지 전화벨을 울리지 않는 게 예의다. 물론 응급 시가 아니면 방문도 자제하는 게 바람직하다. 2006년 1월부터 스페인은 정해진 장소 이외에서는 담배를 피워서는 안 되게끔 금연을 법으로 정했다. 골초인 스페인 사람들은 지하철이며 공공장소에서도 아무런 제약 없이 담배를 피웠었는데 이제는 정해진 장소 이외에서 담배를 피우면 벌금을 물어야 한다. 금연을 회사의 방침으로 정한 경우 애연가들은 회사에서 정한 건물 밖 구역에서만 피워야 한다. 출퇴근 카드 같은 것으로 담배를 피우기 위해 나가고 들어올 때 확인을 하는데 제대로 업무가 이루어질지 궁금하다. 일반 장소의 경우 지정 장소가 아니면 길로 담배를 물고 나가는 일이 보통이니 애꿎은 보행자들이 담배 연기를 마시게 생겼다. 길에서 담배를 피우는 흡연자는 헬멧을 쓰고 혼자만 연기를 마셔야 한다고 생각한다.

예의를 지키지 않아 상대방을 불쾌하게 하는 경우가 있지만 미신처럼 스페인 사람들이 이유 없이 싫어하는 일들이 있다. 트림과 재채기다. 우리와는 달리 식사 중에도 남이 보는 앞에서 자연스레 코는 풀어도 되지만 트림이나 재채기를 해서는 안 된다. 참다 못해 재채기를 한 사람에게는 '헤수스(지저스)' 또는 '살룻(건강해라)'이라는 말을, 심지어 지나가는 사람에게까지 해 줄 정도다. 공동 숙소의 경우 이 방에서 재채기를 하면 저 방에서 "살룻"이라는 소리가 들리기도 하니 말이다. '헤수스'라고 하는 이유는 재채기할 때 악마가 나오니 예수의 힘으로 악마를 쫓으라는 의미가 아닐까 짐작된다. 그리고 소금을 쏟는 일이나 실내에서 우산을 펴는 일, 거울을 깨는 일도 나쁜 운을 가져 온다고 믿고 있다.

예의를 지키는 데 말만큼 중요한 것도 없으리라고 본다. '그라시아스(고맙다)'라든가, '포르 파보르(부탁한다)', '페르돈(미안하다)', 또는 '디스쿨페(용서하라)'라는 말을 외국인이 너무 자주 사용하면 스페인 사람들은 그 외국인이 참으로 교육을 잘 받은 사람이거나 아니면 아직 스페인어를 제대로 익히지 못한 사람으로 생각할 것이다. 적시 적소에 알맞게 생활화한다면 교양 있는 사람으로 대접받을 표현들이지만 제때 올바로 사용하지 못한다면 아주 우스운 사람으로 오해받기 십상이다. 마지막으로 스페인 사람들이 즐겨 사용하는 표현 중에 상대방에게 하는 찬사들이 있다. 지금은 사용 빈도수가 상당히 줄어들었지만, '아이 케 에르모사(어쩜 저렇게 예쁠까!)'라든가 '케 린다(아주 멋져!)', '케 인텔리헨테(똑똑하기는!)', '케 구아파(예쁜이!)' 등의 말들을 '피로포'라고 한다. 이런 칭

찬의 말을 들으면 그저 웃으면서 "그라시아스"라고 하면 된다. 이런 말을 두고 성희롱이 아닌가 고민한다거나, '저 사람이 나를 좋아 하나 봐' 생각하면서 가슴 설레어 할 필요도 없다. 스페인에 있다 보면 스페인 사람들 중에 특히 호기 부리기를 좋아하는 남자들은 상대방에 대해 가진 호감을 사실 여부에 관계없이 감정상 그렇게 전한다는 걸 알게 될 것이다.

15

축제의 나라

스페인의 축제

스페인이 축제의 나라라는 것은 워낙 많이 알려진 사실이라 재차 언급한다는 게 번거로울 수도 있다. 그런데 또 언급하지 않으려고 하니 지금 이 글을 쓰고 있는 시점이 크리스마스 시즌이라 주로 이 축제에 지면을 할애해 보려 한다.

우선 국가 차원의 축제로는 부활절 기간을 들 수 있다. 춘분이 지난 후 첫 번째 만월 뒤에 오는 일요일로 보통 3월 22일에서 4월 25일 사이에 있게 된다. 이 기간을 '세마나 산타'라고 부르며 4, 5일 간 종교 행진 등의 성주간 행사가 있다. 그 이외에 5월 1일의 '노동절', 8월 15일의 '성모승천일', 10월 12일의 '스페인계 민족의 날'(또는 신대륙 발견기념일이라고도 한다), 11월 1일의 스페인 각 지역의 성자와 365일 날짜 하나하나마다 있는 성자들을 한꺼번에 기리는 '모든 성자들의 날', 12월 6일의 '제헌절', 그리고 12월 8일의 '성모 잉태일'이 있다. 또한 전 국민이 즐기는 축제로는 겨울이 끝나고 사순절이 시작되는 시점인 2월에 열리는

세비야 세마나 산타 축제

팜플로나 산 페르민 축제

카니발이 있다. 이 중 카디스와 톨레도, 테네리페의 카니발이 특히 유명하다. 마을 사람들이 모두 가면을 쓰거나 변장을 하고 나와 춤을 추며 새벽까지 마시고 노는 가장 무도회다. 성자 호세의 날인 3월 19일은 '아버지의 날'로 정해 자녀들이 아버지에게 선물을 하며 '어머니 날'은 5월의 첫 번째 일요일로 정해 지키고 있다. 6월에는 부활절 이후 60일째 되는 날인 '그리스도 성체절'이 있다. 그라나나와 쿠고, 말라가의 성체절이 유명한데 특히 바르셀로나의 문화 구역인 시체 시와 폰테베드라의 푸엔테아레아스 시의 거리는 온통 꽃으로 뒤덮인다. 6월 24일은 여름을 알리는 '성자 후안' 축제가 있다. 알리칸테와 바다호스 그리고 소리아의 것이 특히 볼 만한데, 축제 전야에 거리에 모닥불을 피워 놓고 춤을 추다가 새벽이 되면 해변으로 해돋이를 구경하러 간다. 12월 28일은 '죄 없는 자들의 날'이라 하여 우리나라의 만우절과 비슷하다. 악의 없는 장난이 용납되는 날이다. 이날의 전형적인 놀이로 남의 등에 종이로 만든 인형을 붙이는 게 있다. 언젠가는 이날 TV 아나운서가 전 국민을 상대로 거짓말을 한 적이 있다. 몇 시간 뒤에 그 아나운서가 화면에 나와 그것이 사실이 아니었음을 밝혔는데 단지 이날이었기에 용서될 수 있는 일

나바라 자치 지역 카니발

이다. 물론 스페인이기에 가능한 일이기도 하다.

무엇보다 스페인뿐만 아니라 세계적으로 기념하는 축제는 크리스마스인 것 같다. 스페인 크리스마스는 공식적으로 12월 5일 거리 장식 조명등이 켜지고 곳곳마다 벨렌이라는 성탄 인형이 전시되면서 시작되어 이듬해 1월 6일 '동방박사의 날' 행사를 끝으로 막을 내린다. 크리스마스이브에는 흩어져 있던 가족들이 배로 기차로 비행기로 모두 모인다는 점에서 성탄절은 순수한 가족 축제라고 볼 수 있다. 반면 호텔에 묵고 있는 외국인들이 가장 외로움을 느끼는 날이기도 하다. 가족이 다 모이면 구운 양고기와 해산물을 준비해서 먹고, '투론'(편도 열매를 넣거나 초콜릿으로 단단하게 만든 단 과자)이나 '마사판'(쿠키의 일종), 또는 쉽게 부서지는 쿠키인 '폴보론네스'(설탕을 먼지처럼 부셔 뭉친 것) 등의 크리스마스용 과자를 먹으며 선물을 주고받는다. 그리고 이름도 재미있는 삼봄바와 탬버린 음악에 맞춰, 미국 성탄 노래에 길들여져 있는 우리에게는 익숙하지 않겠지만, 그들만의 크리스마스 노래 〈비얀시코〉를 부른다. 미국에서는 24일 밤에 산타 할아버지가 굴뚝으로 들어와 착한 어린이의 양말에 선물을 두고 간다고 하지만 스페인에서는 1월 5일 밤에 동방박사들이 낙타를 타고 와서 신발에 선물을 넣어 두고 간다고 한다. 한 해 동안 착한 일을 하지 못한 아이는 선물 대신 석탄을 받는다고 한다. 하지만 지금까지 석탄을 받았다는 아이는 한 명도 본 적이 없다. 한 해의 마지막인 12월 31일 밤 12

시에 마드리드의 중심가 푸에르타 델 솔에서 12번 울리는 종소리에 맞춰 12알의 포도를 먹으면 다음 해 12달 동안 행운이 온다고 믿고 있다. 이 행사는 포도 작황이 좋았던 1909년에 포도를 수확했던 한 사람이 제안하여 만들어졌다고 전해지고 있다. 포도를 먹고 나면 샴페인으로 새해를 맞이하는 축배를 든다. 1월 6일 '동방박사의 날'에는 '동방박사들의 큰 빵'인 '로스콘'을 먹는데 그 안에 자그마한 인형이 숨겨져 있다. 이 인형이 들어가 있는 부분을 먹게 된 사람이 새해의 행운을 가졌다 하여 모든 비용을 내야 한다. 1월 5일 오후 6시부터 스페인 모든 도시, 모든 동네마다 동방박사 세 사람과 이들의 시종들이 말이나 낙타를 타고 거리를 행진하는 '동방박사의 행진'이 열린다. 요즘은 진짜 말이나 낙타 대신 이 동물들을 형상화한 거대한 차 행렬이 이어지지만 이들이 던져 주는 사탕과 캐러멜을 줍느라 정신 없이 바쁜 건 똑같다. 그 뒤로 청소차가 땅에 흩뿌려진 색종이와 눈송이, 주인을 찾지 못한 사탕과 캐러멜들을 열심히 치우며 가는 모습에 배꼽 빠지게 웃은 적이 있다. 행렬이 지나가고 나면 불꽃놀이가 시작된다. 밤하늘을 형형색색으로 수놓는 불꽃들을 바로 머리 위에서 구경할 수 있는 기회가 바로 이때다. 이제 모든 아이들이 잠들어 있을 새벽이 되면 동방박사들과 시종들은 집으로 들어가 선물을 나눠 준다. 가끔 어른이 되기 싫은 어린애 같은 어른에게도 선물을 준다고 한다. 동방박사가 오는 걸 보겠다고 자지 않고 깨어 있는 애들을 침대로 보내려면, 석탄을 받게 될 거라고 엄포를 놓으면 된다.

로스콘빵

스페인에서도 여느 나라처럼 화려한 크리스마스 트리가 많지만 한 가지 색다른 재미를 주는 것은 아파트 베란다 난간에 산타 할아버지나 동방박사 형상을 한 실물 크기의 인형이 집 안으로 들어가려는 모습으로 걸려 있다는 것이다. 코믹하면서도 정감이 가는 풍경이다.

이 축제에 춤과 음악이 빠질 리 없다. 스페인 사람들만의 뛰어난 음악적 역량은 어느 민족에게서도 찾아볼 수 없는 뛰어난 리듬 감각으로 확인할 수 있다. 이들은 정말 어머니 뱃속에서 나올 때부터 춤을 추며 나온 것 같다. 스페인 국민이면 모두가 훌륭한 플라멩코 춤꾼

나바라 자치 지역 민속 놀이

이다. 디스코텍에 가 보면 젊은이들의 현대식 춤사위에도 영락없이 배어 있는 플라멩코의 열정적인 몸놀림을 확인할 수 있다. 플라멩코 이외 볼레로, 호타, 사르다나, 바스크 지방의 춤인 소르시코에 이르기까지 의상과 음악과 춤사위는 너무나 다양하다. 스페인에서 축제는 정말 말 그대로 모든 이들이 즐기는 놀이 마당이다. 대학 기숙사 축제만을 봐도 파티 때 입고 나오는 의상에 입이 벌어진다. 세수나 제대로 하고 다니나 싶었던 남자 친구들의 하얀 드레스셔츠와 나비넥타이와 까만색 정장에 눈이 부시고 여자 친구들의 끈 하나로 지탱되는, 가슴이 움푹 파인 롱 드레스와 화사한 화장은 레드 카펫 위의 여배우들 빰칠 정도다. 크리스마스 시즌이 되면 옷가게가 모두 파티복 진열장으로 변하는 이유를 파티 당일이 되면 알 수 있게 된다. 나 또한 한국에 돌아오면 평생 옷장에 갇혀 있을 옷을 장만해야만 했었다. 저녁 만찬이 끝나면 그때부터 놀이가 시작된다. 이런 놀이에 참석할 때마다 신나게 어울려 놀 줄 아는 것도 정말 멋진 재주라는 생각에 나도 평소에 좀 제대로 노는 연습을 해 둘 걸 하는 후회가 앞섰다.

16

밀려드는 이민의 물결

스페인의 외국인 법

스페인만큼 변하지 않는 나라도 없을 뿐만 아니라 변하지 않아서 우리의 마음을 편하게 해 주는 나라도 없을 것 같다. 바뀌지 않아서 늘 고향에 온 것처럼 행복했던 그곳이 얼마 전부터 눈에 띄게 달라지기 시작했는데 그중 하나가 내게도 낯선 외국인들이 많아졌다는 것이다. 원체 외국 관광객들이 많은 곳이 스페인인지라 별로 낯설지 않을 수 있다고 생각하겠지만 그 외국인들의 피부 색깔이 달라졌던 탓에 생소하게 보였던 것 같다. 해가 갈수록 중남미 인디오들과 메스티소 그리고 아랍계와 아프리카계 사람들이 거리나 바, 공사장 등에서 쉽게 눈에 들어온다. 앞으로는 아시아계 중에서 중국인들의 숫자가 상당히 늘어날 것으로 보고 있는데, 사실 유럽의 다른 나라에 비하면 스페인에 외국인들이 들어와 살기 시작한 역사는 얼마 되지 않는다.

몇 년 전까지만 해도 스페인은 우리나라처럼 이민을 가는 나라였다. 조국의 가난이 싫어서, 좀더 나은 삶과 부를 이루고자 스페인인들은 그들의 옛 식민지 국가였던 라틴아메리카로 꿈과 가능성을 찾아 떠났다. 그것이 19세기와 20세기 초의 일이다. 그 당시 라틴아메리카는 지금과 달리 노동력이 필요했고 부를 이룰 수 있는 기회의 땅이었다. 스페인과 같은 언어와 문화로 인하여 그곳에서 스페인인들은 쉽게 적응할 수 있었다. 그러나 1939년 스페인 내전이 끝나고 프랑코가 승리를 거두자 프랑코 체제는 노동자들의 해외 유출을 막았다. 그래서 부를 찾아 떠나는 이민은 없어진 대신 전쟁에서 패한 자유노선의 정치인들과 지식인들의 망명으로 이민의 성격이 달라졌다. 이들은 주로 멕시코와 아르헨티나에 머물면서 스페인으로 돌아갈 날을 기다렸다. 그러나 다시 1960년대에 스페인 경제가 어려워지자 이번에는 라틴아메리카가 아니라 유럽으로의 이민이 시작되었다. 그 당시 스페인에는 일자리가 많지 않았고 임금도 많지 않았기 때문에 조국을 떠나 특히 스위스, 프랑스, 독일로 상당수의 스페인인들이 나갔다. 전문 기술이 필요하지 않는 일자리에서 노동력만으로 벌어들인 돈이은 스페인의 경제에 다시 활력을 불어넣을 수 있을 정도였다고 한다. 이들은 중남미로 갔던 스페인인들과 달리 문화와 언어에서의 이질감을 극복하지 못한 탓에 이민지에 정착하기보다 일시적으로 머물면서 돈을 번 뒤 그것을 스페인에 투자하여 땅도 사고 가게를 연 다음 다시 스페인으로 돌아오곤 했다. 그러나 1973년 세계 경제를 강타한 유류 파동으로 유럽 경제가 어려워지자 유럽 국가들이 이민자들에게 까다로운 조건을 제시하면서 스페인의 이민자 수도 점차 줄어들었다. 이후 스페인에 민주주의가 정착되고 현대화가 급속하게 이루어지면서 스페인은 이민을 보내는 나라에서 이제는 이민을 받는 나라가 되었다.

얼마 전 자료에 의하면 스페인에 합법적으로 살고 있는 외국인이 2백만 명 이상이고 불법 외국인들은 150만 명이 된다고 한다. 대부분이 전문기술이 없는, 자기네 나라의 가난이 싫어서 돈을 벌기 위하여 온 사람들이기 때문에 주로 농업, 건설업, 광업과 가사 도우미 일을 하고 있다. 이러한 이민자들과 달리 스페인에는 또 다른 이민 그룹이 있는데, 유럽의 돈 많은 퇴직자들이 스페인의 가장 아름다운 지역에 모여 형성한 게토가 그것이다. 주로 독일과 영국에서 온 이들은 스페인의 가장 멋진 휴양지인 지중해의 발레아레스와 대서양의 카나리아스에 둥지를 틀었다. 이들의 생활수준은 스페인 평균보다 높기 때문에 의료 및 위락 시설의 고급화와 증가가 요구되고 있다고 한다.

스페인 내 외국인 유입의 역사는 얼마 되지 않으며 유럽의 다른 국가들과 비교했을 때 아직도 수적으로 적은 편이지만 갈수록 큰 폭으로 증가하고 있다. 스페인이 유럽연합에 가입한 후 경제적인 수준이 높아지면서 이민자 수는 엄청 늘어났다. 이들은 스페인 인구의 8.4%를 차지하고 있다. 모로코인이 50만 명으로 가장 많고 에쿠아도르인과 루마니아인이 그 뒤를 잇고 있다. 이들은 예전에 스페인이 어려웠을 때 스페인인들이 외국에서 했던 일을 지금 스페인에서 하고 있다. 우리나라도 저임금, 고노동으로 기피하는 일을 외국인 이민자들에게 맡기고 있듯이 스페인도 그러하다. 이들은 현재 줄어들고 있는 스페인 인구를 늘리는 일에, 그리고 스페인 내 문화의 다양화 실현에 한몫을 하고 있다. 하지만 늘 긍정적인 면만 있지는 않은 것 같다. 1978년 이후 최저 실업률이 8%라고 할 만큼 일자리가 부족한 나라에 외국인 노동자들이 스페인 노동자들보다 적은 임금을 받고도 일을 하다 보니 스페인인들의 심기가 불편할 수도 있으리라. 아무리 외국인들에게 호의적인 스페인 국민이라 할지라도 갑자기 늘어난 이민자들에게 반감이 전혀 없다면 거짓말일 것이다. 또한 이민자들의 대부분이 경제적으로 절망적인 상황에 있던 사람들이기 때문에 유럽으로의 이민이 주로 불법으로 이루어지고 있다는 데에도 문제가 있다. 어둠을 틈타 지브롤터 해협을 건너려는 널판지 배들이 물에 가라앉아 버렸다든가 생선을 보관하는 냉동 창고에 숨어 들어오다 모두 동사해 버렸다는 등의 뉴스가 스페인 TV에 빈번하게 등장하고 있다. 간혹 마피아 조직을 통하여 들어오는 사람들도 있는데, 스페인에 무사히 도착하여도 인신매매 망에 걸려 고생만 하고 있다는 내용도 방송을 탄 적이 있다. 그래서 스페인은 이러한 인신매매 조직을 추적하고 불법 이민을 막으려는 정책을 실행 중에 있다. 불법 이민은 어느 나라에서나 노동력 착취나 소외 및 가난, 범죄, 사회 갈등 등의 많은 문제들을 야기할 수 있는데 실제 그런 일은 스페인에서뿐만 아니라 유럽 국가들에서도 일어나고 있다. 따라서 불법 이민 문제는 스페인만의 문제가 아니다. 아프리카가 지척에 있고 유럽으로의 관문인 스페인의 지리적 특성으로 말미암아 스페인으로의 불법 이민은 유럽연합이 스페인에게 큰 비용을 대고 위임하여 해결해야 할 문제이기도 하다. 그러나 아프리카와의 국경 지역에 3미터 높이의 담장을 쌓고 수비를 강화해도 여전히 보트 피플은 줄어들 기미를 보이지 않는다. 자기네 나라에서 죽는 거나 배 타고 가다 죽는 거나 마찬가지라고 생각하는 모양이다.

2000년에 제정되었던 스페인의 외국인 법은 합법적으로 들어온 외국 이민자들을 보호하기 위한 것이었고 불법으로 왔다 하더라도 2년을 거주한 경우는 법적으로 체류를 인정해 주기 위한 내용을 담고 있지만 2004년 12월에 개정된 법은 조금 더 까다로운 내용을 담고 있다. 스페인 거주권을 얻으려면 적어도 스페인에 5년을 살아야 한다는 조건과 불법 이민자들을 본국으로 쉽게 추방할 수 있는 조항을 첨가했다. 합법적인 이민이라 할지라도 가족과 합치는 일은 허용되지 않고 불법 이민자들을 고용한 사업주는 회사 문을 닫아야 할 정도로 징계를 강화했다. 그리고 자국으로 돌아가는 티켓이 없는 여행자들을 강력하게 단속하고 있다. 이 개정안은 유럽연합의 외국인 법 테두리 안에서 이루어진 것이다. 물론 이민이 사회에 부정적인 요인만은 아니기 때문에 동시에 불법 이민자들의 합법화도 추진하고 있다. 신고 기간 전에 적어도 6개월은 스페인에서 노동을 하며 거주했다는 사실을 증명하면 된다. 농업은 계절업이기 때문에 거주 기간을 3개월로 하고 있다. 공장이나 기업의 경우 불법 이민자들의 합법화를 위한 서류를 공장주나 기업주가 제출하여야 한다. 정부는 이러한 일에 협조하는 사업주들에게는 어떠한 불이익도 주지 않기로 약속했다. 반면 사업주가 불법 이민자들의 합법화를 도와주지 않을 경우 이민자가 자신의 사업주를 고발하거나 노조에 해당 기업 감사를 요구할 수 있게 했다.

스페인이나 유럽연합 회원 국가들은 스페인에서 일고 있는 이러한 이민 물결이 앞으로도 계속되리라고 보고 있다. 대부분의 이민자들이 경제적 이유로든 정치적 이유로든, 자신의 나라에서 살 형편이 못 되어 최후의 방책으로 이민을 택한 것임을 감안한다면 스페인은 앞으로 그들을 위한 도피처나 망명처가 될 준비도 함께 해야 할 것이다. 선진 국가들과 마찬가지로 외국 도피자들의 보호를 보장하는 특별법이 스페인에서도 곧 시행될 것이라고 본다. 이런 대비는 우리나라에서도 예외는 아닌 듯싶다.

얼마 전 프랑스에서 일어난 소요와 이후 영국으로 번진 방화 사건은 이민자들이 저지른 불행한 일이었다. 아직 이민자를 많이 갖고 있지 않은 나라들은 프랑스와 영국이 경험한 이러한 일들을 교훈으로 삼을 만하다. 이들처럼 실수를 저지르지 않고 가장 좋은 방법으로 이민 물결을 받아들이고 같이 더불어 살아갈 수 있는 방법을 찾아내는 길을 고심해 봐야 할 것으로 보인다. 이런 일은 국가의 과제만은 아니다. 새로운 현실, 변화에 직면하는 모든 국민들이 풀어야 할 숙제이기도 하다. 이제는 스페인뿐만 아니라 우리나라도 다인종 사회와 다문화 사회를 향해 나아가야 하며 이것이 인류애와 나라의 번영을 동시에 이루는 길임을 알아야 할 시점에 온 것 같다.

17

"테 키에로"와 "탱고 암브레"

스페인어 한마디

오늘날 스페인어는 스페인과 중남미 20여 개국에서 약 4억의 인구가 공식적으로 사용하고 있다. 미국에서는 로스앤젤레스를 비롯한 남서부와 플로리다의 마이애미, 뉴욕을 비롯한 북동부 지역에 이르기까지 영어와 함께 공용어로 사용되고 있다. 유엔 공용어 중 하나로 사용자 수에 있어서는 중국어, 영어에 이어 세계 3위의 언어다.

이러한 스페인어는 에스파뇰(또는 카스테야노라고도 한다)이라고 하는데 이것 말고도 스페인에서는 지역에 따라 다른 세 개의 공식 언어가 함께 사용되고 있다. 갈리시아에서 사용하는 가예고와 카탈루냐의 카탈란 그리고 바스크 지방에서 사용하는 언어인 에우스케라다. 스페인어 에스파뇰만을 알고 갈리시아와 바스크 지역을 여행하기에는 어려움이 없지만 카탈루냐 지방, 특히 바르셀로나를 여행할 때는 사전을 갖고 가든지 아니면 인내심을 가지고 가야 한다.

스페인 사람들은 스페인 언어에 대해 상당한 자부심을 갖고 있다. 여행을 하다 보면 어느 나라 공항에서든 들을 수 있는 것이 스페인어다. 안내 데스크 직원이 알아듣든 말든 스페인 사람들은 자기 언어로만 떠든다. 목소리가 크고 우렁차며 다혈질에 몸짓 언어까지 동원되면 멀리서 봐도 스페인 사람이라는 것을 알 수가 있다.

우스갯소리로, 스페인에 가면 두 가지 표현으로 만사가 해결된다고 한다. '테 키에로(너를 사랑해)'와 '탱고 암브레(나 배고파)'다. 웃자고 하는 소리겠지만 사실 틀린 말도

거리와 건물 이름을 알리는 타일

아니다. 스페인 국민 기질상, 특히 외국인들에게 친절하고 인심이 후한 특성을 참으로 함축적으로 잘 표현한 농담이다. 말이 잘 안 통하면 애절한 눈빛으로 바라보면서 "노 아블로 에스파뇰(스페인어 못해요)" 에 이어 "포르 파보르(제발 부탁합니다)" 라고 해 보라. 그러면 상대방은 어깨를 들썩대며 뭐라고 중얼거리면서 알아서 다 처리하고서는 우리는 알아듣지도 못하는 말로 자세한 설명까지 덧붙여 줄 것이다. 그때는 그저 "그라시아스, 무차스 그라시아스(고맙다, 대단히 고맙다)" 라고 하면 된다. '포르 파보르' 는 부탁할 일이 있을 때 사용하면 손해볼 일은 없다. 이 간단한 한마디에 자기 일처럼 처리해 주는 이들을 보면 스페인의 관료주의로 인해 상했던 마음이 치유되고 또다시 스페인을 찾고 싶어진다.

길을 걷다 볼일이 생기면 어느 바든, 카페든, 펍이든 열려만 있으면(abierto. 반대는 cerrado다) 들어가면 된다. 눈에 띄는 첫 번째 종업원에게 "세르비시오(화장실)"라고 말하면 손가락으로 가리켜 줄 것이다.

스페인 유학 초기 시절 스페인 중심가인 푸에르타 델 솔을 걷고 있는데 한 스페인 여자가 내게 '티에네스 오라?(몇 시예요?)'라고 물었다. 학교에서는 시간을 묻는 물음을 '케 오라 에스?'라고 배웠는데 그 여자는 직역하면 '시간 있니?'라는 물음을 내게 던진 것이다. 순간 이 여자를 언제 본 적이 있나 하는 생각으로 당황해 했는데 오른손 검지 손가락으로 자기의 왼쪽 손목을 가리킨다. '아, 시간을 물어 보는 거구나. 이래서 살아 있는 언어를 배워야 하는구나'라고 생각하면서 내 손목을 들어 그녀의 눈 앞에 놓았다. 그녀가 웃으며 "그라시아스"라고 하기에 나는 "데 나다(천만에요)"라고 멋쩍게 웃었던 기억이 있다.

우리가 좋아하는 돈은 스페인어로 '디네로'다. 거스름돈은 '캄비오'다. 어떤 목적지로 가고자 택시를 탈 경우 종이에 적어서 운전자에게 내밀어라. 택시비를 큰 돈으로 치렀는데 거스름 돈을 안 주면 "캄비오, 포르 파보르"라고 하면 된다. 그중 일부를 '프로피나(팁)'로 주면 운전자가 좋아할 것이다. 우리나라에서는 알아서 10%의 팁을 떼어 가는 것 외에 따로 팁 문화가 없어서 그런지 외국에서 우리나라 사람들은 엄청 팁에 후하거나 아니면 팁과는 전혀 관계없이 지내거나, 이 둘 중 하나인 것 같다.

어느 목적지를 찾아가는데 길을 모를 경우 "돈데 에스타?(어디에 있어요?)"라고 하면서 책자에 있는 장소 이름을 손가락으로 가리키면 된다. 물론 대답을 못 알아들을 테니 '데레차(오른쪽)', '이스키에르다(왼쪽)', '데레초(곧장)', '아리바(위로)', '아바호(아래로)'만 알아듣고 가리키는 손가락을 유심히 본 뒤 근처로 가면 손을 잡고 목적지까지 데려다 주는 사람도 만날 수 있을지 모른다.

거리를 걷다가 시장기가 느껴지면 아무 때나 들어가 먹을 수 있는 바는 부지기수다. '메누(메뉴)'를 청하고 '베베르(마실것)'와 '코메르(먹을 것)' 또는 '피카르(간식으로 할 것)'를 선택하는데 잘 모르면 손가락으로 가리키며 "케 에스(뭐예요?)"라고 물어보라. 그러면 바에 진열된 음식을 눈으로 직접 보게 해 줄 것이다. 스페인 식당에서 마시는 물은 두 가지가 있다. '아구아 미네랄(미네랄 워터)'과 그냥 '아구아(물)'다. 스페인은 유럽과 달리 물이 좋아 남부 지역을 제외하고는 수돗물을 그냥 마셔도 된다. '아구아'는 무료이지만 '아구아 미네랄'은 돈을 받는다. 이 경우 '콘 가스(가스를 가진 즉, 탄산수)' 인지 '신 가스(가스가 없는, 즉 무탄산수)' 인지를 또 물어 올 것이다. 식사가 끝나면 종업원을 손짓으로 불러 "라 쿠엔타(계산서), 포르 파보르"라고 하면 계산서를 갖고 온다. 바에서 식사한 경우는 팁을 주지 않아도 되지만 테이블에 앉아 식사를 했을 경우에는 거스름 돈 일부를 계산서를 담아 가져 왔던 접시 위에 올려놓고 나오면 된다.

스페인은 우리나라만큼 겨울이 춥지 않아 난방이 잘 되지 않는 경우가 있다. 호텔의 경우 '프리오(춥다)' 하게 느껴지면 '마스 칼리엔테(더 따뜻하게)' 를 요구하라. 여름이 워낙 더운 나라라 냉방은 잘 되어 있는 편이다.

공항에 내리면 '살리다(salida)' 가 출구이고 '엔트라다(entrada)' 가 입구다. EU 국가의 시민이 아니기 때문에 '파사포르테(여권)' 제시를 요구받을 것이다. 건네주고 기다리다 돌려주면 한 번 씩 웃고 "아디오스!(잘 있어!)" 하고 나오면 된다.

스페인 아이들은 동양인들을 보면 양쪽 눈 끝을 집게손가락으로 추켜올리면서 "야키야키" 하면서 놀린다. 물론 부모님이 옆에 계시면 머리 한 대 쥐어 박힐 짓이지만. 좀 깨끗하고 말쑥한 동양인을 보면 "하포네스?(일본인?)"라고 묻고 약간 지저분하면 "치노?(중국인?)"라고 묻는다. "코레아노?(한국인)"라고 물으면 세계사를 많이 아는 사람임에 틀림없다.

거리를 걷다 보면 "옴브레(남자)", "무헤르(여자)"라는 말을 많이 듣게 될 것이다. 이 말은 톤에 따라 의미가 달라진다. 일반적으로 여자, 남자를 의미하지만 뒤에 '!' 가 붙으면 감탄사로 어처구니없는 상황에서 '아니, 어머!' 또는 '이럴 수가!' 라는 의미로 많이 사용된다.

그들이 우리나라 말을 모르는데 여행객인 우리가 꼭 그네들 말을 알아야 할 이유는 없다. 그들이 답답하면 영어(잉글레스)로 말하든지, 몸짓 언어로 소통을 할 것이다. 단, 스페인에서 영어가 잘 통할 거라는 생각은 버리는 게 좋다. 영어보다 못하는 말이라도 스페인어 몇 마디가 훨씬 많은 도움을 줄 것이다.

Buen viaje!

올라
에스파냐

참고문헌

- 〈Especial Fitur〉. *ABC*. 2006. 1. 24. martes.
- Calidad y Turismo Cultural. 〈www.gestioncultural.org〉. portalgc@gestioncultural.org.
- Comellas, José Luis y Suarez, Luis. *Historia de los españoles*. Barcelona: Ariel, 2003.
- Cortes Moreno, Maximilano. *Guía de Usos y Costumbres de España*. Madrid: Edelsa, 2003.
- *Directorio de Establecimientos certificados con la marca Q de calidad turística española*. Barcelona:Sistema de calidad turística española, 2005.
- Egea Garcia, Arcadio et Al. *Caminos y veredas de Granada III*. Granada: Comares, 2001.
- España *El País Aguilar(Traducción del inglés)*. Madrid: Alberto Martín, 1987.
- España. *Turespaña*, Secretaria de Estado de Comercio y Turismo, Mininterio de Economía, 2000.
- Eusko Jaurlaritzaren Argitalpen Zerbitzu Nagusia(ed. 2000). *Guía de Gastronomía de Euskadi*. Servicio Central de Publicaciones del Gobierno Vasco, Administración de la Comunidad Autónoma del País Vasco, Departamento del Industria, Comercio y Turismo.

- *Jardines y Parques*(Artísticos e Históricos Españoles, 2002), Turespaña, Secretaria de Estado de Comercio y Turismo.
- *La Gastronomía Española*. 2002. Turespaña, Secretaria de Estado de Comercio y Turismo, Ministerio de Economía.
- *La naturaleza en España*. 2000. Turespaña, Secretaria de Estado de Comercio, Turismo y PYME, Ministerio de Economía y Hacienda.
- *Las ciudades de España*. 2000. Turespaña, Secretaria de Estado de Comercio y Turismo, Ministerio de Economía y Hacienda.
- Plan integral de Calidad del Turismo Español, 〈http://www.mcx.es/turismo/picte2000/Promoción.htm〉.
- *Ver, Visitar y Conocer*. 2005. Administración de la Comunidad Autónoma del País Vasco, Depatamento de Industria, Comercio y Turismo.
- VV.AA. 2002. Estudio de la Comarca Ribera Alta del Genil a través de la Investigación de Costumbres y Tradiciones, Granada.
- VV.AA. 2002. Ruta del Califato, Junta de Andalucía, Consejería de Turismo y Deporte, Turismo Andaluz S.A. Sevilla.
- Plan integral de calidad del turismo español. 2006. 〈http://www.mcx.es/turismo/picte2000/Promoción.htm〉. 〈http://www.mcx.es/turismo/picte2000/InformacionEconomica.htm〉.
- Quesada Marco, Sebastián. *España siglo XXI*. Madrid: Edelsa, 2004.

올라 에스파냐

스페인의 자연과 사람들

초판발행 2008년 4월 10일
초판 2쇄 2012년 7월 13일

지은이 **안영옥**

펴낸곳 **고려대학교출판부**
www.kupress.com
kupress@korea.ac.kr
136-701 서울특별시 성북구 안암동
02-3290-4230, 4232
Fax 923-6311

찍은곳 한국컴퓨터인쇄정보

ISBN 978-89-7641-652-0 03980

값 20,000원

* 잘못 만들어진 책은 바꿔드립니다.